Christina Stoddard

Lichtträger der Finsternis

Durch Inquire Within

*Ø*MNIA VERITAS.

Christina Stoddard
(Inquire Within)

Seit einigen Jahren ist ein Ruling Chief des Muttertempels
der Stella Matutina und R.R.et A.C.

Lichtträger der Finsternis

Light-bearers of darkness
Erstmals veröffentlicht von Boswell, London, 1930

Ins Deutsche übersetzt und herausgegeben von Omnia Veritas Limited

© Omnia Veritas Ltd - 2024

⊘MNIA VERITAS.

www.omnia-veritas.com

Da die drei Grade der gewöhnlichen Freimaurerei eine
große Anzahl von Männern umfassten, die aufgrund
ihrer Stellung und ihrer Prinzipien gegen jedes Projekt
der sozialen Umwälzung waren, vervielfachten die
Erneuerer die zu erklimmenden Grade der mystischen
Leiter. Sie schufen okkulte Logen, die für glühende
Seelen reserviert waren... schattenhafte Heiligtümer,
deren Türen sich dem Adepten erst nach einer langen
Reihe von Prüfungen öffneten, die den Fortschritt seiner
revolutionären Ausbildung testen sollten.

Louis Blanc - *Französische Revolution*

Bei allem, was er tat, bei allem, was er lehrte, behielt er
dieses Ziel im Auge:
Die Taten der Finsternis zu vollbringen,
getarnt als Werke des Lichts.
Er verbreitete sein Gift, langsam und sicher,
durch viele fadenscheinige Sekten,
Und ließ das Böse als das Gute erscheinen,
und verwirrte so Gottes Auserwählte.

Das Erscheinen Luzifers von X.

KAPITEL I

DIE OKKULTE MACHT

Dieses Buch ist ein Versuch, durch tatsächliche Untersuchungen, dokumentarische Beweise und persönliches Wissen über die inneren Abläufe zu zeigen, dass diese gegenwärtige Bewegung für eine Weltrevolution, die zur Weltherrschaft führt, nur eine jahrhundertelange und kulminierende, fanatische Anstrengung seitens einer überschattenden Macht ist, die durch viele geheime illuminierte Sekten wirkt.

Was auch immer seine Ideen über das messianische Zeitalter und die wahre Bestimmung des Menschen gewesen sein mögen, der folgende Bericht über Mystizismus und Magie, den Hoëné Wronski in den Jahren 1823-25 verfasste, könnte durchaus ein aktuelles Bild der heutigen Weltverhältnisse unter dem Einfluss ähnlicher mystischer und geheimer Gesellschaften sein, die weit zahlreicher und einflussreicher sind, als die Öffentlichkeit sich vorstellt, und durch die das Unsichtbare Zentrum erneut versucht, die Nationen und die Welt zu lenken und zu beherrschen.

In seinem *Traité méthodique de magic pratique*, Papus. schreibt der bekannte Okkultist und Kabbalist, Dr. Gerard Encausse:

> Ein gelehrter Eingeweihter und Enzyklopädist, Hoëné Wronski, hat in seinem heute kaum noch erhältlichen Werk „*L'Apodictique Messianique*" eine Analyse der Magie und ihrer Ursprünge sowie ihrer Ergebnisse vorgelegt, die eine eingehende Betrachtung durch ernsthaft Interessierte verdient. Wir hoffen daher, diesen einen Dienst zu erweisen,

indem wir den gesamten Abschnitt, der dem Mystizismus und der Magie gewidmet ist, wiedergeben."

Wronski erklärt kurz, dass das Ziel der mystischen Vereinigungen die *„Teilnahme an der Schöpfung"* und das physische Ziel die *„Lenkung der Geschicke der Erde"* ist. Dieser Mystizismus „besteht in der mystischen Begrenzung der absoluten Realität (universelle Lebenskraft oder Energie), die im Allgemeinen die Neutralisierung dieser negativen und positiven Energie bildet", eine Form der magnetischen Polarisierung, die die ätherische Verbindung herstellt; aus diesem Grund pflegen diese Gesellschaften übernatürliche Gefühle und Künste wie...

„hermetische Philosophie, Alchemie, das Große Werk oder den Stein der Philosophen, das Allheilmittel, magnetische Heilung, Regeneration, usw., und bestimmte Mysterien der physischen Erzeugung, usw." Da sie nicht in der Lage sind, die Geschicke der Erde auf wissenschaftlichem Wege durch die Vernunft zu entdecken, behaupten sie, sie durch eine *„kabbalistische Interpretation ...* der Überlieferungen der Heiligen Schrift" vorauszusehen; dann versuchen sie, diese Geschicke durch besondere Missionen zu lenken, die sie ausgewählten Menschen in allen Schichten der Gesellschaft geben.

Geheimgesellschaften. Er sagt:

„Da die übernatürlichen Bemühungen der Mystischen Vereinigung, an der Schöpfung teilzunehmen, weder öffentlich praktiziert noch diskutiert werden können ... und da es ihr ebenso verwehrt ist, die Geschicke der Erde offen zu lenken, wie es die Regierungen tun würden, kann diese mysteriöse Vereinigung zwangsläufig nur durch *Geheimgesellschaften* handeln. So sind alle Geheimgesellschaften, die es auf unserem Globus gegeben hat und noch gibt, im Herzen der Mystik geboren und haben, von dieser geheimnisvollen Quelle gesteuert, die Welt beherrscht und beherrschen sie ungeachtet der Regierungen weiterhin. Diese Geheimgesellschaften, die sich bei Bedarf bilden, sind in verschiedene und scheinbar gegensätzliche Gruppen gegliedert, die sich jeweils abwechselnd zu den gegensätzlichsten Meinungen des Tages bekennen, um alle Parteien, ob politisch, religiös, wirtschaftlich oder literarisch, getrennt und vertrauensvoll zu lenken. Sie sind, um eine gemeinsame Leitung zu erhalten, wieder mit einem unbekannten Zentrum vereint, in dem diese mächtige Quelle verborgen ist, die auf diese Weise unsichtbar alle irdischen Zepter zu kontrollieren sucht ... und ohne Zweifel werden alle diese Geheimgesellschaften selbst, durch die Geschicklichkeit einiger ihrer Oberhäupter, nach den Ideen und Befehlen eines unbekannten Obersten Komitees, das die Welt regiert, kontrolliert und geleitet."

Freimaurer, angewandt oder politisch.

„Die reine oder spekulative Freimaurerei ist eigentlich nur die große Kinderstube, aus der alle mystischen Vereinigungen ihre hohen Häupter (*epoptes*) wählen... Auch die Einweihungsgrade sind so eingerichtet, dass der größte Teil der Freimaurer, weit davon entfernt, den Zweck ihrer Zugehörigkeit anzuzweifeln, darin nur einen Gegenstand gegenseitigen Vergnügens und Wohlwollens sieht. Nur die Geprüften werden in die höheren Grade aufgenommen, und aus den letzteren bilden sich die verschiedenen Zweige der angewandten Freimaurerei, deren Ziel es offensichtlich ist, die liberalen mystischen Spekulationen der Freimaurerei durch Taten und je nach den Umständen zu verwirklichen; so sind in unseren Tagen mit Erfolg *die nächtlichen Kapitel von Ruel und Passy, die Loge des Contrat-social, die Philadelphes, die Carbonari, der Tugend-Bund, die Burschaften, die Comuneros usw. entstanden.* (Dies gilt nicht für die britische Freimaurerei.)

Wechselseitige Einflüsse zwischen der sichtbaren und der unsichtbaren Welt. (Ätherische Verbindung) Die Illuminaten (Illuminismus).

„Der Name Illuminaten (Nicht-Wissende) ... scheint erst um 1775 von der von Weishaupt gegründeten und, wie es heißt, von Baron Knigge weiterentwickelten Geheimgesellschaft eingeführt worden zu sein. Aber ... sie muss schon seit dem ältesten Altertum bestanden haben. Und tatsächlich scheinen die mystischen Verbindungen unter den Pyramiden Ägyptens, die esoterische Sekte des Pythagoras, die Astrologen oder Mathematiker Roms zur Zeit Domitians, das Haus der Weisheit von Kairo, die Ismailis oder Assassinen, die Gefährten des Alten Mannes vom Berge, die Templer, die Rose-Croix ... nur eine ununterbrochene Kette dieser höheren Verbindungen ... unter dem Namen Illuminés zu bilden."

Auch ihre Zweige der „*Strengen Observanz* oder Vorbereitung auf den Illuminismus", einschließlich der „eklektischen Logen oder ägyptischen Freimaurerei, wie die Logen *St. John of Melchisédeck, die Souffrants, Royal Priests, Masters of the Wise, und die Chercheurs.*" Die Asiatischen Brüder, entweder mit diesen oder den Illuminés.

Die *lenkende Kraft - die Unsichtbaren oder irdischen Wesen* (Meister, die auf der Astralebene arbeiten).

„Ein einziges Mal haben sich diese Unsichtbaren den Menschen gezeigt, nämlich als sie auf dem schrecklichen Geheimtribunal - da alle Mächte der Erde, Minister, Fürsten und sogar Herrscher selbst um die Gunst baten, in diesen gewaltigen Verband aufgenommen zu werden - glaubten, endlich die Erde erobert zu haben, und sie wagten es sozusagen, das Geheimnis preiszugeben, indem sie offen zeigten, wie sie die Welt zu regieren gedenken... Diese irdischen Wesen treten heute nicht mehr in Erscheinung, aber sie sind es, die das Oberste Komitee bilden, von dem die Ordnungen ausgehen, die alle Geheimgesellschaften beherrschen, und in diesem Komitee bleibt das alte Buch der Aufzeichnungen immer offen..." (Hier haben wir die „Oberste und unsichtbare Hierarchie der kabbalistischen Juden.")

Hier ist der Eid, der den Illuminaten geleistet wurde:

„Schwöre im Namen des gekreuzigten Sohnes (des Pentagramms, des erleuchteten Menschen), die Bande zu lösen, die dich noch mit deinem Vater, deiner Mutter, deinen Brüdern, deinen Schwestern, deiner Frau, deinen Verwandten, deinen Freunden, deinen Geliebten, deinen Königen, deinen Häuptlingen, deinen Wohltätern und allen Personen verbinden, denen du Glauben, Gehorsam und Dienst versprochen hast. Nenne und verfluche den Ort, an dem du geboren wurdest, damit du in einer anderen Sphäre wohnen kannst, zu der du erst gelangst, nachdem du dich von diesem pestilenziellen Globus losgesagt hast, dem abscheulichen Abfall des Himmels! Von diesem Augenblick an seid ihr frei von dem sogenannten Eid auf Land und Gesetze: Schwört, dem neuen, von euch anerkannten Häuptling zu offenbaren, was ihr gesehen oder getan, abgefangen, gelesen oder gehört, gelernt oder vermutet habt, und auch das zu suchen und auszuspionieren, was eure Augen nicht erkennen können. Ehrt und respektiert die *Aqua Tofana* als ein sicheres, schnelles und notwendiges Mittel, um den Globus durch den Tod von denen zu säubern, die versuchen, die Wahrheit zu verleumden und sie unseren Händen zu entreißen. Flieht aus Spanien, Neapel und allen verfluchten Ländern; flieht endlich vor der Versuchung, das zu verraten, was ihr vielleicht hört, denn der Donner ist nicht schneller als das Messer, das euch erwartet, wo immer ihr auch sein mögt. Lebt im Namen des Vaters, des Sohnes und des Heiligen Geistes. (Dies ist die Dreifaltigkeit des Illuminismus - kabbalistisch und gnostisch. Der Vater - das erzeugende Feuer; der Heilige Geist - die Große Mutter Natur, die alle Dinge reproduziert; der Sohn - die Manifestation, das Lebensfluid, das astrale Licht des Illuminismus. Es ist eine Perversion der christlichen Symbolik").

Der Grund für Wronskis Aufdeckung dieser Sekten war, die erschreckende Verbreitung des Illuminismus zu jener Zeit und seinen teuflischen Vernichtungsplan aufzuzeigen.

Frau Nesta Webster erzählt uns in ihrem Buch *Secret Societies and Subversive Movements*, wie um 872 n. Chr. ein Ismaili, Abdullah ibn Maymün, der mit den Lehren des gnostischen Dualismus aufgewachsen war und ein reiner Materialist war, eine Sekte gründete, die als Batinis bekannt war und deren Projekt von Dozy in *Spanisch, Islam,* so beschrieben wurde.

„In Form eines großen Geheimbundes mit vielen Einweihungsgraden Freidenker ... und Fanatiker aller Sekten zu vereinen; aus den Gläubigen Werkzeuge zu machen, um den Skeptikern Macht zu geben ... eine Partei aufzubauen, zahlreich, kompakt und diszipliniert, die zu gegebener Zeit den Thron, wenn nicht ihm selbst, so doch wenigstens seinen Nachkommen geben würde ... Die Mittel, die er anwandte, waren mit teuflischer List ausgeklügelt ... Es war ... Nicht unter den Schiiten suchte er seine wahren Anhänger, sondern unter den Ghebern, den Manichäern, den Heiden von Harran und den Schülern der griechischen Philosophie; nur auf die letzteren konnte er sich verlassen, nur ihnen konnte er allmählich das letzte Geheimnis enthüllen und offenbaren, dass Imame, Religionen und Moral nichts als ein Schwindel und eine Absurdität waren ... aber er achtete darauf, nur fromme und niedrige Seelen in die ersten Stufen der Sekte einzuweihen. Seine Missionare, denen die Idee eingeschärft wurde, dass es ihre erste Pflicht sei, ihre wahren Gefühle zu verbergen und sich den Ansichten ihrer Zuhörer anzupassen... In Gegenwart der Frommen nahmen sie die Maske der Tugend und Frömmigkeit an. Bei den Mystikern waren sie mystisch und entfalteten die innere Bedeutung der Phänomene oder erklärten Allegorien und den übertragenen Sinn der Allegorien selbst... Durch Mittel wie diese wurde das außergewöhnliche Ergebnis herbeigeführt, dass eine Vielzahl von Männern unterschiedlichen Glaubens für ein Ziel zusammenarbeiteten, das nur einigen wenigen von ihnen bekannt war...""

Hier haben wir das System nicht nur von Weishaupt, sondern von allen subversiven Geheimgesellschaften von heute, wie wir später in diesem Buch deutlich machen wollen.

Im Jahr 1090 gründete Hasan Saba, genannt „der Erleuchter"", in Alamut in Persien am Kaspischen Meer die Sekte der „Assassinen"". Er übernahm die Methoden Maymüns und fügte ihnen die Ermordung derjenigen hinzu, die sich ihm widersetzten. Als Grundlage diente ihm auch die Organisation der Großloge von Kairo. Es handelte sich um ein „System des organisierten Mordes auf der Grundlage religiöser Inbrunst". Nichts ist wahr und alles ist erlaubt", so von Hammer, war die Grundlage ihrer Geheimlehre, die jedoch nur wenigen vermittelt wurde und unter dem Schleier strengster Religiosität und Frömmigkeit den Geist unter dem Joch blinden Gehorsams gefesselt hat". Ihre Geheimlehren wurden schließlich von den Führern selbst enthüllt. Und wieder sagte von Hammer:

> „In den Annalen der Assassinen findet sich die chronologische Aufzählung berühmter Männer aller Nationen, die den Ismailis zum Opfer gefallen sind...."

Und wieder:

> „Gift und Dolch bereiteten das Grab vor, das der Orden für so viele geöffnet hatte".

und so wurden Hasan und seine Großmeister ihrerseits von ihren nächsten Angehörigen ermordet (Mrs. Webster, *ebd.*).

Wie später gezeigt wird, war dies die selbsternannte Rolle der Templer,

> „Wir werden das Gleichgewicht des Universums sein, Schiedsrichter und Meister der Welt."

In der März-Ausgabe der okkulten „*Revue Internationale des Sociétés Secrètes*, begann eine französische Übersetzung der beiden wichtigsten Sammlungen der Originaldokumente in Bezug auf die bayerischen Illuminaten von Weishaupt - d.h.:

„(I) Einige Originalschriften des Illuminatenordens. München, 1786.

„(2) Nachtrag von weitern Originalschriften, welche die Illuminaten-secte ... betreffen en 2 Parteien.München, 1787."

Über die Okkultisten der Haute Maconnerie des achtzehnten Jahrhunderts schreibt die R.I.S.S.:

„Diese Illuminés waren in der Tat das geheime Bollwerk der Sekte. Die Illuminés von Frankreich mit Martinez Paschalis, dem unbekannten Philosophen Pernetty und der ganzen Schule, die so tiefe Wurzeln in Lyon und Umgebung hinterlassen hat; die Illuminaten von Bayern mit Weishaupt und seinen Komplizen. In diesen geheimen Logen wurde die Französische Revolution erdacht und vorbereitet; heute ist es in den Tempeln desselben Ordens, kabbalistisch und satanistisch, dass die Weltrevolution gekeimt und gereift ist... Die Pläne von gestern werden uns besser helfen, die Absichten und Methoden von heute zu verstehen."

Die Dokumente werden so beschrieben:

„Einige Original-Schriften des Illuminaten-Ordens, die im Hause des ehemaligen Regierungsrates Zwach bei der Hausvisitation in Landshut vom II. bis 12. Oktober 1786 gefunden wurden.

„Die vorliegende Sammlung ist auf Allerhöchsten Befehl Seiner Hoheit des Kurfürsten herausgegeben worden, um die Öffentlichkeit des In- und Auslandes von der unzweifelhaften Falschheit der Gründe zu überzeugen, die für den unaufhörlichen Aufschrei der Illuminaten gegen die Ungerechtigkeit, Gewalt und Verfolgung, der sie in Bayern ausgesetzt sind, angeführt werden, und um sie zugleich vor dieser epidemischen Sekte und vor allen anderen derartigen illegalen und heimlichen Gesellschaften zu warnen. Denn diese haben es nur darauf abgesehen, leichtgläubige Menschen zu täuschen und ihnen Geld abzuknöpfen - und statt Wahrheit und Sittlichkeit zu verbreiten, wie sie es vorgeben, letztere völlig zu verderben und erstere zu unterdrücken oder ganz zu verfälschen. Wer an der Echtheit dieser Sammlung zweifelt, möge sich in das Geheimarchiv dieser Stadt begeben, wo Befehl gegeben ist, die Originale zu zeigen. München, 26. März 1787."

In einem Dokument spricht Zwach von dem Vorschlag, einen Frauenorden zu gründen, der aus zwei Klassen bestehen soll, die jeweils eine eigene Gesellschaft bilden und den anderen unbekannt bleiben: eine Klasse tugendhafter Frauen, ein Mittel, um Geld, geheime Informationen und Vorteile für den wirklichen Orden zu erlangen; die andere aus leichten Frauen, um die Leidenschaften von F.M. zu befriedigen, die dazu neigen. „Beide sollten in Unkenntnis darüber gehalten werden, dass sie vom Männerorden geleitet werden."

Über ihr getarntes und vermeintliches Ziel schreibt Spartacus-Weishaupt:

> „Wie in der Vergangenheit, so bleibt auch in Zukunft das Ziel des Ordens, den Menschen für die Vervollkommnung seines Verstandes und seines sittlichen Charakters zu interessieren, humane und soziale Gefühle zu entwickeln, sich den bösen Plänen in der Welt zu widersetzen, gegen die Ungerechtigkeit zu kämpfen, den Unglücklichen und Unterdrückten zu helfen, verdienstvolle Männer, die dem Orden nützlich sind, zu ermutigen und das Wissen über die Wissenschaften zu verbreiten; und sie werden treu und feierlich versichert, dass dies das wirkliche und nicht nur das angebliche Ziel der Gesellschaft ist. Dass es vergeblich ist zu hoffen, durch den Eintritt in diesen Orden größere Macht und Reichtum zu erlangen."

Der Plan dieses Ordens besteht offensichtlich darin, eine einheitliche Maschine zu bilden, die absolut von den Oberen kontrolliert wird, die allein ihr wahres Ziel kennen. Zu diesem Zweck muss unter den Mitgliedern völlige Harmonie herrschen, kein Hass, keine Eifersucht, kein unwürdiger Egoismus; sie müssen einen Geist, eine Überlegung und einen Willen haben! Um diese gewünschte Ausrichtung zu erreichen, wird eine besondere Liste von Büchern vorgeschrieben, auf denen die Mitglieder ihre Anschauung aufbauen müssen. „Die Gesellschaft kann die Menschen nicht so gebrauchen, wie sie sind; sie müssen so geformt werden, wie sie gebraucht werden sollen." Hier haben wir die gleichen unheilvollen Methoden, wie sie in allen ähnlichen Gesellschaften der heutigen Zeit zu finden sind!

Weishaupt schreibt weiter, dass der Adept die Kunst der Verstellung, der Beobachtung und des Aushorchens anderer erlernen muss. Wenn er Geheimnisse entdeckt, muss er sie den Oberen mitteilen, die ihrerseits versprechen, die Informationen nur mit Erlaubnis des Informanten zu verwenden! „Der Orden verlangt völlige Unterordnung in allen Angelegenheiten des Ordens. Sie müssen gegenüber der Außenwelt vollkommene Umsicht und Diskretion walten lassen. Schweigen und Geheimhaltung sind die Seele des Ordens", und sogar der Grad des Fraters wird geheim gehalten, außer gegenüber Gleichgestellten, unter denen es Zeichen der Anerkennung gibt.

Was das wahre Ziel dieses Ordens betrifft, so zeigt ein von Zwach verfasstes Dokument seine politischen Fortschritte für ein Jahr in Bayern - Entfernung der Jesuiten von allen Lehrstühlen, und vollständige Räumung der Universität Ingolstadt; Durchdringung der Kirche durch F.M., Kontrolle der deutschen Schulen, Wohltätigkeitsvereine und anderer Universitätslehrstühle.

„Auf Empfehlung der Fratres ist Pylade Schatzmeister des Kirchenrates geworden, und so verfügt der Orden über die Einnahmen der Kirche." So konnte er den Fratres helfen und einige von ihnen aus den Fängen der Geldverleiher retten!

Nochmals:

Die verwitwete Herzogin hat das Institut der Kadetten absolut nach dem vom Orden vorgegebenen Plan organisiert; alle Professoren sind Mitglieder des Ordens ... und alle Schüler werden Adepten des Ordens.

Wir werden alle jungen Priester des Bartholomäus-Stiftes zu uns ziehen ... es besteht durchaus die Möglichkeit, dass wir auf diese Weise ganz Bayern mit ausgebildeten Priestern versorgen können.

Unter den Dokumenten befanden sich auch verschiedene Rezepte: „Eines für Aqua Toffana, ein unmerklich langsames, aber tödliches Gift". Ein anderes, um eine Abtreibung herbeizuführen, und ein weiteres über Kräuter mit schädlichen Eigenschaften.

Die Einweihung fand nach einer ein-, zwei- oder dreijährigen Probezeit statt. In den *Revers de Silentio, einem* Formular, das der Kandidat vor der Initiation unterschreibt, werden Unterwerfung und Schweigen versprochen, und es wird versichert, dass es in der Gesellschaft nichts gibt, was gegen „Staat, Moral oder Religion" verstößt. Bevor der Eid abgelegt wird, wird gesagt: „Ein Schwert, das auf die Brust gerichtet ist:

„Solltest du zum Verräter oder Meineidigen werden, so erinnere dich dieses Schwert an alle, die gegen dich zu Felde gezogen sind. Hoffe nicht, Sicherheit zu finden; wohin du auch fliehen magst, Schande und Reue sowie die Rache deiner unbekannten Brüder werden dich quälen und verfolgen.

Im anschließenden Eid schwört er „ewiges Schweigen, Treue und immerwährenden Gehorsam gegenüber allen Vorgesetzten und den Vorschriften des Ordens. Ich verzichte auch auf meine eigenen persönlichen Ansichten und Meinungen sowie auf jede Kontrolle über meine Kräfte und Fähigkeiten. Ich verspreche auch, das Wohl des Ordens als mein eigenes zu betrachten, und ich bin bereit, ihm, solange ich Mitglied bin, mit meinen Gütern, meiner Ehre und meinem Leben zu dienen... Wenn ich gegen die Regeln und das Wohl der Gesellschaft handle, werde ich mich den Strafen unterwerfen, zu denen mich meine Oberen verurteilen können..."

Er erhielt einen klassischen Namen, unter dem er von nun an im Orden bekannt war. Er war auch verpflichtet, alles, was zum Orden gehörte, an einem besonderen Ort aufzubewahren, an dem ein Etikett mit der Adresse seines Vorgesetzten angebracht war, an den das Kästchen im Falle seines plötzlichen Todes geschickt werden musste. In einem der Rezepte findet sich die Beschreibung eines solchen Kästchens, das, wenn es von einem Uneingeweihten geöffnet wird, sofort in Flammen aufgehen würde! In diesem Ausmaß wurde Geheimhaltung und Schweigen verlangt!

Nach der Auflösung seines Ordens setzten Weishaupt und seine Anhänger ihre Intrigen im Geheimen fort, denn 1789 waren die 266 Logen, die vom Großorient Freimaurerei kontrolliert wurden, alle illuminiert, ohne dass die große Mehrheit der Mitglieder davon wusste, und wenige Monate später kam es zur Französischen Revolution.

1794 gab der Herzog von Braunschweig, Großmeister der deutschen Freimaurerei, ein Manifest an alle Logen heraus, in dem er aufzeigte, wie die Freimaurerei von dieser internationalen Sekte durchdrungen war, und vorschlug, die gesamte Freimaurerei eine Zeit lang zu unterdrücken, bis sie von diesem unsichtbaren Krebsgeschwür befreit sei. Darin heißt es:

„Es entstand eine große Sekte, die sich das Wohl und das Glück des Menschen auf die Fahnen geschrieben hatte und im Dunkel der Verschwörung daran arbeitete, das Glück der Menschheit zur Beute zu machen. Diese Sekte ist allen bekannt: ihre Brüder sind nicht weniger bekannt als ihr Name. Sie sind es, die die Grundlagen des Ordens (der Freimaurerei) bis zum völligen Umsturz untergraben haben; sie sind es, die die gesamte Menschheit seit mehreren Generationen vergiftet und in die Irre geführt haben. Der Aufruhr, der unter den Völkern herrscht, ist ihr Werk. Sie gründeten die Pläne ihres unersättlichen Ehrgeizes auf den politischen Stolz der Nationen. Ihre Gründer haben es geschafft, diesen Stolz in die Köpfe der Völker zu bringen. Sie begannen damit, die Religion zu verunglimpfen... Sie erfanden die Rechte des Menschen, die nicht einmal im Buch der Natur zu finden sind, und sie drängten die Völker, ihren Fürsten die Anerkennung dieser angeblichen Rechte zu entreißen. Der Plan, den sie schmiedeten, um alle sozialen Bande zu zerschlagen und alle Ordnung zu zerstören, war in all ihren Reden und Taten zu erkennen. Sie überschwemmten die Welt mit einer Vielzahl von Publikationen; sie rekrutierten Lehrlinge jeden Ranges und in jeder Position; sie täuschten die scharfsinnigsten Menschen, indem sie fälschlicherweise andere Absichten behaupteten. Sie säten in die Herzen der Jugend die Saat der Begierde, und sie erregten sie mit dem Köder der unersättlichsten Leidenschaften. Unzähmbarer Stolz, Machthunger, das waren die einzigen Motive dieser Sekte; ihre Herren hatten nichts Geringeres im Auge als die Throne der Erde, und die Regierung der Völker sollte von ihren nächtlichen Keulen geleitet werden. Das ist es, was getan wurde und immer noch getan wird. Aber wir stellen fest, dass die Fürsten und das Volk nicht wissen, wie und mit welchen Mitteln dies erreicht wird..." (Mrs. Webster, ebd.)

Später, im Jahr 1799, erließ das englische Parlament ein Gesetz, das alle Geheimbünde mit Ausnahme der Freimaurerei verbot. Heute sind diese Geheimgesellschaften immer noch illegal, und obwohl sich einige als halböffentlich bezeichnen, wird von ihren Leitern immer noch ein Geheimhaltungseid verlangt, der sich auf die wichtigsten und geheimsten Lehren bezieht, insbesondere auf den Kontakt mit der mysteriösen Kontrollmacht auf der Astralebene.

Laut Monsignore Dillon, 1885 (Mrs. Webster. ebd.):

„Hätte Weishaupt nicht gelebt, hätte die Freimaurerei nach der Reaktion im Gefolge der Französischen Revolution vielleicht aufgehört, eine Macht zu sein. Er gab ihr eine Form und einen Charakter, der sie dazu veranlasste, diese Reaktion zu überleben und bis zum heutigen Tag zu beleben, und der sie dazu veranlassen wird, voranzuschreiten, bis ihr endgültiger Konflikt mit dem Christentum darüber entscheiden muss, ob Christus oder Satan bis zum Ende auf dieser Erde herrschen wird."

War Weishaupt nicht nur das Werkzeug einer anderen, noch gewaltigeren Sekte? Von dieser „Überschattenden Macht", die gewissermaßen das Leben des Illuminismus ist, erfahren wir in

The Victories of Israel von Roger Lambelin:

„Joseph de Maistre, der, wie man weiß, ein Freimaurer von ziemlich hohem Rang war, bemerkte den von den Juden ausgeübten Einfluss. Als er 1811 die Ursachen der Französischen Revolution untersuchte, schrieb er in einem Brief an seinen König aus St. Petersburg: „Die Macht dieser *vom Judentum gesteuerten Sekte*, die Regierungen zu verhexen, ist eines der schrecklichsten und außergewöhnlichsten Phänomene, die in der Welt gesehen wurden."

Auch der jüdische Schriftsteller Bernard Lazare bekräftigt dies:

„Es ist sicher, dass es schon an der Wiege der Freimaurerei Juden gab - kabbalistische Juden, wie einige bestehende Riten beweisen; sehr wahrscheinlich traten sie in den Jahren vor der Französischen Revolution in noch größerer Zahl in die Räte der Gesellschaft ein und gründeten selbst Geheimgesellschaften. Um Weishaupt herum gab es Juden; und Martinez de Pasqualis, ein Jude portugiesischer Herkunft, organisierte in Frankreich zahlreiche illuminierte Gruppen und rekrutierte viele Adepten, die er in die Lehre der Reintegration (Wiedergeburt) einweihte. Die Martinistischen Logen waren mystisch, während die anderen Freimaurerorden eher rationalistisch waren, was beweist, dass die Geheimgesellschaften die beiden Seiten des jüdischen Geistes repräsentierten - den praktischen Rationalismus und den Pantheismus; jenen Pantheismus, der zwar eine metaphysische Widerspiegelung des Glaubens an den einen Gott ist, aber manchmal in einer kabbalistischen Theurgie endet."

Und über die jüdischen Bestrebungen schreibt er:

„Der Jude ist auch ein Baumeister: stolz, ehrgeizig, herrschsüchtig, er versucht, alles an sich zu ziehen. Er begnügt sich nicht mit der Entchristlichung, er judaisiert; er zerstört den katholischen oder protestantischen Glauben, er provoziert Gleichgültigkeit, aber er zwingt denen, deren

Glauben er ruiniert, seine Vorstellung von der Welt, von der Moral und vom Leben auf; er arbeitet an seiner uralten Aufgabe - der Vernichtung der Religion Christi!"

Und M. Roger Lambelin fügt hinzu:

„Sie sind das Ferment der Revolution in allen ethnischen Gruppen, die ihrer Rasse fremd sind."

Weiter sagt Rabbi Benamozegh:

„Ist es verwunderlich, dass das Judentum beschuldigt wurde, einen Zweig der Freimaurerei zu bilden? Sicher ist, dass die freimaurerische Theologie im Grunde nur eine Theosophie ist, die der der Kabbala entspricht.

... Wer sich die Mühe macht, die Verbindung zwischen dem Judentum und der philosophischen Freimaurerei, der Theosophie und den Mysterien im Allgemeinen sorgfältig zu untersuchen, ... wird aufhören, mitleidig zu lächeln über die Andeutung, dass die kabbalistische Theologie eine Rolle bei den religiösen Umwälzungen der Zukunft spielen könnte... Sie enthält den Schlüssel zum modernen religiösen Problem."

In einem interessanten Buch, *Les Juifs et le Talmud,*[1] von M. Flavien Bernier, finden wir etwas Licht auf dieses pantheistische Glaubensbekenntnis der kabbalistischen Juden und den „vergöttlichten Menschen" des Illuminismus geworfen. Er schreibt, 1913:

„Die vorherrschende philosophische Doktrin unter den gelehrten Chaldäern ... war der absolute Pantheismus. In dem riesigen Tempel, der das Universum ist, verdrängten die gelehrten Chaldäer den Schöpfer ... Alles war Ursache und

---

[1] *Les juifs et le Talmud : morales et principes sociaux des Juifs d'après leur livre saint : le Talmud - 1913*, Omnia Veritas Ltd, www.omnia-veritas.com.

Wirkung; die Welt war ungeschaffen und wurde selbst zu ihrem eigenen Gott. Sogar die Idee der Göttlichkeit wurde mit der Universellen Harmonie verwechselt, die alle Dinge regelte, und mit jedem der Dinge, die sie regelte. Gott war also seinerseits und als Ganzes die Erde, die den Menschen nährte, der Tau, der ihn befruchtete, die Sonne, die Licht und Wärme spendete, der Wind, der den befruchtenden Pollen der Vegetation trug; Gott war das Lebensprinzip, das die Arten, Mensch und Tier, verewigte, das die Pflanzen keimen, wachsen, sterben und wieder zum Leben erwachen ließ, das sich sogar in scheinbar unbelebten Körpern manifestierte. Es wurde als eine Art Atem der Natur identifiziert, der ungeschaffen und ewig ist. Gott ging aus der Welt hervor, nicht die Welt aus Gott.

„Es ist klar, dass ein solches System, das den Stempel einer bizarren, aber unbestreitbaren Poesie trägt, in allen Zeitaltern die Macht haben würde, den menschlichen Geist zu verführen. Es würde ihn umso mehr verführen, als das System als unmittelbare Folge die Steigerung des menschlichen Stolzes auf den Kult des 'vergöttlichten Menschen' hätte."

„Wenn es kein von der Natur unterschiedenes höchstes Wesen gäbe, das durch das Recht der Schöpfung über die Natur verhängt wäre, wenn alle Dinge in irgendeiner Weise eine Intelligenz oder Seele hätten, und wenn Gott nur die Summe all dieser bewussten oder unbewussten Seelen des Universums wäre, würde notwendigerweise eine Hierarchie unter diesen Seelen bestehen, von denen jede ein Teil Gottes wäre, die aber Gott nur in sehr ungleicher Weise enthalten könnte. Das göttliche Prinzip würde sich in einem Stein weniger stark verteilen als in einem Baum, der lebt, atmet, wächst und stirbt; in einem Baum als in einem Tier, das denkt, wahrnimmt und handelt; in einem Tier als in einem Menschen, der über die Vergangenheit und die Zukunft nachdenkt, das Problem der Natur löst, ihre Unvollkommenheiten durch seine Arbeit und seinen Einfallsreichtum korrigiert und sich selbst unendlich zu vervollkommnen sucht. An der Spitze der Leiter der Wesen hat der Mensch, der viel vollkommener und intelligenter ist als alle anderen, offensichtlich den größten

Teil der göttlichen Essenz, aus der das Universum besteht, in sich aufgenommen. Nachdem er den Himmel von allen Wesen, die ihm übergeordnet sind, entleert hatte, war er in Wahrheit Gott der Welt, in der alle scheinbar minderwertig und ihm untergeordnet waren."

In einer Fußnote fügt der Autor hinzu:

„Diejenigen unserer Leser, die mit den Werken der hermetischen Freimaurerei vertraut sind, werden sofort die Lieblingsideen der Pontifexe dieser Sekte erkennen, Ideen, die sie von den Alchemisten des Mittelalters geerbt haben, die sie von den kabbalistischen Juden übernommen haben. Das Gleiche gilt für den Kult des „vergöttlichten Menschen", der die Grundlage des chaldäischen Pantheismus war und die Grundlage des Okkultismus in der Antike und in der Neuzeit blieb.

„Gewisse Überlieferungen nennen Zarathustra, einen jüdischen Propheten, als Meister... Andererseits wirkte das chaldäische Denken stark auf das orthodoxe Judentum ein und bestimmte das Wachstum einer Sekte in seiner Mitte, die Israel umgestalten sollte... Diese Sekte war die der 'Pharisäer'... Was sie (von den Chaldäern) entlehnten, war ... war die Essenz der pantheistischen Doktrin... Aus diesen Anleihen entstand dann die Kabbala der Pharisäer, die lange Zeit mündlich von Meister zu Schüler weitergegeben wurde und 800 Jahre später die Zusammenstellung des Talmuds inspirierte und ihren vollendeten Ausdruck im 'Sepher ha Zohar' fand.Diese Religion des „vergöttlichten Menschen", mit der sie in Babylon imprägniert wurden, sollte nur dem Juden, dem höheren und prädestinierten Wesen, zugute kommen.

... Die Verheißung der universalen Herrschaft, die der orthodoxe Jude im Gesetz findet, wurde von den Pharisäern nicht im Sinne der Herrschaft des Gottes des Moses über die Nationen interpretiert, sondern im Sinne einer materiellen Herrschaft, die die Juden über das Universum ausüben würden. Der erwartete Messias ... sollte ein weltlicher König sein, ganz blutig vom Kampf, der Israel zum Herrn der Welt machen und alle Völker unter dem Rad seines Wagens zertreten würde."

Haben wir hier nicht die Grundlage der Lehre in all diesen Orden und Gruppen, mystisch und okkult, der heutigen Zeit - den Kult der Lebenskraft, der I.A.O., der „Schlangenkraft", des alles durchdringenden Äthers? Und haben wir nicht auch den Schlüssel zu den kabbalistischen Juden in diesen Pharisäern von einst und heute, diesen sogenannten „göttlichen Wächtern", die hinter und durch diese geheimen Orden wirken, die vorgeben, die Doktrin der Vergöttlichung des Adepten zu lehren, die aber in Wahrheit illuminierte Sklaven schaffen, die vom kabbalistischen Juden kontrolliert werden, der behauptet, der „vergöttlichte Mensch" zu sein - wie M. Bernier sagt, „das Gottesvolk" und nicht das „Volk Gottes".

Im *Patriot* vom 7. März 1929 finden wir interessantes Material im Zusammenhang mit Geheimgesellschaften und der Französischen Revolution; dort heißt es:

„Im Jahr 1910 erschien ein sehr bemerkenswertes Buch mit dem Titel *Marie-Antoinette et le Complot Maçonnique*.[2] Es wurde von M. Louis-Dasté geschrieben, einem gelehrten Historiker, der viel Zeit damit verbracht hatte, veröffentlichte und unveröffentlichte Dokumente zu untersuchen, die die Rolle der Geheimgesellschaften bei der Vorbereitung der Französischen Revolution beleuchteten... Die Auszüge zeigen unter anderem, wie antichristliche und revolutionäre Ideen von Gremien verbreitet wurden, die angeblich mit der Erziehung des französischen Volkes beschäftigt waren. Hinter diesen Einrichtungen stand die französische Freimaurerei, die im Gegensatz zu unserer Freimaurerei antichristlich, politisch und revolutionär war und ist."

---

[2] *Marie-Antoinette et le Complot Maçonnique*, Omnia Veritas Ltd, www.omnia-veritas.com.

Wir zitieren die folgenden Auszüge, die ihre Methoden zeigen:

„Zu Beginn des achtzehnten Jahrhunderts hing Frankreich noch stark an seinen religiösen und politischen Traditionen; am Ende dieses Jahrhunderts brach es mit all diesen Traditionen - oder besser gesagt, ein geheimer Einfluss brachte es dazu, mit ihnen zu brechen. Worin bestand dieser geheime Einfluss? Es war in jedem Fall der Einfluss der Freimaurerei... Mehr als ein halbes Jahrhundert lang hatten die Freimaurer im Geheimen die Mine vorbereitet, deren Explosion 1789 das alte Frankreich in den Ruin trieb... Ab 1750 wurden in den meisten Städten Frankreichs Lesegesellschaften gegründet. Wie die heutigen Gesellschaften für freies Denken standen sie unter der Kontrolle der Freimaurer... Die Mitglieder dieser Gesellschaften, die am leichtesten dem freimaurerischen Köder erlegen waren und darüber hinaus literarisches Talent besaßen, wurden in Gruppen höheren Grades aufgenommen, die Gesellschaften, die „Akademiker" genannt wurden.... Wie die Lesegesellschaften wurden auch die Akademischen Gesellschaften insgeheim von Freimaurern geleitet, ... die das Geld für die Verleihung von Preisen für antichristliche Pamphlete oder für deren Druck und Veröffentlichung bereitstellten ... Über den Lese- und Akademischen Gesellschaften standen schließlich die so genannten Aktionsgesellschaften, die nicht mehr und nicht weniger waren als Exteriorisationen von Freimaurerlogen ... Die Arbeit, die die Lese- und Akademischen Gesellschaften in Verbindung mit den sie kontrollierenden Logen verrichteten, war ebenso tödlich wie einfach. Unter dem Einfluss dieser Gruppen von Freimaurern und ihren Helfern wurden die lauwarmen Katholiken nach und nach zu Ungläubigen und schließlich zu fanatischen Antichristen... Die Freimaurerei infizierte zuerst die Minister des Königs und die hohen Funktionäre, dann Magistrate aller Art und schließlich die Kirche Frankreichs selbst... Dank ihrer Unkenntnis der freimaurerischen Gefahr und ihrer Halbkomplizenschaft mit dem Feind erlaubten die beiden d'Argensons, Maurepas und St. Florentin den Freimaurern, sich in die Logen einzuschleichen. Florentin den Freimaurern des achtzehnten

Jahrhunderts erlaubt, die christliche Monarchie Frankreichs zu zerstören..."

In der *Revue Internationale des Sociétés Secrètes erschien* ein Artikel über „Revolution, Terror und Freimaurerei", in dem die Verbindung der Freimaurerei des Grand Orient mit der Französischen Revolution und ihr heutiges Ziel einer „Weltrepublik" - der Universalfreimaurerei - erläutert wurde (siehe Patriot, 16. August 1928).

„1789 wurden die revolutionären Verbrechen vom Propagandakomitee der Loge *Les Amis réunis* vorbereitet, und der Plan des 'Terrors' ist einem seiner einflussreichsten Mitglieder zu verdanken, dem jakobinischen Freimaurer Adrien Duport (der, als er zu seinem Plan befragt wurde, sagte)... „Nun, nur mit Hilfe des Terrors kann man sich an die Spitze einer Revolution setzen, um sie zu regieren... Es ist also notwendig, sich bei aller Abneigung mit dem Opfer einiger markanter Personen abzufinden."

... Anweisungen, die mit dem Plan übereinstimmen, werden an die wichtigsten Agenten des bereits organisierten Aufstandsdepartements gegeben, dem Adrien Duport nicht fremd war; die Ausführung folgt schnell. Das Massaker an de Launay, de Flesselles, Foulon und Berthier und das Aufspießen ihrer Köpfe waren die ersten Auswirkungen dieser philanthropischen Verschwörung.

1922 sagte der Orator der Großloge (Frankreich): „Meine Brüder Freimaurer, ich hoffe, dass die Freimaurerei, die so viel für die Emanzipation der Menschen getan hat und der die Geschichte die nationalen Revolutionen verdankt, es auch verstehen wird, die größte Revolution zu machen, die die internationale Revolution sein wird.

In seinen *Reisen durch Frankreich und Italien* (Young, der zu Beginn der Französischen Revolution in Paris weilte, war einer der schärfsten Beobachter des achtzehnten Jahrhunderts) schreibt Arthur Young über suberne Propaganda zu jener Zeit (siehe

Patriot vom 2. Februar 1928):

> „29. Juni 1789. Wird die Nachwelt glauben, dass, während es in der Presse von aufrührerischen Produktionen wimmelt, die die Segnungen theoretischer Verwirrung und spekulativer Zügellosigkeit beweisen sollen, nicht ein einziger talentierter Schriftsteller angestellt wurde, um die modischen Doktrinen zu widerlegen und zu verwirren, noch die geringste Sorgfalt darauf verwendet wurde, Werke anderer Couleur zu verbreiten?"

Gilt das oben Gesagte nicht auch für die gegenwärtige „Weltrevolution", die von derselben verborgenen und „gewaltigen Sekte" angezettelt wurde? Wie viele wagen es oder werden es tun, die fundamentale Wahrheit zu veröffentlichen?

Untersuchen wir nun die gegenwärtigen Ziele der Großorient-Freimaurerei, wie sie aus ihren eigenen Aufzeichnungen hervorgehen. Es handelt sich um eine jüdisch-freimaurerische Organisation, die politisch und revolutionär ist und die Weltherrschaft anstrebt.

In „*La Dictature de la Franc-Maçonnerie sur la France*" deckt M. A. G. Michel einige dieser Machenschaften auf:

> „Es ist die Pflicht der universellen Freimaurerei, mit dem Völkerbund absolut zusammenzuarbeiten, damit sie sich nicht mehr den interessierten Einflüssen der Regierungen unterwerfen muss" (Convent. Grand Orient, 1923).

> „Die Hauptaufgaben des Völkerbundes bestehen in der Organisation des Friedens, der Abschaffung der Geheimdiplomatie, der Anwendung des Selbstbestimmungsrechts der Völker, der Herstellung von Handelsbeziehungen nach dem Prinzip des Freihandels, der Neuaufteilung der Grundstoffe, der Regelung des Verkehrs, der Wiederherstellung normaler Beziehungen zwischen den nationalen Einrichtungen und der Schaffung einer internationalen Note; die Entwicklung einer internationalen

Arbeitsgesetzgebung und insbesondere die Beteiligung einer organisierten Arbeiterklasse an internationalen Räten; die Verbreitung einer allgemeinen pazifistischen Erziehung, die sich insbesondere auf die Verbreitung einer internationalen Sprache (Esperanto!); die Schaffung eines europäischen Geistes, eines Völkerbundspatriotismus - kurz gesagt, die Bildung der Vereinigten Staaten von Europa oder vielmehr der Weltföderation" (Konvent der Großloge von Frankreich, 1922).

Bekräftigt, dass diese Versammlung (Völkerbund) sich in einem demokratischen Sinne entwickeln und rasch Vertreter aller Nationen aufnehmen muss; erklärt, dass die neue Einrichtung die Gleichheit der Nationen gewährleisten muss; berichtet mit Genugtuung über die Schaffung eines Büros für internationale Arbeit als ständiges Organ des Völkerbundes." (Convent. Bull. Off. Großloge von Frankreich, 1920).

„Die Kommission verlangt, dass der Konvent einstimmig beschließt, dass der Völkerbund von nun an in allen möglichen Fällen die höchste Autorität hat, um zwischen Völkern und Regierungen zu entscheiden" (Konvent. Großloge von Frankreich, 1923).

„Er fordert ferner, dass der Völkerbund, um die Durchführung seiner Beschlüsse zu gewährleisten, mit einer ständigen Streitmacht ausgestattet wird, die seiner alleinigen Autorität unterstellt ist und die verschiedenen nationalen Armeen um ein Vielfaches verkleinert" (Convent. Grand Orient, 1923).

„Die föderale Organisation der Völker impliziert die Errichtung eines Überstaates oder Supernationalstaates, der mit den drei Gewalten Exekutive, Legislative und Judikative ausgestattet ist, d.h. über die drei Organe verfügt, die für jede konstituierte Gesellschaft unerlässlich sind: eine Regierung, ein Parlament und einen Gerichtshof. Der Gerichtshof muss mit einem Strafgesetzbuch, einem Zivilgesetzbuch und einer internationalen Prozessordnung ausgestattet sein. Die internationale Autorität muss durch eine Armee oder eine internationale Polizei sanktioniert werden. Die Entwaffnung der einzelnen Staaten und die Bewaffnung der Föderation der Vereinigten Staaten sind zwei Phasen desselben Fortschritts" (Bull. Off. Grand Lodge of France, 1922).

„Studien im Rahmen des Völkerbundes zur Schaffung einer internationalen Bank auf der Grundlage der Mobilisierung von öffentlichem oder privatem Anlagevermögen" (Bull. Off. Grand Lodge of France, 1922).

Dies führt zu einem Programm der universellen freimaurerischen Diktatur:

I. *Politik der Zerstörung (Solve* der Illuminierten Freimaurerei*)*: Zerstörung der Kirche. Revolution.

II. *Wiederaufbau einer neuen Ordnung (Coagula* der Illuminierten Freimaurerei): (a) Wirtschaft und Soziales; (b) Finanz- und Steuerreform; (c) Sozialisierung des Einzelnen.

III. *Die universelle Freimaurerei:* „Diese internationale Revolution ist für morgen das Werk der Freimaurerei" (Konvent der Großloge von Frankreich, 1922). „Drei Revolutionen: 1789, 1871, 19-" (Bull. Hebd. 1922).

Das Eindringen des Grand Orient in viele Gruppen wird durch die folgenden Auszüge aus demselben Dokument erklärt:

„Die Freimaurerei muss überall zu spüren sein, darf aber nirgendwo zu finden sein" (Convent. Grand Orient, 1922).

„Wir bilden eine große, nach außen hin stumme Vereinigung, deren einziges Bestreben es sein wird, Ideen kollektiv auszudrücken und das Land mit ihnen zu überschwemmen ... wir müssen uns ernsthaft bemühen, dass unsere Gedanken die ganze Masse durchdringen ... aber unsere ganze Befriedigung wird aus dem kommen, was unsere Ideen keimen lassen" (Convent. Grand Orient, 1922).

„Eine aktive Propaganda ist dringend notwendig, damit die Freimaurerei wieder zum Inspirator, zur souveränen Herrin der Ideen wird, durch die die Demokratie zur Vollkommenheit gebracht werden soll... Die gesellschaftlichen Elemente durch die weite Verbreitung der in der Institution erhaltenen Lehren zu beeinflussen" (Convent. Grand Orient, I 922).

„Sportvereine, Pfadfinder, Kunstzirkel, Gesangs- und Instrumentalgruppen. Alle Organisationen, die die republikanische Jugend für körperliche und geistige Erziehungsarbeit gewinnen. Es gibt so viele fruchtbare Felder, auf denen die freimaurerische Propaganda am nützlichsten ausgeübt werden sollte. Überall dort, wo die Möglichkeit besteht, dass die Kurse für Erwachsene in Anspruch genommen und besucht werden, sind Bibliotheken usw. einzurichten." (Konvent. Großer Orient, 1923)

„Die Freimaurerei ist nicht gerade international, sie ist universell; sie ist eine nicht-nationale Gesellschaft, eine Gesellschaft der 'Humanität', nicht eine Gesellschaft der internationalen Brüderlichkeit, sondern eine Gesellschaft der universellen Brüderlichkeit" (Bull. Off. Grand Lodge of France, Oktober 1922).

Der Grand Orient wurde 1772 gegründet, verbündete sich 1786 mit dem Großkapitel und wurde zu einer ebenso subversiven wie gefährlichen Organisation. Wie wir gesehen haben, wurde er 1789, kurz vor der Revolution, illuminiert. Es handelt sich also um eine illuminierte esoterische Freimaurerei, die weitgehend von Juden beherrscht wird und deren Ziel die politische Macht ist. Ihr Gott ist das schöpferische Prinzip, und sie betrachten Gott, den Schöpfer, als einen Mythos. Die britischen Freimaurer hingegen sind exoterisch, unpolitisch und philanthropisch, und sie glauben an Gott als den großen Architekten des Universums. Aus diesen Gründen brachen sie im März 1878 die Beziehungen zum Grand Orient ab.

Viele dieser geheimen und pseudo-öffentlichen Gesellschaften, auf die später noch eingegangen wird, sind direkt oder indirekt mit dem Großorient verbunden und sind, wie sich zeigen wird, subversiv.

Jeder, der sich mit der Materie befasst hat, muss erkennen, dass keine Bewegung wie die gegenwärtige Weltrevolution mit all ihren Verwicklungen die Ausmaße annehmen könnte, die sie ganz offensichtlich angenommen hat, wenn es nicht ein Mittel des Zusammenhalts und einen mächtigen zentralen Geist gäbe, der das Ganze leitet. Was der verstorbene Bischof von Dijon in seinem Buch „*Les Pharisiens d'autrefois à Ceux d'aujourd'hui*" über die Juden gesagt hat, könnte man auch über die oben genannte Bewegung sagen. Er schreibt:

> „Damit aber diese jüdischen Kolonien, die so weit verstreut sind unter so verschiedenen Rassen, unter so ungleicher Herrschaft, begraben unter feindlichen Massen und ohne jede offensichtliche Verbindung, dennoch ihre ursprünglichen Eigenschaften bewahren konnten, immer die gleichen Ideale, überall die gleiche Mentalität, die gleichen Ideen, eine vollkommene Ähnlichkeit, ist es unerlässlich, dass sie ein unsichtbares verbindendes Glied haben, einen gemeinsamen Geist, ein Haupt, mit einem Wort eine Zentralregierung, und diese Regierung kann nur eine okkulte Regierung sein."

In einer Fußnote desselben Buches sagt er über die großorientalische Freimaurerei:

> „In den Logen wird nicht diskutiert, um die Wahrheit zu finden, sondern um zu handeln. Worauf es ankommt, ist nicht eine zusammenhängende und wirkliche Meinung, die der Überzeugung eines jeden in ihrer Gesamtheit entspricht, sondern eine kollektive und praktizierte Meinung, die das Ergebnis einer vorbereiteten Verständigung für einen interessierten Zweck ist. Sie suchen sie nicht durch Studium wie die Philosophen, sondern sie suggerieren und erzwingen sie... Man wird nicht gezwungen, in die Freimaurerei einzutreten, aber einmal eingetreten, muss der Adept den Geist der Freimaurerei annehmen - es ist die „Einweihung".

Sie haben sich vorgenommen, ihn mit diesem Geist zu erfüllen, um ihn zu orientieren. Aber wenn jeder Freimaurer persönlich ausgerichtet wird, so wird auch jede Gruppe, ohne es zu wissen, von den höheren Gruppen so ausgerichtet, dass sie, weil sie nicht sehen können, was sie führt oder wohin sie geführt werden, glauben, frei zu sein, während sie in Wirklichkeit von diesem 'Mysterieux Moteur Central, der nur uns bekannt ist', wie der Autor des seltsamen Buches *Die jüdische Gefahr sagt*, ausgerichtet oder geleitet werden."

Dasselbe geheime System findet sich in allen illuminierten Geheimgesellschaften von heute, die alle von einem geheimnisvollen verborgenen Zentrum regiert und geleitet werden. Über sein eigenes System sagt Weishaupt, er bilde seine Reihen „aus Männern, die sich unterwerfen würden, um von unsichtbaren Leitern blindlings vorwärts geführt zu werden." Er sagt:

„Man muss zeigen, wie leicht es für einen klugen Kopf wäre, Hunderte und Tausende von Menschen zu leiten. Ich habe zwei unmittelbar unter mir, denen ich meinen ganzen Geist einhauche, und jeder von diesen beiden hat wieder zwei andere, und so weiter. Auf diese Weise kann ich auf die einfachste Art und Weise tausend Männer in Bewegung und in Brand setzen, und auf diese Weise muss man Befehle erteilen und Politik betreiben" (*Mrs. Webster, Secret Societies and Subversive Movements*).

Das ist das System von Weishaupt, aber was ist mit der geheimnisvollen Zentralgewalt?

Es ist nicht das Ziel dieses Buches, die „Protokolle der Weisen von Zion" zu beweisen oder zu widerlegen, die von Philip Graves in der *Times* vom 16. bis 18. August 1921 und erneut 1923 in seinem Buch *Palestine the Land of Three Faiths in* wenig überzeugender Weise als Plagiat von Maurice Jolys revolutionärem Pamphlet *Dialogues aux Enfers* bezeichnet wurden und teilweise von der Okhrana oder der zaristischen Geheimpolizei stammen. Was uns jedoch interessiert, ist die

Tatsache, dass Herr Graves zugibt, dass allen Revolutionen dieselben Ideen und Methoden zugrunde liegen, wie sie in den Protokollen und dem oben erwähnten Pamphlet zum Ausdruck kommen: „Die französischen Terroristen, die Napoleons, die türkischen Chefs des Komitees für Fortschritt und Union, Lenin und seine Anhänger." Und über die Juden sagt er:

> „Erklären diese Tatsachen nicht hinreichend, warum die Ostjuden in hohem Maße die treibende Kraft der russischen bolschewistischen Revolution waren, indem sie ihre fanatische Bitterkeit gegen Zar, Kirche und Kapital verstärkten, ihr aber eine größere Intelligenz, eine größere Kontinuität in der Politik und eine größere Ausdauer verliehen, als man sie bei den russischen Massen oder bei der kommunistischen Fraktion der Intelligenz finden konnte?"

Hier und da zitieren wir diese Protokolle und vergleichen sie mit der Arbeit dieser vielen Geheimgesellschaften, nur um zu zeigen, dass dieselben revolutionären Ideen und Methoden auch heute noch den Prinzipien dieser jüdisch dominierten geheimen und zweifellos subversiven Bewegungen zugrunde liegen.

KAPITEL II

ORIENTIERT AM JUDENTUM

BEVOR wir mit den Ergebnissen unserer Untersuchungen und Forschungen über einige der magischsten und gefährlichsten der heutigen Kulte und Gesellschaften fortfahren, mögen die Schlussfolgerungen eines gelehrten französischen Okkultisten von Interesse sein, da sie einige unserer Punkte unterstützen und ergänzen.

Doch zunächst möchten wir erklären, dass der Okkultismus das Wissen und die Nutzung der zweigeschlechtlichen oder verborgenen schöpferischen Kräfte in der gesamten Natur ist, und dass die jüdische Kabbala, die auf eben diesen geheimen Gesetzen beruht, eines der gelehrtesten und mächtigsten Systeme zur Erlangung der Kontrolle über die Natur und über den Geist und die Handlungen des Menschen ist, indem sie diese Kräfte ins Spiel bringt und pervertiert, um Macht und Herrschaft zu erlangen. Es ist Polarität und eine subtile Methode der Suggestion. *Die Revue Internationale des Sociétés Secrètes* untersucht und enthüllt seit einiger Zeit die uralte Quelle und die verborgene Macht dieser Geheimgesellschaften, in der Hoffnung, auch anderen Forschern zu helfen und denjenigen, die bereits Schritt für Schritt gegen die zeitgenössische jüdische Freimaurerei kämpfen, eine Auswahl an Waffen zu liefern. Henri de Guillebert, „ein Fachmann ersten Ranges in diesen Fragen", hat eine führende Rolle bei diesen Untersuchungen gespielt. Wir geben einige Auszüge aus seinen Artikeln „Studies in Occultism" wieder:

„Die Bedeutung der Rolle, die die Geheimgesellschaften in

der religiösen, sozialen, wirtschaftlichen und politischen Entwicklung gespielt haben, wird im Allgemeinen geleugnet... In der Geschichte der Völker gibt es keine Spur eines internationalen Versuchs, den Ursprung, die Wechselfälle, das Ziel, die Ansprüche, die Lehre und die Disziplin der Sekten zu bestimmen, die nicht mehr als isolierte Phänomene betrachtet werden, sondern als eine dauerhafte Organisation, die sich auf monströse und solide Weise aus einer Vielzahl von separaten Teilen bildet. Es ist daher in gewisser Weise ein Novum, die Wirkung des Okkultismus auf den Menschen in seinen verschiedenen Phasen aufzuzeigen, indem man feststellt, was Geheimgesellschaften sind; wie sie in Zeit und Raum miteinander verbunden sind; woher sie kommen und wohin sie die Menschen führen wollen; wer sie konstituiert und wer sie leitet... In unserer Zeit kann der Okkultismus nichts anderes mehr sein als eine materielle und menschliche Realität, ein Problem, das mit anerkannten Methoden der Kritik zu lösen ist, ein Werk, das durch Untersuchungen analysiert werden kann und in der Lage ist, Geheimgesellschaften als Ganzes zu entlarven. Alle Sekten zu beobachten, zu analysieren, zu klassifizieren und zu vergleichen ist eine rein wissenschaftliche Arbeit...

„Judäo-Maurerei. - Dieser Begriff kann unter Vorbehalt seiner Korrektheit verwendet werden, um die Organisation zu bezeichnen, die aus kabbalistischen Juden und Geheimgesellschaften besteht, die nicht mehr als isolierte Phänomene in Zeit und Raum betrachtet werden, sondern als ein Ganzes, das eine gemeinsame Lehre und Disziplin, ein gemeinsames Ziel und gemeinsame Methoden hat... Die angewandte Methode besteht immer in der Perversion der Traditionen und Institutionen des Christentums, indem sie an die vom Okkultismus inspirierten Überzeugungen und Organisationen angepasst werden... Die Zerstörung der Familie, des Landes, der Autorität und der Kirche ist für den Okkultismus nur ein Mittel... Das Prinzip der lehrenden Minderheit besteht nicht nur darin, dem Adepten die Kenntnis der Mysterien vorzuenthalten, sondern auch darin, ihre Lehren zwischen der Verdrehung der Mentalität und der

Pervertierung der Menschen aufzuteilen, um alle Hindernisse für die Errichtung ihrer Herrschaft über die Welt zu zerstören und ihre Tyrannei über ein von allen kirchlichen Institutionen befreites Land zu errichten. ... Das Endziel ist die Inthronisierung des sogenannten Weltkönigs, der die universelle Autorität mittels untergeordneter Dummköpfe in die Hände der Großmeister - alles Juden - legt; die Unterwerfung aller Völker unter diese Männer durch die Monopolisierung sozialer Ämter, die Verwandlung des Menschen in ein Haustier, die Ausbeutung der Massen durch den Juden, sobald die Köpfe der christlichen Kontrolle unterdrückt worden sind.

„Die gegenwärtige Revolution ist das eigentliche Ende. Sie ist die Vollendung einer dauerhaften Verschwörung, die durch eine gewaltige Konvergenz von Anstrengungen, die überall und zur gleichen Zeit unternommen wurden, gescheitert ist, wieder aufgenommen und mit einer schrecklichen Hartnäckigkeit und mit immer größerer Geschicklichkeit, die durch lange Jahrhunderte der Erfahrung gewonnen wurde, verfolgt wurde. Ihr Ziel, für immer unerreichbar, wäre die endgültige Beherrschung aller Völker durch das Gottesvolk, wobei alle esoterischen Religionen nur ethnologische Formen der Kabbala sind, vergängliche Formen, die das siegreiche Judentum loswerden muss... Die einzige Kraft des jüdischen Zusammenhalts liegt in der Unterwerfung seiner verstreuten Gemeinden unter die religiöse Oberhoheit eines Patriarchats, dessen sozialer Sitz, der sich ständig verändert, dem Profanen unbekannt bleibt.

„Der Jude betrachtet sich selbst als die Sonne der Menschheit, das Männliche, dem gegenüber die anderen Völker nur das Weibliche sind, das das Kommen des messianischen Zeitalters manifestiert und sichert. Um diese soziologische Manifestation zu verwirklichen, dehnt der Jude seinen Einfluss organisch durch Geheimgesellschaften aus, die er geschaffen hat, um seine initiierende Kraft überall zu verbreiten ... (in der Hoffnung,) die 'Universelle Republik' zu verwirklichen, die vom Gott der Menschheit, dem Juden der Kabbala, beherrscht wird ... Die Hauptanstrengung dieser

Geheimgesellschaften besteht darin, die religiösen Traditionen aller Völker in ihren Plänen zu sammeln.

„*Theurgie* - Die Theurgie bezweckt die Verdichtung der vitalen Materie im Theurgen, und zwar durch Methoden, an Orten und mit Zielen, die nicht durch die Begrenzungen der Organe möglich sind. Sie führt zur Erzeugung „großer Phänomene", übermenschlicher Phänomene, d.h. jenseits der Kräfte der gewöhnlichen Menschheit. Die Verwirklichung der „großen Phänomene" sichert die Vermehrung der Adepten und die Verherrlichung der Eingeweihten. Die Theurgie stellt den „Wahrsager" (Seher) höher als die Menschheit, in einen Zustand der Befreiung, der sich dem „Göttlichen" nähert. Auch um dieses Ziel zu erreichen, schreckt der Theurg vor keiner Methode zurück, die es ihm erlaubt, zu seinem Nutzen die lebenswichtige Materie zu befreien, die er braucht, um diese „großen Phänomene" hervorzubringen... Die Theurgen schreiben den Phänomenen des Universums überraschende Beziehungen zu, die sie angeblich herstellen können, indem sie ein „Fluidum" in Bewegung setzen, ohne dessen Existenz sie erkennen, dass ihr Vorgehen nur Gaukelei wäre... Sie behaupten, die Macht zu haben, sich selbst mit diesem Fluidum aufzuladen und es nach Belieben auf Organismen zu projizieren, die weniger stark aufgeladen sind als sie selbst, und sich auf diese Weise physisch und physiologisch in den Zustand eines Kondensators und Verteilers natürlicher Energie zu versetzen, was sie in die Lage versetzt, durch den behaupteten Austausch von Fluiden zu betäuben und zu beherrschen" (hypnotische Kontrolle, wie sie in diesen Orden praktiziert wird).

Es ist die Kraft, von der in den „Protokollen" die Rede ist:

„Wir bringen die Freimaurer in den Tod ... sie sterben alle, wenn es nötig ist, anscheinend eines natürlichen Todes."

Der berühmte Okkultist und Kabbalist „Papus" gibt in seinem Buch über *Praktische Magie* folgende einfache Erklärung der Magie: „Ein Fahrzeug, ein Pferd und ein Kutscher, das ist die ganze Magie, wenn man sie nur zu betrachten wüsste." Er sagt, der Kutscher könne das Fahrzeug nicht in Bewegung setzen ohne einen Motor, der das Pferd sei, das gleichzeitig stärker sei als der Kutscher, aber er kontrolliere und nutze die rohe Kraft mit Hilfe der Zügel. Der Kutscher repräsentiert die Intelligenz und vor allem den Willen, der das ganze System beherrscht - er ist das „lenkende Prinzip". Das Fahrzeug repräsentiert die Materie, die inaktiv ist und das „Passive Prinzip" darstellt. Das Pferd stellt die „Kraft" dar, die dem Kutscher gehorcht, und durch die Einwirkung auf das Fahrzeug bewegt das Pferd das ganze System; es ist das „aktive Prinzip" und gleichzeitig der Vermittler zwischen dem Fahrzeug und dem Kutscher, das „Bindeglied", das die materielle Basis und das, was sie lenkt, d.h. zwischen der Materie und dem Willen, miteinander verbindet.

In der praktischen Magie ist der Fahrer der menschliche Wille, das Pferd die „Lebenskraft", jene Dynamik, die durch das Blut zu allen Organen und zum Gehirn selbst getragen wird. Das Fahrzeug ist unser Körper, der Fahrer unser Wille, und die Zügel sind das Nervensystem. Der Verstand kann nicht direkt auf die Materie einwirken, er wirkt auf ein Zwischenglied, das wiederum auf die Materie reagiert; dieses Zwischenglied ist die Astralebene, die Lebenskraft in der Natur und im Menschen, die die Materie ständig verändert. Diese organische Lebenskraft des Menschen kann von ihm projiziert werden und in der Ferne wirken: und das ist die hyperphysikalische Kraft, die bei der magnetischen Heilung und der hypnotischen Kontrolle verwendet wird. Wie Papus sagte: „Bei den Alten konnte man Magie als die Anwendung des Willens auf die Kräfte der Natur definieren, denn der Schüler lernte, Wärme, Licht und Elektrizität zu kontrollieren." Es handelt sich immer um zwei konkurrierende Kräfte, die durch eine dritte, die eine Manifestation hervorbringt, vereint werden.

All diese vielen geheimen und pseudo-öffentlichen okkulten Gesellschaften - ob sie nun esoterische Freimaurer, Rosenkreuzer, Illuminaten sind oder sich einfach nur Universelle Brüder nennen - sind, so glauben wir, bewusst oder unbewusst mit der zentralen

Gruppe verbunden, die hinter der Dritten Internationale von Moskau agiert. Viele dieser Orden scheinen nach außen hin gegeneinander zu sein, und jeder scheint in der Tat zu glauben, dass er und nur er die GANZE WAHRHEIT kennt. Die Kunst besteht darin, dass die Mitglieder, die sich aus verschiedenen Gründen abspalten, fast zwangsläufig eine andere suchen, vorzugsweise eine andere als die, die sie verlassen haben. Diese Gruppen und Orden sind vielfältig, um die unterschiedlichsten Menschen anzusprechen. Viele, wenn nicht alle, arbeiten nominell für den „Dienst an der Menschheit", aber das scheint sich in den Dienst und die Rechte der sogenannten Arbeiter der Welt aufgelöst zu haben, und obwohl ihre Losung Liebe und Einheit sein soll, scheint sie Klassenhass zu bedeuten.

Die *Große Weiße Loge* ist offenbar das Zentrum der Unterweisung, und viele suchen nach einem „Messias", sei es ein Christus oder Christian Rosenkreutz. Für uns bedeutet dies eine unsichtbare Weltherrschaft durch illuminierte Marionetten oder Werkzeuge - Lichtträger, wie sie in einigen dieser hermetischen Orden genannt werden. Es handelt sich zweifellos um dieselbe Geheimorganisation, die schon früher und in einem weniger ehrgeizigen Ausmaß hinter den französischen Revolutionen, den Aufständen auf dem Balkan und sogar dem Aufstand der Lollards in unserem Lande stand, die alle nur Experimente zur Vorbereitung der großen Weltrevolution von heute waren. Diese geheime Bewegung ist eine Seuche, die in den verborgenen Gewölben und unterirdischen Orten der Welt entsteht und erst dann an die Oberfläche tritt, wenn die Stunde der Vollendung heranzukommen scheint. Wer kann sagen, wo diese Seuche beginnt und wo sie endet, und wer ist immun gegen ihren tödlichen Makel?

Der Illuminismus oder die so genannte spirituelle Entwicklung ist unserer Meinung nach der Schlüssel zu dieser Bewegung und das Bindeglied, das die gesamte Organisation verbindet, und alle diese verschiedenen Gruppen sind nichts anderes als Einrichtungen, die zu dem Zweck geschaffen wurden, Instrumente vorzubereiten, und die Methoden, um diesen

Zustand zu erreichen, sind kurz gesagt diese:

I. *Orientierung.* - Gedankenführung. durch ausgewählte Meditationen über Schriften, die von diesen Meistern der Großen Weißen Loge inspiriert sein sollen.

2. *Polarisierung.* - Lenkung der Ströme der dualen Geschlechtskräfte durch Gedanken und Willenskraft, die sie mit den von diesen Meistern von außen gelenkten Kräften vereinen. Wechselseitige Schwingungen - die Wirkung eines Geistes auf einen anderen.

3. *Illumination.* - Illuminismus mit Hilfe des Astrallichts, das von denselben Meistern erzeugt wird und zu hypnotischer Besessenheit führt.

Um *The Great Work,* eine Publikation der Sadol-Bewegung, in Kalifornien zu zitieren: „In Wahrheit ist es das Prinzip in der Natur, das jedes Wesen dazu treibt, eine schwingungsmäßige Übereinstimmung mit einem anderen gleichen Wesen entgegengesetzter Polarität zu suchen." In demselben Werk wird uns gesagt, dass analog zu einem Landwirt, der einen elektrischen Strom durch den Boden an der Wurzel des Stängels fließen lässt, so dass die Lebensprozesse berührt und so ihre Aktivität und Intensität vervielfacht, so,

„Durch jahrhundertelange Experimente und Studien hat die Schule der Naturwissenschaft (Weiße Loge) eine eindeutige und wissenschaftliche Methode entwickelt und entdeckt, die es dem intelligenten Schüler ermöglicht, den Prozess zu ergänzen, zu erleichtern und zu intensivieren, durch den die Natur die geistigen und psychischen Fähigkeiten, Kapazitäten und Kräfte des Menschen entwickelt und entfaltet..."

Dies ist einfach ein Schnellverfahren, das Illuminismus erzeugt und zu allen möglichen unausgewogenen Ergebnissen führt.

Diese Aufträge gipfeln fast ausnahmslos in Mitteilungen, Lehren und Unterweisungen von diesen Meistern oder so genannten geistigen Wesen - dieser zentralen Gruppe von Okkultisten und Schwarzmagiern, die zweifellos durch ihre vielen „Experimente" an der ahnungslosen Menschheit ein äußerst tiefes Wissen über diese verborgenen Naturgesetze erworben haben. Wer kann die Kräfte des menschlichen Körpers, seines Gehirns und seines Nervensystems als Mechanismus für den Empfang und die Weiterleitung dieser geheimnisvollen Kräfte, die so wenig verstanden werden, in Grenzen halten?

Weiter heißt es in diesem Buch:

> „Mit einer natürlichen Anpassung der wirtschaftlichen, soziologischen und ethnischen Verhältnisse wird sich allen, die bereit und willens sind, die Möglichkeit bieten, ihre geistigen und seelischen Kräfte gleichberechtigt mit den physischen zu entwickeln... Die Lösung ist bereits von der Großen Schule ausgearbeitet worden, und wenn die Zeit reif ist, wird sie der Welt durch Kanäle gegeben werden, die ihre Anerkennung und Annahme sicherstellen."

Wir werden nun die Taten und Aussagen einiger dieser erleuchteten und subversiven „Kanäle" untersuchen.

DIE THEOSOPHISCHE GESELLSCHAFT

In *Le Théosophisme* gibt *René* Guenon viele gut dokumentierte Informationen über die Theosophische Gesellschaft und zeigt ihre allmähliche Entwicklung zu einem Instrument in den Händen einer „inneren Weltregierung", einer unsichtbaren Macht.

Frau Blavatsky, die eigentliche Gründerin, wurde 1831 in Jekaterinoslaw geboren. Auf ihren vielen frühen außergewöhnlichen Wanderungen kam sie offenbar unter den Einfluss und die Lehren von Paulos Metamon, einem Magier oder Zauberkünstler, des Revolutionärs Joseph Mazzini und der Carbonari sowie von Michel, einem Freimaurer, Mesmeristen und Spiritisten, der ihre medialen Kräfte entwickelte. Diese Einflüsse waren wahrscheinlich nicht unwesentlich für ihre „Phänomene" verantwortlich.

Am 20. Oktober 1875 wurde in New York eine Gesellschaft für „spiritistische Untersuchungen" gegründet; Olcott war Präsident, Felt und Dr. Seth Pancoast Vizepräsidenten und Frau Blavatsky Sekretärin. Zu den weiteren Mitgliedern gehörten William Q. Judge, Charles Sotheran, einer der hohen Würdenträger der amerikanischen Freimaurerei, und für kurze Zeit auch General Albert Pike, Großmeister des Schottischen Ritus für die südliche Jurisdiktion der USA, der als Autor der Rituale der dreiunddreißig Grade galt, die er von einem arabischen Mitglied der „Großen Schule" erhalten hatte.

Weiter heißt es, dass George Felt, der Vizepräsident, sich als Professor für Mathematik und Ägyptologie ausgab und „Mitglied einer geheimen Gesellschaft war, die von Eingeweihten gewöhnlich 'H.B. of L' (Hermetic Brotherhood of Luxor) genannt wird ... diese Gesellschaft ... ist offiziell gegen spiritistische Theorien, *denn sie lehrt, dass diese Phänomene nicht auf Geister der Toten zurückzuführen sind, sondern auf bestimmte Kräfte, die von lebenden Menschen gelenkt werden."* Es heißt, Felt habe Mme. Blavatsky und Olcott überredet, Mitglieder der H.B. of L. zu werden. Am 17. November 1875 wurde der Name der Gesellschaft in „Theosophische Gesellschaft" geändert, obwohl Felt den Namen „Ägyptologische Gesellschaft" vorgezogen hätte. Kurze Zeit später verschwand Felt plötzlich. Wie René Guénon bemerkt, „war seine Mission zweifellos erfüllt!"

Im November 1878 reisten Mme. Blavatsky und Olcott nach Indien und gründeten 1882 das Theosophische Zentrum in Adyar bei Madras; dort weihte sie ihre „esoterische Sektion" ein und nahm Kontakt mit den so genannten „Mahatmas" auf, und ihre phantastischen Phänomene vermehrten sich ins Unermessliche. Diese „Phänomene", ausgefallene Briefe, Astralglocken, Materialisationen usw., wurden mit der Zeit verdächtigt und aufgedeckt - die Angelegenheit wurde von der „Society for Psychical Re search" aufgegriffen, die sie im Dezember 1885 als „eine der vollendetsten, genialsten und interessantesten Hochstaplerinnen" bezeichnete. Sie selbst bestätigte die Notwendigkeit solcher Phänomene, um ihren Einfluss auf einige Mitglieder aufrechtzuerhalten, und in bestimmten theosophischen Kreisen trugen sie weitgehend dazu bei, die Gesellschaft und ihre Führer am Leben zu erhalten.

Abschließend fasst René Guénon zusammen:

> „Aus all dem, was wir aufgedeckt haben, ist es legitim zu folgern, dass Frau Blavatsky vor allem ein 'Subjekt' oder Instrument in den Händen von Individuen oder okkulten Gruppen war, die sich hinter ihrer Persönlichkeit verbargen, so wie andere ihrerseits Instrumente in ihren Händen waren! Dies erklärt ihre Betrügereien, ohne sie zu entschuldigen, und diejenigen, die glauben, dass sie alles selbst und aus eigener Initiative erfunden hat, irren sich fast ebenso sehr wie diejenigen, die im Gegenteil an das glauben, was sie über ihre Beziehungen zu angeblichen 'Mahatmas' sagte."

Erst danach, im Jahr 1887, stellte sie ihre *Geheimlehre* zusammen und veröffentlichte sie, die für viele Theosophen noch immer das Buch der Bücher ist. Diese Enthüllung hat Frau Blavatsky bis zu einem gewissen Grad gebrochen, aber nicht die Theosophische Gesellschaft. Es gab viele Austritte, und einige Logen, wie die „Isis" in Paris, der Papus angehörte, schlossen sich, nur um unter einem anderen Namen neu gegründet zu werden. Papus und einige Mitglieder seiner Schule, Martinisten und Illuministen, blieben bis 1890 Mitglied, als sie entweder austraten oder, wie es hieß, wegen „schwarzer Magie" ausgeschlossen wurden.

Mrs. Besant wurde Mme. Blavatsky 1889 von dem Sozialisten Herbert Burrows (der auch Mitglied der Stella Matutina war) vorgestellt, und sie erlag sofort Mme. Blavatskys unwiderstehlichem Magnetismus und ihrer gewaltigen Suggestionskraft. Mme. Blavatsky starb am 8. Mai 1891 in

London. Frau Besant wurde 1907 zur Präsidentin gewählt. Von 1910 bis zu seiner Vollendung bestand eines ihrer Hauptwerke, unterstützt von Leadbeater, darin, Krishnamurti zum Messias auszubilden, oder, wie er es vorzog, „Weltlehrer" genannt zu werden. Am 19. Februar. 1922 wurde im Großen Tempel des Droit Hutnain in Paris ein Bündnis zwischen Mrs. Besants Co-Freimaurerei und dem Grand Orient von Frankreich gefeiert. Ihre gegenwärtige Arbeit ist gänzlich politisch und subversiv, „um Indien zu einer mächtigen selbstverwalteten Gemeinschaft aufzubauen". Aber über ihre politischen Aktivitäten wird später mehr gesagt werden.

Charles Sotheran, der oben erwähnte amerikanische Freimaurer, schrieb an Mme. Blavatsky am zweiten Januar 1877.

„Im letzten Jahrhundert lehrten die Illuminaten in ganz Europa „Frieden mit der Hütte, Krieg mit dem Palast". Im letzten Jahrhundert wurden die Vereinigten Staaten von der Tyrannei des Mutterlandes durch das Wirken der Geheimgesellschaften befreit, mehr als man sich gemeinhin vorstellt."

Frau Besant schrieb in *India Bond or Free*, September 1926:

„In Wirklichkeit ist das Erwachen Indiens ... Teil der Weltbewegung zur Demokratie, die für den Westen mit dem Aufstand der amerikanischen Kolonien gegen die Herrschaft Großbritanniens begann und 1776 in der Unabhängigkeit der Großen Republik des Westens und in der Französischen Revolution von 1789 endete!"

Wiederum aus *Le Théosophisme* zitiert, finden wir viele kuriose Informationen über die Produktion dieses erwarteten zukünftigen „Messias". René Guénon schreibt:

Um einem solchen „entwickelten" Wesen die Mühe zu ersparen, sich ein „Vehikel" zuzulegen, indem es alle Phasen der gewöhnlichen körperlichen Entwicklung durchläuft, ist es notwendig, dass ein „Eingeweihter" oder „Schüler" seinen

Körper zur Verfügung stellt, wenn er sich, nachdem er durch bestimmte Prüfungen besonders vorbereitet wurde, dieser Ehre würdig erwiesen hat. Von diesem Moment an würde der „Meister" durch seinen Mund sprechen, um die „Weisheitsreligion" zu lehren, indem er sich seines Körpers bedient, als ob es sein eigener wäre... Es muss hinzugefügt werden, dass lebende „Meister" in ähnlicher Weise in der Lage sind, sich gelegentlich des Körpers eines Schülers zu bedienen... Der „Meister" konnte nur eintreten, wie Leadbeater sagt, „wenn dieser Körper durch lange Entbehrungen geschwächt war."... Das große Oberhaupt der Abteilung für religiöse Unterweisung, so Leadbeater, der Herr Maitreya, der die Hindus bereits als Krishna und die Christen als Christus gelehrt hat, hat erklärt, dass er bald auf die Welt zurückkehren wird, um den Völkern Heilung und Hilfe zu bringen und die Spiritualität (das Psychische) wiederzubeleben, die die Erde fast verloren hat... Eines der größten Werke der Theosophischen Gesellschaft ist es, alles in ihrer Macht Stehende zu tun, um die Menschen auf sein Kommen vorzubereiten... Früher kündigte ein einziger Vorläufer sein Kommen an; jetzt ist es eine Gesellschaft von 20.000 Mitgliedern, die über die ganze Erde verteilt sind, die mit dieser Aufgabe betraut sind" (*Occultism in Nature*).

„Das ist also die Aufgabe, die sie heute der Theosophischen Gesellschaft zuweisen, die, wie Frau Besant vor Jahren erklärte, dazu auserwählt wurde, 'das reine und gesegnete (ätherische) Bindeglied zwischen den oberen und den unteren Ebenen zu sein'" (*Einführung in die Theosophie*)

„Die Rolle, die die Theosophische Gesellschaft sich selbst zuschreibt, beschränkt sich nicht darauf, das Kommen des 'Großen Lehrers' anzukündigen; sie muss auch ... den auserwählten 'Jünger' finden und vorbereiten, in dem er sich verkörpern wird, wenn die Zeit gekommen ist. Um die Wahrheit zu sagen, war die Erfüllung dieser Mission nicht ohne Misserfolge; es gab zumindest einen ersten Versuch, der kläglich scheiterte... Es war in London, wo eine Art theosophische Gemeinschaft in St. John's Wood existierte. Dort erzogen sie einen Jungen, der kränklich aussah und nicht sehr intelligent war, dessen geringstes Wort aber mit Respekt und Bewunderung gehört wurde, weil er, wie es scheint, kein anderer war als „der wiedergeborene Pythagoras"... Einige Zeit später zog der Vater dieses Kindes, ein pensionierter Hauptmann der britischen Armee, seinen Sohn plötzlich aus den Händen von Mr. Leadbeater zurück, der speziell mit seiner Erziehung beauftragt worden war (Soleil, August I, 1913). Es muss ein gewisser Skandal gedroht haben, denn Herr Leadbeater wurde 1906 aus Gründen, über die diskretes Schweigen bewahrt wurde, aus der Theosophischen Gesellschaft ausgeschlossen... Erst später wurde ein von Frau Besant geschriebener Brief bekannt, in dem sie von Methoden spricht, die „der schwersten Verwerfung würdig sind" (*Theosophical* Voice, Chicago, Mai 1908). Nachdem er jedoch 1908 wieder eingestellt wurde, nachdem er „versprochen hatte, diese gefährlichen Ratschläge nicht zu wiederholen" (*Theosophist*, Februar 1908), die er zuvor an junge Knaben gegeben hatte, und sich mit Frau Besant versöhnt hatte, deren ständiger Mitarbeiter er in Adyar wurde, spielte Herr Leadbeater erneut die Hauptrolle in der zweiten Affäre, die viel bekannter war und die fast den gleichen Ausgang hatte...

„Bereits 1911 hatte Dr. J. M. Nair in seiner medizinischen Zeitschrift (*Antiseptic*) einen sehr ätzenden Artikel gegen die Theosophie veröffentlicht, und er zögerte nicht, Mr. Leadbeater eindeutig der Unmoral zu bezichtigen. Infolge dieser Angriffe und nach einer längeren Bedenkzeit wurden im Dezember 1912 drei Klagen gegen Dr. Nair, Dr. Râma Rao und den Herausgeber des *Hindu* eingereicht. Alle drei wurden von der Gesellschaft und ihrem Präsidenten verloren... All dies führte dazu, dass der Vater von Krishnamurti und Nityânanda verärgert war... Er verlangte vor dem Madras High Court, dass ihm seine Söhne zurückgegeben werden sollten. In seinem Urteil zugunsten des Vaters sagte Richter Bakewell: „Herr Leadbeater stimmt in seiner eidesstattlichen Erklärung zu, dass er Ansichten hatte und weiterhin hat, die ich unter nur als unzweifelhaft unmoralisch und von einer Art bezeichnen kann, die ihn als Tutor für junge Knaben völlig disqualifiziert..." (*The Madras Lawsuit*).

Nach einem erfolglosen Aufruf in Madras war Frau Besant am 5. Mai 1914 in London erfolgreich. So sahen wir Krishnamurti im Jahr 1926, dem Jahr der Ernennung, von dieser Gesellschaft als den Weltlehrer oder Neuen Messias präsentiert!

Bezüglich der Hilfsgruppen zitieren wir erneut René Guénon:

„... Im Augenblick möchten wir nur einige dieser Hilfsgruppen (der Theosophischen Gesellschaft) hervorheben, und zwar zunächst den „Orden der aufgehenden Sonne", der in Benares von Mr. Arundale, der später, am 2. Januar 1911, in den „Unabhängigen Orden des Sterns im Osten" umgewandelt wurde, mit Alcyone (Krishnamurtis astrologisches Pseudonym) als nominellem Oberhaupt und Frau Besant als „Beschützerin", „um all jene zu vereinen, die, ob innerhalb oder außerhalb der Theosophischen Gesellschaft, an das Kommen des Höchsten Weltlehrers glaubten". Man hoffte, „dass seine Mitglieder in der Lage sein würden, auf der physischen Ebene etwas zu tun, um die öffentliche Meinung auf die Idee dieses Kommens vorzubereiten, indem sie eine Atmosphäre der Sympathie und Ehrfurcht schaffen, und dass sie in der Lage sein würden, durch ihren Zusammenschluss ein Instrument auf den höheren Ebenen zu bilden, dessen sich der Meister bedienen könnte. Dieser Orden „schließt niemanden aus und nimmt alle auf, die, in welcher Form auch immer sie glauben, die gemeinsame Hoffnung teilen"; die Annahme der folgenden Grundsätze ist alles, was notwendig ist, um aufgenommen zu werden:

1. Wir glauben, dass bald ein großer Lehrer in der Welt erscheinen wird, und wir möchten jetzt so leben, dass wir würdig sind, ihn zu erkennen, wenn er kommt.

2. Wir werden uns daher bemühen, Ihn stets vor Augen zu haben und in Seinem Namen und damit nach besten Kräften alle Arbeiten zu verrichten, die uns bei unseren täglichen Beschäftigungen zufallen.

3. Soweit es unsere gewöhnlichen Pflichten zulassen, werden wir uns bemühen, jeden Tag einen Teil unserer Zeit einer bestimmten Arbeit zu widmen, die zur Vorbereitung auf sein Kommen beitragen kann.

4. Wir werden uns bemühen, Hingabe, Standhaftigkeit und Sanftmut zu herausragenden Merkmalen unseres täglichen Lebens zu machen.

Wir werden versuchen, jeden Tag mit einer kurzen Zeitspanne zu beginnen und zu beenden, die der Bitte um Seinen Segen für alles gewidmet ist, was wir für Ihn und Seinen Namen zu tun versuchen.

6. Wir betrachten es als unsere besondere Pflicht, uns zu bemühen, Größe zu erkennen und zu verehren, bei wem auch immer sie sich zeigt, und uns zu bemühen, soweit wir können, mit denen zusammenzuarbeiten, die wir als unsere geistigen Vorgesetzten empfinden."

Was die Verbindungen des Ordens mit der Theosophischen Gesellschaft betrifft, so sagte Herr Leadbeater in Anwesenheit von Alcyone bei einer Versammlung der italienischen Sektion in Genua: „Während die Theosophische Gesellschaft die Anerkennung der Bruderschaft der Menschheit *verlangt, verlangt* der 'Orden vom Stern im Osten' *den* Glauben an das Kommen eines Großen Meisters und die Unterwerfung unter seine sechs Prinzipien. Abgesehen davon können die Grundsätze und Regeln des Ordens anerkannt werden, ohne die gesamte Lehre der Theosophischen Gesellschaft zu akzeptieren. Die Einweihung des Ordens hat uns gezeigt, dass es überall auf der Welt Menschen gibt, die das Kommen des Meisters erwarten, und dank des Ordens ist es möglich, sie in Gruppen zusammenzufassen... Die Arbeit des Ordens und die der Theosophischen Gesellschaft sind identisch: die Vorstellungen der Christen und derjenigen, die glauben, dass es außerhalb ihrer eigenen kleinen Kirche keine Rettung gibt, zu erweitern; zu lehren, dass alle Menschen gerettet werden können... Für eine große Zahl unter uns ist das Kommen eines großen Lehrers nur ein Glaube, aber für andere ist es eine Gewissheit. Für viele ist der Herr Maitreya nur ein Name, obwohl er für einige unter uns, die ihn oft gesehen und gehört haben, ein großes Wesen ist" *(Le Théosophie*, 16. Oktober 1912).

„Wenig später wurde diesen Erklärungen in einigen Punkten widersprochen, indem Herr Arundale im Namen von Alcyone erklärte, dass der 'Orden nicht angibt, wer der Höchste Lehrer ist, für dessen Kommen er gegründet wurde'; dass kein Mitglied das Recht habe, zum Beispiel zu sagen, dass der Orden das Kommen Christi oder des Herrn Maitreya erwarte, und dass es den Interessen des Ordens und denen der Theosophischen Gesellschaft abträglich wäre, die Ziele dieser beiden Organisationen als identisch anzusehen" (*The Daybreak*, August 1913).

In einer kleinen Broschüre mit dem Titel Mrs. *Besant's Prophecy, einem* Vortrag, der von Dr. R. F. Horton am 6. August 1911 gehalten und vom „Order of the Star in the East" veröffentlicht wurde, zitiert er (Dr. Horton) nicht nur die sechs Prinzipien, sondern sagt auch über die Prophezeiung von Mrs. Besant bezüglich des Weltlehrers

„Aber sie versucht nicht zu bestimmen, wo der Weltlehrer erscheinen wird oder unter welchen Bedingungen. Sie lässt ihre Zuhörer nicht im Zweifel darüber, wer dieser Weltlehrer sein wird. Ausdrücklich sagt sie, dass er derjenige ist, den wir Christen als Christus kennen ... und der, der Christus war, als der Herr der Liebe bekannt ist ... und es steht für sie außer Frage, dass der große Weltlehrer, der kommen wird, auch derselbe Herr der Liebe ist."

Nichts scheint eindeutiger zu sein als die oben zitierte Aussage von Herrn Arundale, die jedoch im Widerspruch dazu steht.

René Guénon fährt fort:

„An anderer Stelle heißt es: „Wenn einige Mitglieder glauben, dass der Weltlehrer sich dieses oder jenes Gremiums bedienen wird, so ist das nur ihre persönliche Meinung und nicht der Glaube, dem die anderen Mitglieder anhängen." Es ist wahrscheinlich, dass es anders gewesen wäre, wenn die Dinge besser gelaufen wären. Auf jeden Fall ist dies ein sehr deutliches Beispiel dafür, wie die theosophischen Oberhäupter es verstehen, sich den Umständen zu beugen und ihr Äußeres je nach Gelegenheit so zu verändern, dass sie in die verschiedensten Kreise eindringen und aus ihnen Hilfskräfte für die Verwirklichung ihrer Pläne rekrutieren können."

Nochmals:

„Zur Zeit seines ersten Besuchs in Paris (er kehrte im Mai 1914 zurück) war Alcyone sechzehn Jahre alt; er hatte bereits ein kleines Buch mit dem Titel *Zu den Füßen des Meisters* geschrieben oder zumindest unter seinem Namen veröffentlicht, für das die Theosophen die größte Bewunderung gezeigt haben, obwohl es kaum mehr als eine Sammlung von moralischen Geboten ohne viel Originalität war."

Diese moralischen Gebote sind allen erleuchteten Orden gemeinsam, in denen das „Fahrzeug" vorbereitet werden muss, sich vom materiellen Leben zu lösen, im Ideal zu leben, das oft falsch ist, die Selbstaufhebung und die Stummschaltung der Persönlichkeit anzustreben, damit der so genannte Meister Besitz ergreifen kann, wie im Fall von Krishnamurti.

Über alle neospiritualistischen Bewegungen schreibt René Guénon in *seiner Einführung in das Studium der Hindu-Lehre, 1921*:

„Für diejenigen, die sich nicht auf den Schein verlassen, gäbe es dort wie in anderen Bereichen einige sehr merkwürdige und sehr lehrreiche Beobachtungen über den Vorteil, der manchmal aus der Unordnung und der Inkohärenz oder aus dem, was als solche erscheint, *im Hinblick auf die*

Verwirklichung eines genau definierten Plans gezogen
werden kann, *der all denen unbekannt ist, die seine mehr
oder weniger unbewussten Instrumente sind. Es handelt sich
um eine Art politischer Mittel, aber die Politik ist etwas*
Besonderes... "

René Guénon schreibt in seinem Buch *Le Théosophisme* weiter:

„Es wurden Organisationen geschaffen, die so angepasst sind,
dass sie jeden der gewünschten Kreise erreichen... Es gibt
auch einige, die sich besonders an die Jugend und sogar an
Kinder wenden. So wurde neben dem „Stern im Osten" eine
weitere Vereinigung mit dem Namen 'Diener des Sterns'
gegründet, die als 'Beschützer' Krishnamurti und als
Oberhaupt Nityânanda (Krishnamurtis junger Bruder, der am
13. November 1925 auf dem Weg nach Indien starb) hat;
'Alle Mitglieder dieses Ordens, mit Ausnahme der
Ehrenmitglieder, müssen unter einundzwanzig Jahre alt sein,
und das jüngste Kind, das zu dienen wünscht, kann ihm
beitreten' (*The Daybreak*, Oktober 1913). Zuvor gab es
bereits zwei andere Organisationen der gleichen Art, die
„Goldene Kette" und die „Tafelrunde". Die „Goldene Kette"
ist eine „Gruppe für spirituelle Schulung", in die Kinder ab
sieben Jahren aufgenommen werden und deren Ziel
(zumindest das erklärte Ziel) in der Formel zum Ausdruck
kommt, die die Mitglieder jeden Morgen wiederholen
müssen: Ich bin ein goldenes Glied in der Kette der Liebe,
die die Welt umgibt; ich muss stark und leuchtend bleiben;
ich will versuchen, sanft und gut zu allen Lebewesen zu sein,
alle, die schwächer sind als ich, zu schützen und ihnen zu
helfen, und ich werde versuchen, nur reine und schöne
Gedanken zu haben, nur reine und schöne Worte zu sprechen
und nur reine und schöne Taten zu tun. Dann werden alle
Glieder hell und stark werden" (Artikel von Mme. I. de
Manziarly, *Theosophist*, 1. März 1914).

Wenn in der „Goldenen Kette" offen nicht vom Kommen des
„Großen Lehrers" die Rede ist, so auch nicht in der
„Tafelrunde", der man mit dreizehn Jahren als „Assoziierter",
mit fünfzehn als „Gefährte" und mit einundzwanzig als

„Ritter" beitreten kann (es ist kaum nötig, auf die sicherlich beabsichtigte Analogie zwischen diesen drei Graden und denen der Freimaurerei hinzuweisen) und deren Mitglieder einen förmlichen Eid der Verschwiegenheit ablegen müssen. Hier geht es darum, dem großen König zu folgen, den der Westen Christus und der Osten Bodhisattwa genannt hat; jetzt, da uns die Hoffnung auf seine baldige Wiederkehr gegeben ist, ist die Zeit gekommen, Ritter zu bilden, die sein Kommen vorbereiten, indem sie ihm von nun an dienen; es wird von denen, die in den Bund eintreten wollen, verlangt, jeden Tag an diesen König zu denken und jeden Tag eine Tat in seinem Dienst zu tun (*Theosophist*, 1. August 1913). Kurzum, es ist vor allem ein Rekrutierungszentrum für den 'Stern im Osten', der vorgibt, der Kern der 'Neuen Religion' zu sein, der Sammelpunkt all derer, die das 'Kommen des Herrn' erwarten."

In Neuseeland benutzte Dr. Felkin, das verstorbene Oberhaupt der „Smaragdine Thalasses", das, was er „Order of the Round Table" nannte, als Deckung und auch als vorbereitenden Orden für den RR. et A.C. Er ist für Männer und Jungen von fünfzehn Jahren und darüber, und es scheint auch drei Grade zu geben, „pages", „squires" und „knights". Das Ziel soll der Dienst sein, und Dr. Felkin behauptete, der einundvierzigste Großmeister dieser besonderen „Tafelrunde" zu sein.

Eine Depesche aus Chicago vom 31. August 1926 beschreibt „den dritten Tag des Kongresses der 'Theosophischen Gesellschaft' und das erste Treffen des Runden Tisches" wie folgt:

„Mit erhobenen Schwertern und schwingenden Bannern betraten die Ritter des Ordens der Tafelrunde heute den Saal des Hotel Sherman. Die jungen Ritter in weißen Gewändern, mit roten und blauen Schilden auf der Brust, führten ihren Beschützer, Dr. Annie Besant, und den Ehrenritter, Krishnamurti, zum Altar und standen dann stramm...

„Herr Krishnamurti hielt einen kurzen Vortrag über Reinheit und Edelmut des Verhaltens: „Ihr tragt keine Schwerter aus

Damaskus- oder Toledo-Stahl, aber ihr tragt Degen, und sie müssen immer im Dienste des Rechts stehen. Ihr müsst im Herzen Ritter sein - immer höflich, sanft und stark. Ihr dürft weder geistig noch seelisch altern, sondern müsst euch immer die Begeisterung der Jugend mit ihrer Frische, ihrem Glauben und ihrer Liebe bewahren. Ihr müsst immer der ideale Ritter sein: Erhebt niemals die Hand gegen die Schwachen und nutzt nie einen anderen ungerecht aus. Ihr seid Ritter, das ist eine große Verantwortung". Die Abschlusszeremonie war malerisch und beeindruckend, als die Kleinen, die Hände auf dem Herzen, dem König (Krishnamurti als 'Weltlehrer'!) ihren Dienst versprachen (*Patriot*, 23. September 1926).

Weiter heißt es in einem Artikel im *Herald of the Star* dieses Monats mit dem Titel „The World Federation of young Theosophists":

„Man kann sagen, dass der junge Theosoph sich mit dem Leben der theosophischen Jugend beschäftigt, während die 'Ritter der Tafelrunde' sich mehr mit dem zeremoniellen Aspekt der Form beschäftigen. Eine solche Gemeinschaft plante König Artus in den frühen Tagen der englischen Geschichte, und es war, um diese edle Idee wiederzubeleben, dass der moderne Orden gegründet wurde... Das oberste Leitungsgremium des Ordens ist der Rat, der sich aus dem Obersten Ritter in jedem Land, in dem der Orden tätig ist, zusammensetzt und an dessen Spitze der Protektor, Dr. Annie Besant, und der Senior Knight stehen. Leutnant Whyte war der erste Senior-Ritter und blieb es bis zu seinem Tod in Palästina im Jahr 1917, als Bischof Leadbeater dieses Amt übernahm. Die folgenden Personen sind Ehrenritter: Bischof und Frau Arundale, Herr Jinarajadasa und Pfarrer Oscar Kellerstrom. Es gibt Zeremonien, die vom Protektor, dem Senior Knight und Bischof Arundale für Einweihungen geschrieben wurden, und andere Zeremonien für die Tische, die sie benutzen wollen, aber der wahre Geist muss in persönlichen Dienst umgesetzt werden! Das Motto lautet: 'Lebe rein, sprich rein, rechtfertige Unrecht, folge dem König', in dessen Namen jeder Dienst, ob groß oder klein, verrichtet wird."

So sehen wir, wie die höchsten Ideale und die schönsten unserer britischen Legenden pervertiert werden, um Frau Besants inzwischen diskreditierten Plan voranzutreiben - die Ankunft eines neuen Messias.

Frau Besants Ko-Freimaurerei geht auf die 1891 in Frankreich von Maria Deraismes und Dr. Georges Martin gegründete und als „Droit Humain" bekannte gemischte Freimaurerei zurück. Maria Deraismes war 1882 entgegen der Konstitutionen von der Loge „Les Libres Penseurs" in Pecq eingeweiht worden, wofür die Loge von der „Grande Loge Symbolique Ecossaise" aufgelöst und die Einweihung für ungültig erklärt wurde. Der „Droit Humain" praktizierte zunächst nur drei Grade, führte aber später die 33 Grade des Schottischen Ritus ein, und 1899 wurde der „Suprême Conseil Universal Mixte" gegründet, der die Leitung übernahm. Diese Freimaurerei verbreitete sich in England, Holland, der Schweiz und den Vereinigten Staaten, und am 26. September 1902 wurde die erste englische Loge in London unter dem Namen „Human Duty" gegründet. Frau Besant wurde in diese Loge eingeweiht und stieg schnell in die höchsten Grade und Ämter auf. Dann gründete sie die Loge in Adyar unter dem Namen „Rising Sun"; sie wurde Vizepräsidentin des „Suprème Conseil" in Frankreich und nationale Delegierte für Großbritannien und seine Dependenzen.

Sie organisierte daraufhin den englischen Zweig, der als „Co-Masonry" bekannt ist, und nachdem sie vom „Suprême conseil" einige Zugeständnisse erhalten hatte, gab sie sich unter dem Vorwand der Anpassung an die angelsächsische Mentalität Statuten, die sich deutlich von denen des französischen Zweigs unterschieden. Unter anderem behielt sie die Verwendung des Bandes der Heiligen Schrift in den Logen bei, ebenso die Formel „Zur Ehre des großen Baumeisters des Universums", die 1877 vom Grand Orient abgeschafft und in der französischen gemischten Freimaurerei durch „Zur Ehre der Menschlichkeit" ersetzt worden war. 1913 wurde ein Großer Rat als Oberhaupt der britischen Ko-Freimaurerei ernannt, mit Frau Besant als Großmeisterin, unterstützt von Ursula M. Bright, James L.

Wedgwood als Großsekretär und Francesca Arundale als Vertreterin für Indien. Am 21. September 1909 installierte Frau Besant die Loge von Chicago. In Frankreich hatten die Theosophen offenbar schon bald eine gesicherte Präponde, und sie hofften, dass London mit der Zeit zum zentralen Organismus der Co-Masonry Universal werden würde. Und wie wir gesehen haben, schlossen sie 1922 ein Bündnis mit dem revolutionären Grand Orient von Frankreich.

In *Secret Societies and Subversive Movements (Geheimgesellschaften und subversive Bewegungen)* schreibt Mrs. Nesta Webster:

> Dass in den Freimaurerlogen über dem Stuhl des Großmeisters im Osten „der König" steht, im Norden der leere Stuhl des „Meisters" - vor dem sich bis vor kurzem alle Mitglieder beim Vorbeigehen verbeugen mussten - und darüber ein in einigen Logen verhülltes Bild derselben geheimnisvollen Person."

Der „König" könnte Krishnamurti sein, der ihren so genannten „Herrn der Liebe" repräsentiert, und der „Meister" wird von einigen als Ragocsky-Fürst von Transsylvanien bezeichnet!

Frau Besant betrachtet die Freimaurerei offenbar als eine mächtige organisierte Kraft, die die Befreiung Indiens von der britischen Herrschaft herbeiführen wird!

Im Folgenden werden die Ursprünge der theosophischen liberalen katholischen Kirche beschrieben, einer weiteren Perversion!

Das Oberhaupt der altkatholischen Kirche in England, Erzbischof Mathew, der eigentlich Arnold Harris Matthews hieß, wurde in Montpelier als Sohn irischer Eltern geboren. Nach dem Studium der schottischen Episkopalkirche konvertierte er 1875 zum katholischen Glauben und wurde im Juni 1877 in Glasgow zum Priester geweiht. Im Juli 1889 gab er das Priesteramt auf, nahm im Oktober 1890 den italienischen Namen Arnoldo Girolamo Povoleri an und heiratete 1892. Danach nannte er sich Pfarrer Graf Povoleri di Vincenza. Ungefähr zu dieser Zeit beanspruchte er auch den Titel eines Grafen von Llandaff für sich. Für kurze Zeit war er offenbar mit Rom versöhnt, und 1908 wurde er von Dr. Gerard Gul, dem Oberhaupt der altkatholischen Kirche von Utrecht, Holland, zum Bischof geweiht. Der neue Bischof weihte seinerseits zwei andere ungeweihte englische Priester, Ignace Beale und Arthur Howorth, und nach weniger als drei Jahren gründete er die „Westliche Orthodoxe Katholische Kirche in Großbritannien und Irland", die jegliche Unterordnung unter Utrecht oder Rom ablehnte. Bald darauf veranlasste er seine Bischöfe, ihn zum Erzbischof zu wählen. Diese Kirche nahm nacheinander verschiedene Namen an, und ihr Oberhaupt versuchte zu verschiedenen Zeiten, die Anerkennung und Vereinigung mit dem Heiligen Stuhl, der etablierten Kirche und der orthodoxen Ostkirche auszuhandeln. Im Jahr 1911 wurde er vom Heiligen Stuhl formell exkommuniziert.

Im Jahr 1913 ordinierte er James Ingall Wedgwood, den damaligen Generalsekretär der englischen Sektion der Theosophischen Gesellschaft, Rupert Gauntlett, Sekretär eines der Theosophischen Gesellschaft angeschlossenen „Ordens der Heiler" und Autor des Buches „Gesundheit und Seele - ein Plädoyer für magnetisches Heilen", Robert King, Experte für „psychische Beratung auf der Grundlage des Horoskops", und Reginald Farrer. Alle vier waren Studenten des anglikanischen Ministeriums gewesen und hatten sich später den Theosophen angeschlossen. Erzbischof Mathew, der von der Theosophie nichts wusste, erschrak, als er feststellte, dass Mr. Wedgwood und seine Gefährten das Kommen eines neuen Messias erwarteten, und da es ihm nicht gelang, sie zum Widerruf zu bewegen, schloss er die altkatholische Kirche und bot Rom seine Unterwerfung an, zog sie aber zurück und gründete stattdessen die „Westliche Unierte Katholische Kirche". Nachdem es Herrn Wedgwood nicht gelungen war, von Herrn Mathew die von ihm gewünschte Bischofsweihe zu erhalten, wurde er schließlich von Bischof F. S. Willoughby geweiht - der selbst 1914 von Herrn Mathew geweiht worden war, aber im folgenden Jahr von Herrn

Mathew aufgrund von damals bekannten Tatsachen aus der Altkatholischen Kirche ausgeschlossen wurde. Herr Willoughby weihte zunächst Herrn King und Herrn Gauntlett und später, mit deren Hilfe, Herrn Wedgwood am 13. Februar 1916 und reichte dann seine Unterschrift beim Heiligen Stuhl ein. Herr Wedgwood reiste sofort nach Australien und weihte in Sydney Herrn C. W. Leadbeater, einen früheren anglikanischen Geistlichen, zum „Bischof für Australasien". „

1916 verabschiedete eine Versammlung von Bischöfen und Geistlichen der Altkatholischen Kirche eine neue Verfassung, die unter dem Namen von Herrn Wedgwood veröffentlicht wurde und in der nirgends von Theosophie oder einem neuen Messias die Rede war. Im November 1918 gab es jedoch eine weitere Grundsatzerklärung, in der der Name der altkatholischen Kirche durch den der *liberalen* ersetzt wurde. *Katholischen Kirche ersetzt wurde.* In der *Vahan*, 1. Juni 1918, schreibt Herr Wedgwood:

> „... Ein anderer Teil der Arbeit der altkatholischen Kirche ist die Verbreitung theosophischer Lehren auf christlichen Kanzeln; und ein dritter und wichtigster Teil ist die Vorbereitung der Herzen und des Verstandes der Menschen auf das Kommen eines großen Lehrers."

Im Theosophist, Oktober. 1916, schreibt Mrs. Besant:

> „In Europa wächst langsam, still aber stetig, mit dem stärksten Zentrum vielleicht in Holland, aber mit verstreuten Mitgliedern in anderen europäischen Ländern, die wenig bekannte Bewegung heran, die man die Altkatholische nennt, mit dem alten Ritual, mit unangefochtenen Orden, die sich jedoch vom päpstlichen Gehorsam fernhält. Dies ist eine lebendige christliche Kirche, die im Laufe der Jahre wachsen und sich vermehren wird und die eine große Zukunft vor sich hat, so klein sie auch noch ist. Sie wird wahrscheinlich die zukünftige Kirche der Christenheit werden, „wenn Er kommt".

Was ist mit dem „alten Ritual"? Denn im *Theosophist*, Oktober 1917, ist zu lesen: „Das große Werk von Bischof Leadbeater, das er ununterbrochen fortzusetzen hofft, ist die Vorbereitung der Liturgie der altkatholischen Kirche, an der Bischof Wedgwood als präsidierender Bischof mitarbeitet." Weiter heißt es: „Am Ostersonntag 1917 wurde die überarbeitete Liturgie zum ersten Mal in einer Messe verwendet." Wieder der „Hellseher": „Bischof Leadbeater erforscht die okkulte Seite der Messe und bereitet ein vollständiges Buch über die „Wissenschaft der Sakramente" vor" (*The Messenger of Krotona*, November 1918).

Wie Herr Stanley Morison in seinem Buch *Some Fruits of Theosophy*, dem wir die obigen Informationen entnommen haben, wahrheitsgemäß sagt: „Das sogenannte Hochamt, das von Herrn Leadbeater „durchgeführt" wird, hat keine Verbindung zum Christentum." Es ist lediglich eine Methode, um die Elemente und die Gemeinde mit den Kräften ihres Christus Maitreya aufzuladen.

In seiner Einleitung zu *Serpent Power* - übersetzt aus dem Sanskrit - schreibt Arthur Avalon in seiner Kritik an Leadbeaters hellseherischen Erfahrungen: „Diese Erfahrung scheint in der bewussten Erweckung des „Schlangenfeuers" (Kundalini oder Sexualkraft) mit der verstärkten 'astralen' und mentalen Vision zu bestehen, von der er glaubt, dass sie ihm gezeigt hat, was er uns erzählt." In Wirklichkeit ist es eine rein astrale Erfahrung, die ihn für Täuschungen und mentale Suggestionen seiner sogenannten Meister anfällig macht.

Dieser Abendmahlsgottesdienst, wie er von C. W. Leadbeater (Bischof) in seiner *Science of the Sacraments*, 1920, beschrieben wird, ist reines Heidentum, eine pantheistische Vorstellung, die sich aus dem Illuminismus entwickelt hat. Offensichtlich dient es demselben Zweck wie die Rituale und Zeremonien der illuminierten okkulten Orden, insbesondere die Fronleichnamszeremonie und die Zeremonien zur Frühlings- und Herbst-Tagundnachtgleiche, die dazu dienen, das astrale Licht in den Orden herabzuziehen und die Verbindung mit dem verborgenen Zentrum zu bekräftigen. Die Trinität der liberalen katholischen Kirche ist die des Heidentums und des Gnostizismus. Ihr „Himmelreich" ist die „Große Weiße Bruderschaft", die so genannte „Gemeinschaft der Heiligen"; und ihr so genannter Christus ist Maitreya, dessen Macht sie anziehen und während des Gottesdienstes manifestieren.

Das ganze Schema ist eine Perversion der römisch-katholischen Liturgie - gestrichen, hinzugefügt und verändert -, wobei die Gebete usw. als magische Anrufungen oder Beschwörungen verwendet werden, um eine magnetische Kraft zu erzeugen - feinere Kräfte der Natur -, die wiederum die universellen Lebenskräfte anzieht, und durch sie die Einflüsse ihres „Weltlehrers" oder Maitreya, eine Methode, sagt Leadbeater, „der spirituellen Ausgießung, um bei der Evolution der Welt zu helfen!" Immer die gleiche alte Ausrede der Illuminaten!

Nach Leadbeater sind bei den „Asperges" der Altar und die Gemeinde in einer „ätherischen astro-mentalen Blase" eingeschlossen - ein Bereich, der für die magische Operation freigegeben ist! Die Kräfte werden durch die Inbrunst, die Hingabe und den Enthusiasmus der Anbeter, durch das Ritual, die Musik und den Weihrauch erzeugt, wodurch Schwingungen entstehen; das Kreuz ist die Richtung, aus der die Kräfte auf die Hostie herabsteigen.

Im Hochamt amtiert ein Dreieck, das die Kraft empfängt und verteilt, ganz ähnlich wie die Dreiecke der Macht in allen okkulten Orden, wie wir sehen werden. Ein Diakon und ein Subdiakon, die das Positive und das Negative repräsentieren, sammeln die vom Volk erzeugten Kräfte, die sie an den Priester weitergeben, der vor dem Altar vor dem Kreuz steht und der, so Leadbeater, mit Hilfe der ihn begleitenden Engel und Strahlen (sieben Aspekte der solaren Kraft) ein astro-mental-gedanklich-eucharistisches Gebäude über den Elementen aufbaut, in Form einer Moschee mit quadratischem Grundriss, über dem sich Kuppeln und Minarette erheben, die die Elemente in sich einschließen. Dies wird, so sagt er, zu einem Zentrum magnetischer Strahlung, das die Kraft kondensiert und destilliert, und man kann es sich „wie ein Kraftwerk vorstellen, die ätherischen Wirbel um den Altar sind der Dynamo, und der Zelebrant ist der leitende Ingenieur!" Die Zensur, sagt er, isoliert den Altar durch „eine Hülle aus kraftvollem Magnetismus", die später durch eine zweite Zensur erweitert wird, um die Gemeinde zu umschließen und sie zu einem magischen Ganzen zu verbinden; sie müssen dann nicht als Individuen, sondern als ein Körper denken. Der Weihrauch, insbesondere das von Leadbeater empfohlene Sandelholz, lockert den Astralkörper, bewirkt Passivität und bereitet die Menschen auf den Empfang der angerufenen Einflüsse vor.

Die Kraft aus der Gemeinde quillt auf und erzeugt einen Wirbel um den Altar, durch den die Kräfte von oben in das Gebäude und die Elemente strömen. Die Kraft, die von der Hostie ausstrahlt, beschreibt er als „eine Manifestation der feineren Kräfte der Materie - ein Strom von verflüssigtem Licht, von lebendigem Goldstaub", das ist der Äther oder der sogenannte Geist des Illuminismus, und der Kommunikant in tum strahlt die Kraft auf alle um ihn herum aus. Er erklärt weiter: „Ein Bischof lebt in einem Zustand ständiger Kraftausstrahlung, und jede empfindsame Person, die sich ihm nähert, wird sich dessen sofort bewusst... Wann immer er will, kann er diese Kraft sammeln und auf jedes gewünschte Objekt projizieren." Dies ist einfach das astrale Licht oder die „Schlangenkraft", die tötet oder lebendig macht, und wenn man sich die frühere Geschichte und die gegenwärtigen Aktivitäten einiger dieser liberalen katholischen theosophischen Bischöfe ansieht, kann die von ihnen ausgestrahlte und projizierte Kraft zu etwas anderem führen als zu moralischer und geistiger Unordnung, selbst wenn sie von ihnen für magnetische Heilung eingesetzt wird?

Dass es sich hierbei lediglich um Illuminismus handelt, der mit den Kräften der Natur spielt, zeigt die folgende Aussage von Leadbeater:

„Der wunderbare Ausfluss der Heiligen Eucharistie ist so

angeordnet, dass er mit einer bestimmten Reihe von Bedingungen in der täglichen Beziehung der Erde zur Sonne synchronisiert ist und diese ausnutzt. Es gibt einen Ausfluss und einen Rückfluss magnetischer Energie zwischen Sonne und Erde - sozusagen eine magnetische Flut, und die Stunden von Mittag und Mitternacht markieren den Wechsel ... Deshalb sollte die Heilige Eucharistie niemals nach der Mittagsstunde gefeiert werden ... die vorbehaltene Hostie kann zu jeder Zeit gereicht werden" oder zur „Segnung" verwendet werden.

Was ist mit unseren anglikanischen Priestern, die ebenfalls Illuminaten sind - ist das zum Teil ihre Vorstellung vom Sinn des Abendmahlsgottesdienstes?

Anfang 1927 rief Frau Besant dazu auf, 40.000 Pfund für den Kauf eines Happy Valley in Kalifornien aufzubringen, „wo der Sitz einer höheren Zivilisation für die Ankunft des Messias vorbereitet werden kann", mit Krishnamurti als „Vehikel". Und Krishnamurti selbst schreibt über dieses Tal, Dezember 1926, im *Herald of the Star*:

> „Ich habe beschlossen, bis April in Ojai, Kalifornien, zu bleiben, um dort beim Aufbau des Zentrums zu helfen... Ojai wird ein weiteres Weltzentrum wie Ommen (Schloss Eerde, Holland) sein. Ich bin sehr froh, dass wir hier in Ojai unsere eigene Schule haben werden, und Herr N. S. Rama Rao, M. A., von der Universität Cambridge in England und ehemaliger stellvertretender Rektor der Nationalen Universität in Madras, Indien, hat sich freundlicherweise bereit erklärt, als Schulleiter zu fungieren..."

Wir haben gesehen, dass Frau Besant, die „Beschützerin" dieses Messias, ein Bündnis mit der politisch subversiven großorientalischen Freimaurerei eingegangen ist, die ihre Pläne mit Hilfe von Revolutionen durchsetzt. Über diese Zivilisation auf höherer Ebene schreibt Lady Emily Lutyens, eine der treuesten Anhängerinnen von Frau Besant, im *Herald of the Star* vom März 1927:

„Wir sind Zeugen der Geburt eines neuen Weltbewusstseins, einer Weltzivilisation... Wir erleben überall um uns herum die Zerstörung der alten Welt, der alten Zivilisation, mit dem entsprechenden Leid, das die Zerstörung immer mit sich bringt. Alte Traditionen werden abgebrochen, alte Bräuche zerstört, alte Wahrzeichen hinweggefegt. Die Werte des Lebens ändern sich, der Schwerpunkt wird auf neue Bedingungen und Sichtweisen gelegt. Mit dem Leiden an der Zerstörung gehen auch die Geburtswehen der neuen Welt einher, die im Entstehen begriffen ist. Wenn die äußere Form so starr wird, dass das Leben zu erdrücken droht, wenn die Zivilisation zu materiell geworden ist, werden diese Form und diese Zivilisation zerbrochen, damit das Leben freigesetzt werden kann ... Die neuen Weltbedingungen verlangen ein neues Evangelium, und der Lehrer ist hier ... Das Christentum war auch eine stark individualistische Religion, die den Schwerpunkt auf die persönliche Erlösung legte ... aber es ist ein Geist, der der neuen Tendenz des modernen Denkens und der entstehenden Weltzivilisation weichen muss. Das neue Evangelium muss, wenn es den Bedürfnissen der Welt entsprechen soll, universell anwendbar sein, und der heutige Christus sagt uns durch den Mund von Krishnaji, dass er kommt, um das Königreich des Glücks auf Erden zu errichten... Es muss Anarchie geben, bevor es Schöpfung geben kann...“

Mit solchen Instrumenten und Lehren verblenden diese subtilen Meister des Umsturzes und der Perversion die Menschen und ebnen den Weg zu ihrer lang erdachten „Universellen Republik“, der Zerstörung des Christentums und aller alten Zivilisationen.

Über diese allmähliche Überschattung oder Besessenheit Krishnamurtis durch ihren Meister Maitreya haben viele wie folgt geschrieben:

Im *Herald of the Star*, Januar 1927, schreibt C. Jinarajadasa:

„Ich wusste, dass der große Lehrer 1911 mit dem jungen Körper von Krishnaji experimentierte, um ihn schon damals einzustimmen. Wie Leadbeater ihm sagte: Schon damals benutzte der große Lehrer die Fahrzeuge Krishnajis als Dreh- und Angelpunkt, um Kräfte auf Bewegungen in der Welt zu übertragen, von denen Krishnaji nichts wusste."

Zweimal sah er das Gesicht des Lehrers in dem von Krishnamurti:

„Die zweite Gelegenheit war eines Abends, als ich Krishnaji und seinem Bruder vorlas... Ich blickte zu ihm auf, und da sah ich dieses wunderbare Gesicht. Natürlich war keine einzige Linie von Krishnajis Gesicht verändert... Und doch gab es eine solche Veränderung, die unmöglich zu beschreiben ist. Ich kann nur sagen, es war das Antlitz des Herrn."

In allen okkulten Gesellschaften blicken die Oberhäupter und fortgeschrittenen Adepten zuweilen in das Gesicht ihres Meisters und sprechen seine Worte - eine teilweise Besessenheit!

Rev. Charles Hampton aus New York schreibt im *Herald of the Star*, Dezember 1926:

„Der Orden des Sterns im Osten, der nur zu dem Zweck besteht, den Weg für das Kommen des Herrn vorzubereiten, hat über 50.000 Mitglieder in der ganzen Welt... Das Oberhaupt des Ordens ist Krishnamuni, der jetzt einunddreißig Jahre alt ist. Die 'Beschützerin' ist Frau Annie Besant, die internationale Präsidentin der Theosophischen Gesellschaft... Am 28. Dezember 1911 fand die erste Überschattung des Weltlehrers in Benares statt, als das Oberhaupt, damals ein sechzehnjähriger Junge, einige Mitgliedschaftsurkunden überreichte. Es wurden keine Worte gesprochen. Bei dieser Gelegenheit, in der Gegenwart von über 400 Menschen, darunter viele prominente Männer, war die geistige Kraft so offensichtlich, dass fast alle spontan niederknieten. Die Überschattung war unverkennbar, aber sie dauerte nur wenige Minuten. Es war jedoch eine höchst eindrucksvolle Szene. Brahmanen und Buddhisten, Parsis und Christen, hochmütige Rajput-Fürsten und prächtig gekleidete Kaufleute, Offiziere der britischen Armee,

Universitätsprofessoren, grauhaarige Männer und junge Kinder - sie alle verharrten andächtig in der Gegenwart einer außergewöhnlichen spirituellen Ausströmung, die von einem sechzehnjährigen Hindu-Jungen ausging.

„Die nächste öffentliche Manifestation fand statt, als Krishnamurti dreißig Jahre alt war. Am Abend des 28. Dezember des vergangenen Jahres sprach er auf dem Jubiläumskongress der Theosophischen Gesellschaft in Adyar, Indien. Diesmal sprach der Weltlehrer selbst, wenn auch nur in wenigen Sätzen. Herr Krishnamurti erklärte gerade, warum der Lehrer kommt und was er tun wird, als eine Stimme von durchdringender Sanftheit, die in der ersten Person sprach, diese Worte sagte: Ich komme für diejenigen, die Mitgefühl wollen, die Glück wollen; die sich danach sehnen, befreit zu werden; die sich danach sehnen, in allen Dingen Glück zu finden; ich komme, um zu reformieren, nicht um niederzureißen; nicht um zu zerstören, sondern um aufzubauen... Derselbe Weltlehrer wird bald wiederkommen und durch einen anderen Jünger sprechen, so wie er vor 1926 Jahren durch Jesus gesprochen hat... Unserer Ansicht nach unterscheiden wir klar zwischen Jesus und Christus... Wir wissen, dass bei der Taufe Jesu und bei der Verklärung *etwas zu Jesus hinzugefügt wurde*, was vorher nicht da war . Das wird durch diese Unterscheidung zwischen dem Jünger Jesus und dem Herrn Christus perfekt erklärt... Wir betrachten Krishnamurti als einen Jünger, dessen Körper vom Weltlehrer benutzt werden wird... Am Anfang werden Monate die öffentliche Manifestation des Herrn trennen. Später wird Er häufiger sprechen, bis wir hoffen, dass es für Christus möglich sein wird, viele Jahre bei uns zu bleiben. Als Er früher kam, durfte Er nur drei kurze Jahre bleiben und öffentlich wirken, dann wurde Er ermordet. Als Ergebnis dieser Bemühungen hinterließ er nur eine kleine Saat von 120 Menschen... Wenn wir es ihm ermöglichen, zehnmal drei Jahre zu bleiben, welche Ernte wird diese Saat dann nicht einbringen? Als Er kam, bereitete nur Johannes der Täufer den Weg für Ihn vor. Heute sind Zehntausende von aufrichtigen Menschen Seine Wegbereiter... Wir hoffen, Ihm einen langjährigen Aufenthalt zu ermöglichen, wenn der

Körper Seiner Jünger erst einmal so gestählt ist, dass er der Belastung standhalten kann. Werden die christlichen Kirchen Ihn annehmen? ..."

Im Sternenlager, Schloss Eerde Ommen, sprach der Lehrer im Juli oder August 1926 erneut durch Krishnamurti zu den versammelten Menschen und sagte ihnen kurz und bündig, dass das „einzige Glück, das es wert ist, es zu besitzen", darin bestehe, durch den Geist und das Herz des Lehrers zu handeln, zu denken und zu fühlen! Hier sind zwei Berichte über dieses Ereignis, die von Geoffrey West in seinem Leben *von Annie Besant* gegeben wurden:

„Ein britischer Offizier im Ruhestand schreibt:

> Es geschah am abendlichen Lagerfeuer... Ich fühlte plötzlich einen überwältigenden Impuls, meinen Hut ehrfürchtig abzunehmen... Ich war mir bewusst, dass eine andere Stimme als die von Krishnamurti sprach. Die Stimme benutzte altes Englisch (keine ungewöhnliche Angewohnheit bei diesen Meistern!), was Krishnamurti nie getan hatte. Dies dauerte vier oder fünf Minuten, dann setzte sich Krishnamurti hin. Ich war mir der völligen Stille bewusst. Nicht nur die zweitausend Pilger, sondern sogar die Insekten in den Bäumen waren still, und sogar das Feuer hörte auf zu knistern. Wir fühlten, dass wir alle Teile eines großen Körpers geworden waren.

„Ein anderer Zeuge, ein Physiker aus Cambridge ... erklärte, er habe gesehen, wie ein 'riesiger Stern über Krishnamurtis Kopf in Fragmente zersprang und herabregnete. Einen Augenblick lang dachte ich, ich sei wieder in Frankreich!' Dieses astrale Lichtphänomen ist in anderen Illurninisierten Orden nicht unbekannt; es ist das leuchtende „Schlangenfeuer", das von diesen verborgenen Meistern projiziert wird, und es ist oft hypnotisch.

Schließlich verkündete Krishnamurti 1927 in Ommen:

„Mein Geliebter und ich sind eins." Die Besessenheit war vollendet, Krishnamurtis eigene Persönlichkeit befand sich im absoluten Schwebezustand!

In einer von der Theosophischen Gesellschaft von Frau Besant herausgegebenen Broschüre über „Die Lehre von der Wiedergeburt wissenschaftlich untersucht" scheint W. Y. Evans-Wentz, M. A., D.Litt., D.Sc., zu versuchen, das Unbeweisbare zu beweisen und durch das Zitieren keltischer Glaubensvorstellungen die Möglichkeit der Reinkarnation der sogenannten großen Lehrer zu zeigen. Wie

„... die logische Folge der Wiedergeburtslehre ... die Götter sind Wesen, die einst Menschen waren, und die aktuelle Rasse der Menschen wird mit der Zeit zu Göttern werden ... Nach dem vollständigen keltischen Glauben können die Götter in die menschliche Welt eintreten und tun dies auch, um die Menschen zu lehren, wie sie am schnellsten zum höheren Reich aufsteigen können. Mit anderen Worten, alle großen Lehrer - Jesus, Buddha, Zoroaster und viele andere ... sind ... göttliche Wesen, die in unvorstellbar vergangenen Zeitaltern Menschen waren, jetzt aber Götter sind und sich nach Belieben in unsere Welt inkarnieren können ..."

Das Pamphlet endet:

„Was in dieser Generation sowohl für den christlichen Theologen als auch für den Wissenschaftler häretisch ist, kann in kommenden Generationen als orthodox akzeptiert werden."

Ich behaupte, dass dieser reinkarnierende Maitreya weder ein Gott noch ein göttliches Wesen ist, sondern eher einer dieser kabbalistischen Juden, die noch im Körper des Fleisches sind und deren Ziel die Perversion des christlichen Glaubens ist.

In einer Rede, die er vor der Esoterischen Schule der Theosophischen Gesellschaft gehalten hat, vertrat Baillie Weaver dieselben Theorien; er sagte:

„Ebenso unvermeidlich ist die Tatsache, dass diese übermenschlichen Wesen an den Regierungen der Welt teilhaben; dass sie Schüler und Agenten ernennen, ausbilden und einsetzen und von Zeit zu Zeit auf die Erde kommen, um ihre weniger fortgeschrittenen Brüder zu unterrichten, und dass diese Schule eine der Agenturen ist, sowohl für die Ausbildung der Schüler als auch für den Zweck *der Machtübertragung.*"

Auch Mary Gray aus Kalifornien schreibt *im Herald of the Star vom* Dezember 1926 über den „Weg der Bewährung":

„In dem Maße, in dem der Chela die Prüfungen erfolgreich bestanden hat, in dem Maße, in dem er sich als fähig erweist, allein zu bestehen ... beginnt er, sich dem Meister zu nähern und an seinem Werk teilzuhaben. Dem Chela wird mehr Kraft zur Verfügung gestellt, da er beweisen muss, dass er auf ihre Stimulation gut reagieren kann. Er beginnt seine Dienstzeit, in der er die Kraft des Meisters - oder, genauer gesagt, einen *kleinen Teil der Kraft der Weißen Loge* - entweder im aktiven Dienst in der äußeren Welt oder in engem Kontakt mit den Menschen um ihn herum verteilt. Der Gebrauch der Kraft erweitert und entwickelt seine Träger und ihre Kräfte. Sein Verstand nimmt an Kraft zu, seine Hingabe an Intensität und Reinheit, seine Handlungen an Genauigkeit, Geschicklichkeit und Kraft ... Außerdem wird er strahlender, eine leuchtende, heitere und freudige Gestalt in der dunklen Atmosphäre des weltlichen Lebens. Gleichzeitig beginnt er eine bestimmte Ausbildung auf den inneren Ebenen, in der er den Gebrauch und die Kontrolle der dortigen Kräfte erlernt. Nach und nach erlangt er Kenntnisse über die Beherrschung der verschiedenen Elemente dort ... In all diesen Dingen wird er gelehrt, wie man (Kräfte) befiehlt ... im Namen und mit der Autorität der Weißen Loge, *als ein Vertreter ihrer Macht ...*"

Nach der Vollendung des Kommens nahm der „Orden des Sterns im Osten" einen neuen Namen an. Sie glaubten offenbar, dass der Stern des Weltlehrers endlich unter ihnen sei und dass sie ihn nicht mehr im Osten zu suchen brauchten und keinen Herold mehr brauchten, um sein Kommen anzukündigen, und so wurde er ganz einfach auf den „Orden des Sterns" reduziert, mit seinem nationalen Organ, der *Sternrevue*. Seine Organisation soll international und national, aber dennoch universell sein. Seine Ziele waren: (1) alle diejenigen zusammenzubringen, die an die Anwesenheit des Weltlehrers in der Welt glauben; (2) mit Ihm für die Errichtung Seiner Ideale zu arbeiten. Ihre internationale Zeitschrift war der *Stern*.

In der Februarausgabe dieser Zeitschrift, 1928, legt der Weltlehrer durch sein Sprachrohr Krishnamurti im Namen der Befreiung seine Lehre der absoluten Negation dar, die für den Aufbau seines neuen Reiches notwendig ist - des Friedens, der Einheit und des Glücks der Universalität und der Entindividualisierung. Hier sind einige Auszüge aus Belehrungen, die in Ommen im August 1927 und in Paris am 27. September 1927 gehalten wurden:

> „Der Zweck und die Art und Weise, dieses Glück zu erlangen, diese Befreiung zu erlangen, liegt in deiner eigenen Hand. Es liegt nicht in der Hand irgendeines unbekannten Gottes, oder in Tempeln oder Kirchen, sondern in deinem eigenen Selbst. Denn Tempel, Kirchen und Religionen binden, und du musst jenseits aller Träume von Gott sein, um diese Befreiung zu erlangen. Es gibt keinen äußeren Gott als solchen, der uns dazu drängt, edel oder niederträchtig zu leben; es gibt nur die Stimme unserer eigenen Intuition... Wenn diese Stimme stark genug ist, wenn man dieser Stimme - dem Ergebnis der gesammelten Erfahrung - gehorcht und man selbst zu dieser Stimme wird, dann ist man Gott... Das Wichtigste ist also, diesen Gott in jedem von euch zu entdecken. Das ist der Zweck des Lebens; den schlafenden Gott (die ungenutzte Sexualkraft, die Kundalini in dir) zu erwecken, um den Funken, der in jedem von uns existiert, zum Leben zu erwecken, so dass wir zu einer Flamme (erleuchtet) werden und uns mit der ewigen Flamme der Welt (der universellen Lebenskraft oder dem Äther - wie oben so unten, von Hermes) verbinden... Im Permanenten wird der einzige Gott in der Welt errichtet, wird gesehen - du selbst, der gereinigt wurde."

Hier haben wir das Glaubensbekenntnis der kabbalistischen Juden - der „vergöttlichte Mensch". Da Krishnamurti nur das „Vehikel" ist, können die Flamme, die Stimme und die Intuition in ihm, auf die er hört, nur die des Weltlehrers sein; wenn man sich daran erinnert, ist der folgende Auszug interessant:

> „Und so ist es mein Wunsch, dass ihr euch von nichts, was ich sage, hypnotisieren lasst, denn wenn ihr von meinen Worten oder Gedanken, von meinem Verlangen, von meinen Sehnsüchten eingeschläfert werdet, seid ihr genauso gefangen oder sogar noch mehr, als ihr es wart, bevor ihr an diesen Ort kamt."

Aber ist es nicht genau das, was geschehen ist? Ein negativer Körper, der für die Aufnahme dieser hypnotischen Suggestionen vorbereitet ist; leben und bewegen sich nicht alle seine Anhänger und haben ihr Wesen sozusagen in Krishnamurti als dem „Vehikel" des Weltlehrers? Vereinigen sie sich nicht alle durch die Messe der liberalen katholischen Kirche in Gemeinschaft mit diesem Weltlehrer, diesem sogenannten Christus?

Weiter wird in einem Gedicht in seinem Buch *Die Suche* eine absolute Freiheit von allem gefordert - Freiheit von der Enge der Tradition, der Sitte, der Gewohnheit, des Gefühls, des Denkens, der Religion, der Anbetung, der Verehrung, der Nation, des Familienbesitzes, der Liebe, der Freundschaft, sogar deines Gottes usw. - dann werden alle Schranken gefallen sein; und was soll an ihre Stelle treten? Die Flamme, die Stimme, die Intuition des Weltlehrers, das Neue Reich des Glücks - die hypnotische Kontrolle des Illuminismus!

Und wer ist dieser Weltlehrer? Frau Besant klärt uns *im Herald of the Star* vom April 1927 auf, indem sie von Krishnamurtis „großen Einweihungen" spricht, bei denen sie in der ersten den „Großen" versprach, ihn mit ihrer *Macht* zu beschützen, und Leadbeater versprach, ihn mit seiner *Weisheit* zu führen (hier haben wir, mit Krishnamurti als Spitze, das Dreieck, das für die Manifestation der Macht des Weltlehrers notwendig ist!

„Und dann kam der Tag, an dem unser Amt endete ... wir brachten das Kind, das wir als Wächter empfangen hatten, als einen Menschen, dem nichts mehr von uns fehlte (die Manifestation war vollendet!) ... zum Herrn Maitreya ... die damalige Knospe war zu einer wunderbaren Blume erblüht; und diese Blume liegt zu Füßen ihres Besitzers, des Herrn Maitreya, des Christus, des Erlösers der Welt."

Auch im *Herald of the Star* vom März 1927 sagte sie in Ojai, Kalifornien:

„So viel, wie jeder sehen kann, wird für jeden von euch die Manifestation des Christus sein. Ich selbst, der ich Ihn in Seiner fernen Heimat im Himalaya (astral) kenne, wo ich Ihn von Seinem Kommen sprechen hörte, und hier bei unserem Krishnaji bin, brauche nicht zu sagen, wie sehr ich mich freue, in Ihm die Gegenwart unseres Herrn zu erkennen, da ich Ihn schon so lange liebe."

Ist dies nicht eine Befreiung in die Knechtschaft, ein Körper, in dem die Macht, die hinter und durch die Judäo-Freimaurerei des Großen Orients wirkt, mit der die Co-Freimaurerei von Frau Besant verbündet ist, die Saat der Auflösung der Welt sät?

Und was ist das Ergebnis dieser Manifestation? Auf dem Ommen-Camp 1929 verkündete Krishnamurti, dass der Orden des Sterns aufgelöst werde; alles, was er gewollt habe, sei, die Menschen zur „Freiheit" zu führen, aber sie wollten die Freiheit nicht. Herr Lansbury, seit vielen Jahren ein Anhänger von Frau Besant und Anhänger der Mission des Weltlehrers, machte das Beste aus dem offensichtlichen Scheitern und sagte:

„Krishnamurti hat die Fesseln der bloßen Organisation gesprengt ... mit einer großartigen Geste hat er die ihn umgebenden jungen Menschen aller Rassen aufgefordert, ihre eigene Individualität auf ihre eigene Weise zu entwickeln - Verantwortung für das eigene Leben und den eigenen Charakter in Abhängigkeit von sich selbst."

Ein Korrespondent im *Patriot* vom 29. August 1929 gibt einige interessante Einzelheiten über das Geschehen auf diesem Camp Meeting in Ommen wieder, die wir wörtlich wiedergeben:

„Ich habe die Theosophie und ihre verwandten Bewegungen, wie die Freimaurerei, die liberale katholische Kirche und den Stern, einige Jahre lang studiert und bin zu der festen Überzeugung gelangt, dass sich hinter der Maske des unschuldigen Studiums des Symbolismus, der Brüderlichkeit und der vergleichenden Religion eine tiefsitzende antibritische Organisation verbirgt. Das Bindeglied zwischen diesen Bewegungen ist Dr. Annie Besant...

„Letztes Jahr war das Lager in Ommen ein höchst erstaunlicher Ort. Obwohl der Grundton der Star-Lehre „Freiheit für alle" lautet, war das Lager von einem sieben Fuß hohen Stacheldrahtzaun umgeben; alle Mitglieder mussten ein Etikett tragen, das deutlich ihren Namen und ihre Nummer zeigte und ohne das sie das Lager weder betreten noch verlassen durften; es gab endlose irritierende Regeln und Vorschriften, die alle dazu bestimmt waren, die Insassen auf das letzte Stadium der Unterwürfigkeit zu reduzieren.

„Es sollte Brüderlichkeit unter den verschiedenen Nationalitäten herrschen, aber es war auffällig, dass das deutsche Kontingent, das häufig in Führungspositionen war, jede Gelegenheit nutzte, um die englischen und französischen Mitglieder zu beleidigen, wobei die Engländer sich und ihre Frauen immer so behandeln ließen.

„Die Tischmanieren der Camper hätten einem Bauernhof zur Schande gereicht, obwohl Krishnamurti natürlich nicht mit der gewöhnlichen Herde speiste, sondern im Luxus auf Schloss Eerde, der Residenz von Baron von Pallandt, einem prominenten Mitglied der Theosophischen Gesellschaft, der auch einen sehr hohen Grad im Freimaurerorden innehat.

„Das Lager war für Männer und Frauen jeder Klasse, jedes Glaubens oder jeder Hautfarbe gedacht, und es war üblich, wohlerzogene Engländerinnen bei jeder Mahlzeit zu zwingen, indische und afrikanische Eingeborene, meist in ihrer einheimischen Kleidung, zu bedienen. Diese Frauen waren in einem solchen Zustand, dass sie den farbigen Männern buchstäblich zu Füßen lagen, sie zum Essen aufforderten und oft spezielle Leckerbissen für sie zubereiteten, während ihre Landsleute hungerten.

„Die Kleidung vieler Mitglieder war so dürftig, wie es mit dem elementarsten Anstand vereinbar war. Mitgebrachte Fotografien beweisen dies, und Kopien dieser Fotografien befinden sich im Besitz der Behörden und auch in meinem Besitz. Eines davon zeigt einen Eingeborenen in Eingeborenenkleidung, der mit einem englischen Mädchen, das nur mit einem dünnen Hemd und einer kurzen Hose bekleidet ist, durch das Lager geht, wobei jeder einen Arm um den anderen legt.

„Neben anderen Details war der Geruch von Äther aus einem der Zelte in der Nacht überwältigend; diese Droge ist nach Ansicht einiger Okkultisten eine der stärksten, wenn es um die 'Befreiung des Geistes vom Körper' geht.

„Das Lager von 1929 in Ommen ist soeben zu Ende gegangen, und offenbar hat Krishnamurti dort öffentlich verkündet, dass der Orden des Sterns aufgelöst werden wird. Was mit seinen unglücklichen Dummköpfen geschehen wird, die ihm sklavisch gefolgt sind, ihre eigene Religion aufgegeben haben und ihn blindlings verehrt haben, ist unmöglich zu sagen. Seine eigenen Worte und Schriften drängen sie dazu, keinen anderen Halt zu haben als sich selbst, was im Klartext bedeutet, keinen anderen Halt zu haben als ihn; er wirft sie jetzt weg mit zerbrochenem Glauben, ohne Ideale und ohne Führer oder Lehrer, auf den sie sich verlassen können. Er hat ihren Glauben an Gott und ihr Land untergraben und lässt sie nun in einem Zustand des völligen Chaos zurück.

„Ist es möglich, dass die Dinge für den Sternorden zu heiß geworden sind, um weiterzumachen? Liegt es daran, dass sie sich untereinander bekämpft haben? Oder kann es sein, dass Dr. Besant und der schwarze Messias in ihren antiimperialen und okkulten Aktivitäten nicht mehr auf einer Wellenlänge liegen?

„Die Zeit wird es zeigen; im Moment sollten wir dankbar sein, dass zumindest eine Gruppe der subversiven Gesellschaften wie ein Haus gegen sich selbst gespalten ist, und dass es immer noch loyale Männer und Frauen gibt, die ihre Zeit, ihr Geld und sogar noch mehr in unbezahltem Dienst für ihren König riskieren, um diese subversiven und aufrührerischen Organisationen zu entlarven."

Nichts könnte verdammender sein als das oben Gesagte, und doch ist es nur ein kleiner Einblick in das wirkliche teuflische Werk, das langsam durch Geheimgesellschaften und viele andere Bewegungen, einige scheinbar harmlos, ausgeführt wird. Es ist das Werk der gleichen Zersetzungskraft, wie sie in Russland durch die „Gottlosen" und ähnliche Gruppen betrieben wird; es bedeutet die Erniedrigung der Menschheit, den Tod ihrer Seele, wodurch sie noch niedriger als die Bestie wird.

In diesen Geheimgesellschaften sind die Methoden immer die gleichen; es ist eine allmähliche Besessenheit durch diese verborgene Macht durch die sogenannte Illumination oder den uralten Illuminismus mittels der Perversion der sexuellen oder schöpferischen Kräfte im Menschen und in der Natur. Dies zeigt sich im Symbol der Theosophischen Gesellschaft.

Das Symbol steht für Erleuchtung oder Einweihung. Die meisten dieser esoterischen und geheimen Orden werden von den unsichtbaren Meistern der Großen Weißen Loge regiert und geleitet, und unter ihren Anweisungen wird die Erleuchtung in vergleichsweise kurzer Zeit künstlich und intensiv herbeigeführt. Der Einzelne arbeitet nach Anweisung von innen, während der Meister von außen arbeitet, wobei beide diese „Schlangenkraft" nutzen - die dualen schöpferischen Kräfte der gesamten Natur, die Kräfte der Anziehung und Abstoßung. Der Einzelne erweckt durch Übungen, Meditationen usw., die von diesen Meistern inspiriert wurden, in sich selbst diese „Schlangenkraft" - die Kundalini oder die ungenutzten Sexualkräfte -, die im unteren

Teil des Körpers zusammengerollt liegt. Man sagt, dass sie durch Feuer und Wasser sublimiert oder gereinigt wird - wie durch das Hexagramm oder die ineinander verschlungenen Dreiecke - den jüdischen Stern der Kraft - angedeutet wird - oder richtiger gesagt pervertiert wird; und durch die Nervenzentren aufsteigend, sie belebend, Hellsichtigkeit, Hellhörigkeit und Intuition erweckend, vereinen sich der Kopf und der Schwanz - die positiven und negativen Kräfte - an der Basis der Nase, der Zirbeldrüse. Das Symbol in dem kleinen Kreis oben ist die Svastica oder der elektrische Hammer von Thor, eine wirbelnde, sich auflösende elektrische Kraft, die die schützenden Barrieren - den Willen und die Vernunft - durchbricht und einen Wirbel erzeugt, durch den die äußere magnetische Kraft des Lichts von den Meistern eintritt. Auf diese Weise wird der Adept erleuchtet, und die ätherische Verbindung wird von diesen kontrollierenden Meistern von außen gebildet, genau wie in der liberalen katholischen Messe.

Das Ankh in der Mitte ist das ägyptische Symbol des Lebens, es ist das schöpferische Prinzip, der Lingam. Die umschließende Schlange isoliert, bewahrt die Kraft im Inneren und macht das erleuchtete Werkzeug stark. Dieses Werkzeug ist bereit für die ihm zugedachte Arbeit; er ist frei, seine Freiheit nicht für sich selbst, sondern für diese Meister zu nutzen. Es ist eine Befreiung von der Knechtschaft. An der Spitze des Symbols befindet sich die Drei, das Dreieck der Macht oder der Einheit, durch die sich die Macht im Orden und im Einzelnen manifestiert.

Illuminismus - kann individuell, gruppen- oder weltumfassend sein, und dies kann auf die gegenwärtigen Weltbedingungen angewandt werden. Weltrevolution - der elektrische Hammer von Thor. Seine Vollendung - unsichtbare Weltherrschaft durch vorbereitete und erleuchtete „Fahrzeuge".

Nehmen wir die *Protokolle der Weisen von Zion*, die als Prophezeiung erstaunlich korrekt waren, was auch immer ihr erster Ursprung war, bevor M. Joly 1864 einen Teil von ihnen verwendete:

Seite 10:

„Heute kann ich euch versichern, dass wir nur noch wenige Schritte von unserem Ziel entfernt sind. Es bleibt nur noch eine kurze Strecke, und der Zyklus der Symbolischen Schlange - das Abzeichen unseres Volkes - wird vollendet sein. Wenn dieser Kreis geschlossen ist, werden alle Staaten Europas gleichsam durch unzerstörbare Ketten darin eingeschlossen sein. Die bestehenden Konstruktionsmaßstäbe werden bald zusammenbrechen, denn wir werfen sie immer wieder hinaus und zerstören ihre Wirksamkeit.

Epi, Seite 90:

„... Konstantinopel ist (auf der Skizze des Verlaufs der Symbolischen Schlange) als letzte Etappe des Schlangenlaufs dargestellt, bevor die Schlange Jerusalem erreicht. Es bleibt nur noch eine kurze Strecke, bis die Schlange ihren Lauf vollenden kann, indem sie ihren Kopf mit ihrem Schwanz vereint...''

Seite 16:

„Wer oder was kann eine unsichtbare Macht entthronen? Nun, genau das ist unsere Regierung. Die Freimaurerloge (esoterisch) in der ganzen Welt fungiert unbewusst als Maske für unseren Zweck. Aber der Gebrauch, den wir von dieser Macht in unserem Aktionsplan machen werden, und sogar unser Hauptquartier bleiben der Weltöffentlichkeit für immer unbekannt.''

Philip Graves schreibt in seinem Buch „*Palästina, das Land der drei Religionen*'' über die Okhrana, die zaristische Geheimpolizei, dass diese Polizei die jüdischen und nichtjüdischen Revolutionäre so gut kannte, dass angeblich niemand wusste, wo die Okhrana endete und die Revolution begann!

Nach der Lektüre von *The Tcheka* von George Popoff ist man geneigt zu fragen, wer die herrschende Macht hinter der Tcheka ist und wer die Macht hinter der zaristischen Okhrana war, von der viele Mitglieder im Dienst der Tcheka blieben? War sie nicht jüdisch und okkult? Laut Popoff veränderte sich jeder, der in den Dienst der Tscheka trat, sofort und wurde von einem einfachen, ehrlichen Mann zu einem verschlagenen, verrohten und fanatischen Mann, der bei den Verhören der Gefangenen scheinbar hypnotische Kräfte einsetzte.

Trifft das nicht auch auf die meisten derjenigen zu, die in die Fänge dieser geheimen und subversiven Gesellschaften geraten? Sie treten mit hohen Idealen ein und suchen nach spiritueller Entwicklung für sich selbst und andere. Das Ergebnis ist oft eine fanatische Besessenheit, die alles, was hoch und heilig ist, pervertiert; merkwürdigerweise ist es so, dass je höher die Ideale sind, desto größer die blinde Akzeptanz des Rufs ihres Meisters ist, an seinem teuflischen Werk der Zerstörung teilzunehmen.

Interessant ist auch, dass der Eid der Verschwiegenheit und des Schweigens, der vom Kandidaten und Adepten verlangt wird, immer im Zusammenhang mit den astralen Methoden der Kontaktaufnahme mit diesen Meistern und den wirklichen Zielen und der Arbeit des Ordens steht, wie sie von ihnen in dieser geheimnisvollen Verschwiegenheit und dem Schweigen geleitet werden. Über den theosophischen Eid schreibt René Guénon:

> „Eines der Dinge, die man den Geheimgesellschaften und insbesondere der Freimaurerei am häufigsten vorwirft, ist die Verpflichtung, die sie ihren Mitgliedern auferlegen, ein Gelübde abzulegen, dessen Art und Umfang variiert; in den meisten Fällen handelt es sich um ein Schweigegelübde, dem manchmal ein Gehorsamseid gegenüber den Befehlen der bekannten oder unbekannten Oberhäupter hinzugefügt wird. Das Schweigegelübde selbst kann sich entweder auf die Anerkennungsmethoden oder auf das besondere Zeremoniell der Gesellschaft beziehen oder sogar auf die Existenz der Gesellschaft, ihre Organisation oder den Namen ihrer Mitglieder; häufiger bezieht es sich allgemein auf das, was in

ihr gesagt und getan wird, auf die ausgeübte Macht und auf die Lehren, die sie in der einen oder anderen Form erhält. Manchmal handelt es sich um Gelöbnisse anderer Art, wie das Versprechen, sich an bestimmte Verhaltensregeln zu halten, die mit gutem Grund missbräuchlich erscheinen können, sobald sie die Form eines feierlichen Eides annehmen ... Was uns im Augenblick allein interessiert, ist dies, dass, wenn es ein gültiger Vorwurf gegen die Freimaurerei und gegen einige andere mehr oder weniger geheime Gesellschaften ist ... er ebenso gültig gegen die Theosophische Gesellschaft ist. Letztere ist zwar keine Geheimgesellschaft im vollen Sinne des Wortes, denn sie hat nie ein Geheimnis aus ihrer Existenz gemacht, und der größte Teil der Mitglieder versucht nicht, ihren Grad zu verbergen... Für unseren Zweck wollen wir hier die Meinung als ausreichend anerkennen, nach der eine Geheimgesellschaft nicht notwendigerweise eine Gesellschaft ist, die ihre Existenz oder ihre Mitglieder verbirgt, sondern vor allem eine Gesellschaft, die Geheimnisse hat, welcher Art sie auch sein mögen. Wenn dies der Fall ist, kann die Theosophische Gesellschaft als Geheimgesellschaft angesehen werden, und ihre Unterteilung in „exoterische" und „esoterische" Sektionen wäre ein ausreichender Beweis dafür; Es versteht sich von selbst, dass wir, wenn wir hier von „Geheimnissen" sprechen, damit nicht die Erkennungszeichen meinen, sondern die Lehren, die den Mitgliedern oder einigen von ihnen unter Ausschluss der anderen streng vorbehalten sind und für die sie ein Schweigegelübde verlangen; diese Lehren scheinen in der Theosophie vor allem diejenigen zu sein, die sich auf die „psychische Entwicklung" beziehen, da dies das wesentliche Ziel der „esoterischen" Sektion ist...

„Kehren wir nun zu den Aussagen von Frau Blavatsky zurück und sehen wir, was das Schweigegelübde betrifft: Was den inneren Teil betrifft, der seit 1880 tatsächlich als 'Esoterik' bekannt ist, so wurde die folgende Regel festgelegt und angenommen: „Kein Mitglied darf etwas, das ihm von einem Mitglied der höheren Sektion mitgeteilt wurde, für persönliche Zwecke verwenden. Ein Verstoß gegen diese Regel wird mit Ausschluss geahndet." Nun muss aber der

Postulant, bevor er eine solche Mitteilung erhält, den feierlichen Eid ablegen, sie niemals für persönliche Zwecke zu verwenden und niemals etwas zu offenbaren, was ihm anvertraut wurde, es sei denn, er ist dazu befugt (Mme. Blavatskys *Schlüssel zur Theosophie*, 1889). An anderer Stelle verweist sie auf diese Lehren, die geheim gehalten werden müssen: „Obwohl wir alles offenbaren, was möglich ist, sind wir dennoch gezwungen, viele wichtige Einzelheiten auszulassen, die nur denjenigen bekannt sind, die die esoterische Philosophie studieren und die, nachdem sie das Schweigegelübde abgelegt haben, folglich *allein berechtigt sind, sie zu kennen" (Schlüssel zur Theosophie)*. An anderer Stelle wird auf ein Geheimnis hingewiesen, das sich direkt auf die Fähigkeit bezieht, den 'Doppelgänger' (Astralkörper) bewusst und freiwillig zu projizieren, und das niemandem offenbart wird, außer den 'chelas', die einen unwiderruflichen Eid abgelegt haben, d.h. denjenigen, denen man vertrauen kann" (*Der Schlüssel zur Theosophie*).

„Frau Blavatsky besteht vor allem auf der Verpflichtung, dieses Schweigegelübde immer einzuhalten, das auch für diejenigen gilt, die freiwillig oder unfreiwillig aus der Gesellschaft ausgetreten sind: Sie formuliert es so: „Ist ein Mann, der aufgefordert oder gezwungen wird, aus der Sektion auszutreten, frei, Dinge zu enthüllen, die ihm beigebracht wurden, oder die eine oder andere Klausel des Eides zu verletzen, den er abgelegt hat?" Und sie antwortet: „Die Tatsache des Austritts oder der Entlassung befreit ihn nur von der Verpflichtung, seinem Lehrer zu gehorchen und aktiv an der Arbeit der Gesellschaft teilzunehmen, aber keineswegs von dem heiligen Versprechen, die ihm anvertrauten Geheimnisse zu bewahren... Alle Männer und Frauen, die das geringste Ehrgefühl besitzen, werden verstehen, dass ein auf ein Ehrenwort abgelegtes Schweigegelübde, noch dazu im Namen seines „Höheren Selbst", des in uns verborgenen Gottes, bis zum Tode halten muss, und dass, obwohl er die Gesellschaft verlassen hat, kein Ehrenmann und keine Ehrenfrau im Traum daran denken würde, die Gesellschaft anzugreifen, an die sie auf diese Weise gebunden sind" (*Der Schlüssel zur Theosophie*).

Aus diesen Zitaten geht auch hervor, dass das Schweigegelübde, das in der „esoterischen" Abteilung abgelegt wird, einen Gehorsamseid gegenüber den „Lehrern" der Theosophischen Gesellschaft beinhaltet. Man ist gezwungen zu glauben, dass dieser Gehorsam sehr weit geht, denn es gibt Beispiele von Mitgliedern, die, wenn sie aufgefordert wurden, einen großen Teil ihres Vermögens zugunsten der Gesellschaft zu opfern, dies ohne zu zögern getan haben. Diese Verpflichtungen, von denen wir gerade gesprochen haben, bestehen noch immer, wie auch die 'esoterische' Sektion selbst ... die unter keinen anderen Bedingungen existieren könnte ... In einem solchen Kreis ist jede Unabhängigkeit völlig aufgehoben."

Nach ihrer Rückkehr aus Indien im Jahr 1924 verlangte Frau Besant von allen Mitgliedern der „esoterischen" Sektion einen Eid auf den unbedingten Glauben an und Gehorsam gegenüber ihr als Sprachrohr der verborgenen Meister. Die Londoner Loge, die etwa sechzig Mitglieder zählte, weigerte sich jedoch, dieser Forderung nachzukommen oder die autokratische Herrschaft und die politischen Ziele von Frau Besant anzuerkennen. Sie bildeten daher eine kleine Gruppe außerhalb ihrer Jurisdiktion, die sich mit dem Studium der vergleichenden Religion befasste. Die „esoterische" Sektion der Theosophischen Gesellschaft soll aus drei inneren Kreisen bestehen - Lernende, Angenommene oder Eingeweihte und Meister der Großen Weißen Loge. Dies ähnelt sehr dem „Tempel der Wüste" im Nahen Osten, dem einige dieser verborgenen Meister angehören, wie wir sehen werden, wenn wir von der „Stella Matutina" sprechen.

Wie wir gezeigt haben, sind die politischen Ziele von Frau Besant weitgehend mit der Zerrüttung Indiens verbunden, in der irrigen Vorstellung, die heterogenen Völker und Religionen Indiens zu einer „selbstverwalteten Gemeinschaft" zu formen.

Im Jahr 1907 wandte sie sich von der Sozialarbeit der Politik zu, obwohl sie sich erst 1913 endgültig für Home Rule aussprach. Lord Sydenham sagte am 24. Oktober 1917 im House of Lords über Frau Besant und ihre Ziele:

Sie schrieb ein Buch, das mehr rücksichtslose Missachtung von Tatsachen enthält, als ich jemals auf demselben kleinen Raum zusammengedrängt gesehen habe, und in ihrer Zeitung „Neu-Indien"... sagte sie, dass „Indien 5000 Jahre lang vor unserer Ankunft ein vollkommenes Paradies war, dass es durch die „brutale britische Bürokratie" zu einer „vollkommenen Hölle" geworden war... Die Regierung von Madras beschloss, die Bestimmungen des Pressegesetzes durchzusetzen, und Frau Besant wurde angewiesen, für das Wohlverhalten ihrer Zeitung Sicherheit zu leisten. Da die Gewalt in Neuindien unvermindert anhielt, wurde die Kaution beschlagnahmt. Das gab ihr das Recht, beim High Court of Madras Berufung einzulegen. Der Fall wurde von drei Richtern verhandelt, von denen zwei Inder waren, und die Maßnahme der Regierung von Madras wurde bestätigt... Einer dieser Richter wies wohl darauf hin, dass „diese verderbliche Schrift dazu beitragen muss, Attentate zu fördern, indem sie die öffentliche Abscheu vor einem solchen Verbrechen beseitigt."

In seinem Buch „India as I knew it" schreibt Sir Michael O'Dwyer: „Mrs. Besants Home-Rule-Bewegung in Indien, die später von den indischen Extremisten übernommen und verstärkt wurde, entstand 1916 kurz nach dem Aufstand am Ostermontag in Irland." Sie wurde 1925 und 1927 als private Gesetzesvorlage eingebracht, erregte aber nur wenig oder gar kein Interesse, außer bei den Labour-Anhängern, die sie unterstützten.

Frau Besant gehörte zu den ursprünglichen Förderern und Anteilseignern der Socialist Publication Company, die am 12. April 1918 unter dem Namen Victoria House Printing Co, Ltd. eingetragen wurde und in der Mr. Lansbury und andere Theosophen die treibenden Kräfte waren. Diese Gesellschaft produzierte den *Herald*, der im März 1919 zum *Daily Herald* wurde.

Außerdem schreibt Sir Michael O'Dwyer in demselben Buch über ein Interview, das Frau Besant am 28. August 1924 in Bombay gab und in dem sie sagte

„Ich darf sagen ... dass ich in diesen fünfzig Jahren meines öffentlichen Lebens für die Labour Party gearbeitet habe und dass ich seit 1884 Mitglied der Fabian Society bin, der mehrere Minister angehörten ... Ich denke, wir können mit Fug und Recht behaupten, dass wir Indien zu einer brennenden Frage im politischen Leben Englands gemacht haben. Die Labour-Partei steht voll und ganz hinter uns, und wie Mr. Smillie öffentlich sagte, ist die Mehrheit des Kabinetts (Labour) auf unserer Seite."

The *Patriot*, April I, 1926, spricht über das „Labour Research Department", ursprünglich das „Fabian Research Department", und bemerkt: „Die meisten dieser Namen zeigen deutlich, wie rot diese rosaroten Fabians geworden sind, wenn sie sich über die Ungerechtigkeiten der bestehenden kapitalistischen Systeme ausschütten.

George Lansburys politische Einstellung ist wohlbekannt - er trat 1914 der Theosophischen Gesellschaft bei und war ein Anhänger von Krishnamurti und glaubte an ihn - und seine aufrührerischen Äußerungen sind zahlreich. Im Zusammenhang mit dem Eisenbahnerstreik von 1919 gab es eine, die zum Klassenhass aufrief, und zwar wie folgt:

„Wir brauchen einen Generalstab für London, um die von der Herrenklasse angestrebte blutige Revolution abzuwenden, die nur durch die Staatskunst, den Mut und die Solidarität der Arbeiterklasse verhindert werden kann. Wir wissen sehr wohl, dass es heute ein großes Element in der Herrenklasse gibt, das bewusst eine blutige Revolution herbeiführen will, damit die Arbeiter wie Hunde niedergeschossen und mit Bajonetten und Maschinengewehren zurück in die Sklaverei gezwungen werden."

Und das von einem Anhänger des sogenannten „Fürsten des Friedens und der Liebe"!

In *Neu-Indien*, am 26. Januar 1928, ertönte die Stimme von Frau Besant, die das indische Volk erneut zur Revolution aufruft!

Erwache! Erhebt euch, Männer und Frauen jeder Kaste, Klasse und Gemeinschaft. Die Stimme eurer Mutter ruft euch, um sie zur Herrin ihres Hauses zu machen. Lasst sie nicht im Stich in ihrer Stunde der Not. Boykottiert die Simon-Kommission - *ANNIE BESANT.*'

Und als Präsidentin der Indischen Journalistenvereinigung forderte sie die Redakteure der nationalistischen Zeitungen auf, alle Berichte über die Arbeit der Simon-Kommission zu boykottieren.

In *Freemasonry Universal*, Mrs. Besants offiziellem Organ der Universellen Ko-Freimaurerei, Frühlings-Tagundnachtgleiche 1929, ist ein Artikel aus *New India* abgedruckt, in dem es heißt

„Inmitten einer Krise wie der gegenwärtigen müssen diejenigen, die das innere Wissen haben, jede Anstrengung unternehmen, um einen der größten Triumphe, den die Welt je erleben wird, durchzusetzen... Versuchen Sie, den großen Plan als Ganzes zu sehen... Es ist alles ein Plan, und jeder Teil ist nur ein Teil, wie sehr er auch für sich allein ein Ganzes zu sein scheint... Indien ist der Grundton, Indien ist das Zentrum des großen Sturms, der einen *herrlichen Frieden* einleiten wird... Kein wahrer Theosoph, und gewiss niemand, der für die *Innere Regierung der Welt* arbeitet, wird sich um das Wohlergehen Indiens scheren... Die Freimaurerei bietet eine ganz besondere Gelegenheit, Brüderlichkeit zu praktizieren... Am Anfang muss eine sorgfältige Auswahl getroffen werden, was die Aufnahme betrifft, und es muss auf der gewissenhaftesten Einhaltung der Verpflichtungen bestanden werden.-Die Freimaurerei ist Indien gegeben worden, damit sie eine mächtige, organisierte Kraft im Dienste Indiens sein kann."

Offenbar soll auch Indien, wenn nötig, von der „Riesenegge" der Revolution zerrissen werden, damit es an demselben „herrlichen Frieden" teilhaben kann, unter dessen Joch das wahre Russland jetzt stöhnt und leidet - einem Frieden, der die Universelle Bruderschaft und die Weltherrschaft des unsichtbaren Zentrums des revolutionären Großorientes der Judäo-Freimaurerei einleiten soll, mit dem Frau Besants Freimaurerei verbündet ist.

Am 24. August 1929 folgt sie in den USA, wie die *Chicago Tribune* berichtet, mit falschen Behauptungen gegen das britische Empire, die über alle vier Viertel der Welt verbreitet werden.

Auf dem Weltkongress der Theosophen im Stevens Hotel sagte Frau Besant, dass sie in letzter Zeit versucht habe, Indien zu helfen, politische Maßnahmen zu ergreifen, durch die das Land das 'Joch Englands' abwerfen könne. Man schätzt, dass von den 300.000.000 Einwohnern Indiens 70.000.000 tatsächlich hungern"... „Englands Herrschaft hat die Bildung Indiens und die feine Zivilisation, die es hatte, bevor England kam, abgewürgt... Das Problem begann, als das Dorfsystem, unter dem Indien gedieh, zerstört wurde". Und sie erklärte, dass „Steuern" die Ursache für den weit verbreiteten Hunger seien *(Patriot*, 19. September 1929).

> „... Ich habe versucht, das Herrschaftssystem für Indien zu erhalten - seine einzige Rettung. Ich hoffe, dass es nicht zu einer Revolution kommen wird ... Sollte eine Revolte aufflammen, würden die Engländer mit ihren Bomben aus der Luft und ihren Kriegsmaschinen zu Lande und zu Wasser sie einfach niedermähen wie Korn vor der Sense."

Sie hatte zuvor angekündigt, dass sie nach Indien zurückkehren würde, um die Bewegung für die indische Freiheit zu verstärken, was einen Krieg der Farben bedeuten könnte. Und was steckt hinter diesem bösen Werk von Frau Besant? In *The Theosophist*, Oktober 1928, heißt es: „Die Meister haben ihr versichert, dass der Herrschaftsstatus für Indien Teil des Großen Plans ist, und sie weiß, dass sie nicht eher gehen wird, bis diese Freiheit vollendet ist!" Und sie hat gesagt: „Wenn ihr einen von uns für eine bestimmte Bewegung in der Welt arbeiten seht, könnt ihr wissen, dass sie Teil des Weltplans ist." Und der große Plan lautet: „Ein neuer Himmel und eine neue Erde, errichtet auf den Ruinen aller alten Systeme und Zivilisationen."

KAPITEL III

DIE ANTHROPOSOPHISCHE GESELLSCHAFT

Rudolph Steiners frühe Geschichte ist etwas rätselhaft, aber einige sagen, dass er 1861 in Krakjevic in Ungarn geboren wurde, andere, dass er ein Österreicher war. Im Jahre 1902 wurde er Mitglied der Theosophischen Gesellschaft unter Frau Besant und war Generalsekretär der deutschen Sektion bis 1913, „als er sich von Frau Besant trennte, nominell wegen der Krishnamurti-Affäre und des Madras-Prozesses; fünfundfünfzig der deutschen Logen trennten sich mit ihm - insgesamt etwa 2.500 Mitglieder. Daraufhin gründete er eine neue Gruppe unter dem Namen „Anthroposophische Gesellschaft", ein Name, der zweifellos von einem Werk *Anthroposophia Magica* des bekannten Alchemisten und Okkultisten Thomas Vaughan aus dem Jahr 1650 abgeleitet ist.

Seine Zentren waren München und Stuttgart, aber da er in München nicht den erforderlichen Grund für seinen geplanten Tempel erhalten konnte, baute er ihn schließlich in Dornach in der Schweiz. Das „Johanneum", das später in „Goethenum" umbenannt wurde, wurde 1920 fertiggestellt, und um die enormen Kosten zu decken, gründete er einen Verein, der sich „Gesellschaft des heiligen Johannes" nannte, in Anspielung auf die alte Bruderschaft der operativen Freimaurer, wie es heißt. Mit diesem Goetheanum wollte er eine neue Architektur, eine neue Malerei und eine neue Bildhauerei schaffen. In Wirklichkeit war es ein Symbol seiner Lehre, völlig pantheistisch und völlig unschön in Form und Gestaltung. Es brannte eines Nachts Ende 1922 auf mysteriöse Weise ab, wurde aber später in kleinerem und billigerem Maßstab wieder aufgebaut. Steiner kam offenbar nie über den Verlust seines Tempels hinweg und starb am 30. März 1925 in Dornach, bis zuletzt ein Instrument in den Händen seiner Meister, das ihre Lehren und Anweisungen aufzeichnete.

In einem Artikel *im Patriot*, Oktober 1922, hat eine anerkannte Autorität einige interessante Informationen über Dr. Steiner und seine Vorgeschichte gegeben. Es heißt dort:

> „In diesem Stadium meiner Untersuchung möchte ich kurz auf die Existenz eines Ablegers der Theosophischen Gesellschaft eingehen, der als Anthroposophische Gesellschaft bekannt ist. Diese wurde als Ergebnis einer Spaltung in den Reihen der Theosophen von einem Mann jüdischer Herkunft gegründet, der mit einem der modernen Zweige der Carbonari verbunden war. Nicht nur das, sondern er organisiert zusammen mit einem anderen Theosophen einige merkwürdige kommerzielle Unternehmungen, die nicht ohne Zusammenhang mit kommunistischer Propaganda sind; fast genau so, wie der „Graf St. Germain" seine Färbereien und andere kommerzielle Unternehmungen mit einem ähnlichen Ziel organisiert hat. Und diese merkwürdige Geschäftsgruppe hat ihre Verbindungen mit der irischen republikanischen Bewegung, mit den bereits erwähnten deutschen Gruppen und auch mit einer anderen geheimnisvollen Gruppe, die vor etwa vier Jahren von jüdischen „Intellektuellen" in Frankreich gegründet wurde und zu deren Mitgliedern viele bekannte Politiker, Wissenschaftler, Universitätsprofessoren und Literaten in Frankreich, Deutschland, Amerika und England gehören. Es handelt sich um eine Geheimgesellschaft, aber eine gewisse Vorstellung von ihren wahren Zielen lässt sich aus der Tatsache ableiten, dass sie die „Ligue des Anciens Combattants" gesponsert hat, deren Ziel es zu sein scheint, die Disziplin der Armeen in den alliierten Ländern zu untergraben. Obwohl sie nominell eine „rechte" Gesellschaft ist, steht sie in direktem Kontakt mit Mitgliedern der sowjetischen Regierung Russlands; in Großbritannien ist sie auch mit bestimmten Fabians und mit der Union of Democratic Control verbunden, die sich gegen die

„Geheimdiplomatie" wendet.die dritte (Kraft) ist die panjüdische Organisation, die wahrscheinlich die Quelle des gesamten Internationalismus ist, aber in ihrem Endziel - der Weltherrschaft - strikt national ausgerichtet ist... Schließlich gibt es das riesige unterirdische Netzwerk arkaner Sekten und okkulter Gesellschaften, die in Europa und Amerika durch die verschiedenen kontinentalen Rosenkreuzer- und Templerorden, die Theosophen und die höheren Grade der orientalischen Freimaurerei repräsentiert werden, deren wirkliches Ziel der Sturz der westlichen Ideale, der westlichen Zivilisation und der christlichen Religion ist. In diesem System verschlungener Geheimbünde sind die verschiedenen sozialistischen, kommunistischen, syndikalistischen und anarchistischen Organisationen die politischen Maulwurfshügel, die die Natur der unterirdischen Wühlereien andeuten, die die Grundlagen unserer westlichen Zivilisation untergraben... Es ist angedeutet worden, und es mag ein gewisses Maß an Wahrheit in der Idee stecken, dass hinter allen subversiven Bewegungen noch eine andere namenlose Macht steht, tiefer in den Schatten der Unterwelt der internationalen geheimen Intrigen - etwas, das größer ist als alles und alles lenkt..."

Laut einem Leitartikel in der *Morning Post* vom 15. Mai 1925 stellte Dr. Steiner „eine Verbindung zwischen den Bolschewisten und den pan-deutschen und monarchistischen Gesellschaften sowie den höheren Graden der Großorient-Freimaurerei her" und stand auch mit dem Bolschewisten Tomsky in Verbindung.

Wie der verstorbene Dr. Carl Unger, einer von Steiners treuesten Anhängern, feststellte, schrieb Dr. Steiner, als er gebeten wurde, „Anthroposophie" für das *Oxford Dictionary zu* definieren: „Anthroposophie ist ein Wissen, das vom höheren Selbst im Menschen erzeugt wird"; das ist der Mensch, dessen „innere Sinne" durch bestimmte Prozesse usw., die von Dr. Steiner in seiner so genannten Geisteswissenschaft gelehrt werden, geweckt worden sind. Es ist der Aufbau eines Mediums. Für seine Schüler war seine Definition: „Die Anthroposophie ist ein Erkenntnisweg, der das Geistige im Menschen zum Geistigen im

Universum führt. Hier haben wir das hermetische Axiom: „Wie oben, so unten"; die Vereinigung der Lebenskraft oder Kundalini im Menschen mit der universellen Lebenskraft außerhalb, die den „vergöttlichten Menschen" bildet, der alles weiß, was war, ist und sein wird, der die Aufzeichnungen liest, die auf dem Astrallicht eingeprägt sind, unter der Kontrolle dieser sogenannten Geistwesen oder Meister. Das ist die Einweihung.

Über diese Einweihung sagt Steiner in seinem Vortrag „Christus und das zwanzigste Jahrhundert" (siehe *Anthroposophie*, Weihnachten 1926):

> „Die Vorgänge, denen die Seele des Menschen in den alten Mysterien unterworfen wurde, waren so, dass durch den Einfluss anderer, höher entwickelter Persönlichkeiten (die selbst durch diese 'Mysterieneinweihung' gegangen waren) eine Art Schlafzustand (Trance) herbeigeführt wurde ... der Körper wurde zurückgelassen ... aber die Seele (Astralkörper) konnte für eine gewisse Zeit *bewusst* in die geistige (astrale) Welt blicken."

Nachdem sie in den Körper zurückgeführt wurde, „konnte diese Seele, nachdem sie am geistigen Leben (astral) teilgenommen hatte, als Prophet vor die Völker treten..." Nach dieser Geisteswissenschaft gehen die alten Weisheitslehren „von den 'Eingeweihten' aus". Er fährt fort: „Zur Zeit der Anfänge des Christentums war die Seele des Menschen reif für die 'Selbsteinweihung', unter der Führung derer, die die Erfahrungen kannten, die es zu machen galt, aber ohne die aktive Mitarbeit der Führer der Tempel oder Mysterien." Aber wir haben guten Grund zu wissen, dass die Führer der Mysterien immer noch auf der Astralebene zusammenarbeiten, indem sie ihre zukünftigen Instrumente oder „Propheten" formen, behauen und einweihen.

Er sagt uns auch, dass die Mysterien,

> „trat durch die Gründung des Christentums auf die große Bühne der Weltgeschichte... Jesus von Nazareth erreichte den Punkt, an dem... er sich mit einem Wesen vereinigen konnte,

LICHTTRÄGER DER FINSTERNIS

das bis dahin mit keinem menschlichen Individuum vereinigt war - mit dem Christus-Wesen... Der Christus durchdrang das Wesen des Jesus von Nazareth" drei Jahre lang. und „von diesem Ereignis strömen mächtige Kräfte als Impuls für die gesamte spätere menschliche Entwicklung aus... Und dass der Christus-Impuls in die Menschheit eindringen konnte, wurde dadurch bewirkt, dass das uralte Einweihungsprinzip zur *historischen Tatsache wurde.*"

Nach der Einweihung „spricht Gott durch mein eigenes Ego zu mir". Das heißt, er wird hellsichtig, hellhörig und intuitiv, wie in allen erleuchteten Gruppen. All dies bedeutet, dass der Christus-Impuls lediglich die initiierende Kraft der Schlange oder des Logos der Gnostiker ist! An anderer Stelle wird uns gesagt, dass der Christus von den Göttern der Sonne, des Mondes und Saturns - der Schlangenkraft - ausgesandt wurde!

Dr. F. W. Zeylmans van Emmichoven schreibt in *Anthroposophie*, Ostern 1929: „Am Goetheanum in Dornach steht eine große, von Dr. Rudolph Steiner geschaffene Gruppe. Sie stellt den Christus als Repräsentanten der Menschheit dar, der zwischen Luzifer und Ahriman steht." Über diesen Christus sagt er: „Im Gesicht scheinen alle Kräfte auf einen Punkt der Stirn konzentriert zu sein, wo die göttliche Weisheit zu leuchten scheint." Dies ist die Zirbeldrüse, wo sich die innere Schlangenkraft mit der äußeren vereint und Erleuchtung und Kontrolle bewirkt. In seinen Stuttgarter Vorträgen 1919 sagte Steiner, dass für die Rettung der Welt vor dem Materialismus der Orient zu luziferisch und der Okzident (anglo-amerikanisch) zu ahrimanisch ist - materialistisches Wissen. Es ist die deutsche Mission, einen rechten Kurs zwischen den beiden Extremen zu steuern und die Welt zu retten! Mit anderen Worten: Deutschland sollte als Christus-Impuls in der Welt wirken!

Laut Frau Besant wurde Krishnamurti in Trance von den „Großen" eingeweiht und wurde so zum „Fahrzeug" des Meisters „Maitreya, dem Christus, dem Retter der Welt". Als solcher lehrte er die Welt in seinem Buch „*Leben in Freiheit*": „So wie jeder Mensch göttlich ist, sollte jeder Einzelne in der Welt sein eigener Meister sein, sein eigener absoluter Herrscher und Führer... Es gibt keinen Gott außer dem Menschen, der sich (durch Initiation) gereinigt und so die Wahrheit erlangt hat." Doch wie wir gesehen haben, ist Krishnamurtis Individualität in der Schwebe, er ist nur der „Prophet" seines „Besitzers" und Sklavenhalters „Maitreya".

In seinem Vortrag „Exoterisches und esoterisches Christentum", den er im April 1922 in Dornach gehalten hat, legt Dr. Steiner seinen Kult des christlichen Illuminismus dar. Er spricht von den frühen christlichen Traditionen und sagt:

> „Man kann höchstens sagen, dass sie in Form von historischen Aufzeichnungen in den Archiven bestimmter Geheimgesellschaften existieren, wo sie nicht verstanden werden. Alles, was über die bruchstückhaften Hinweise auf den Christus nach dem Mysterium von Golgatha hinausgeht, muss heute von der anthroposophischen Geisteswissenschaft wiederentdeckt werden ... Es ist möglich, dass die Menschheit göttliche Lehrer hat ... Wesen, die aus dem Reich der Hierarchien auf die Erde herabgestiegen sind und die ... tatsächlich geistige Belehrungen geben. Die Menschen, die solche Belehrungen erhielten, ... konnten in sich einen Bewusstseinszustand herbeiführen, in dem sich ihre Seelen (Astralleib) von ihren physischen Körpern zurückzogen ..."

Das ist Yoga, wie es in allen erleuchteten Gruppen gelehrt wird. Die Natur der sogenannten „göttlichen Lehrer" wird so erklärt: „Die Wesen der höheren Hierarchien sind mit Kräften ausgestattet, durch die sie Saturn, Sonne, Mond und (aus diesen) schließlich die Erde erschufen." Dann verfügten sie, dass für die Evolution des Menschen die Entwicklung des Intellekts notwendig sei, wozu diese Götter selbst nicht fähig waren, so dass „die Götter gezwungen waren ... einen Pakt mit Ahriman (dem „schwarzen Gott der Manichäer, dem Ahriman der alten Götzendiener", so Eliphas Levi) einzugehen ... Sie erkannten, dass, wenn Ahriman einmal als Herr des Todes und in der Folge als Herr des Intellekts anerkannt würde, die Erde nicht länger in ihrer Obhut bleiben würde ..." Um dies zu verhindern, müssen die Götter selbst Wissen über den Tod erlangen. Es war ihnen nur möglich, vom Tod zu erfahren, wie er sich auf der Erde abspielt, indem sie einen von ihnen - das Christuswesen - auf die Erde schickten. Es war für einen Gott notwendig, auf der Erde zu sterben..."

„Die Wesen der Hierarchien, die dem Saturn, der Sonne, dem Mond und der Erde angehören, ließen Ahriman an der irdischen Evolution teilhaben, aber es gelang ihnen, seine Herrschaft einzuschränken, indem sie ihn für die Zwecke der irdischen Evolution benutzten. Ohne Ahriman hätten die Götter den Menschen nie zu einem Verstandeswesen machen können; wäre nicht zur Zeit des Christusereignisses die Schranke seiner Macht gebrochen worden, so wäre es Ahriman gelungen, die Erde völlig zu vergeistigen, sie auf einen Zustand völligen Materialismus zu reduzieren."

Man kann nicht umhin, auf den ersten Blick zu erkennen, dass es sich hier nur um einen weiteren pantheistischen, illuminierten Kult des I.A.O. handelt - der Sonne, des Mondes und des zerstörenden Feuers, der Schlangenkraft oder Lebenskraft der gesamten Natur -, der mit der Erde verwoben ist." Das ist die „Fixierung des astralen Lichts in einer materiellen Basis", die illuminierte Werkzeuge bildet. Es ist der wieder auferstandene Gott Pan, der auf seiner alten geheimnisvollen Pfeife spielt und die Geheimnisse der verflochtenen Dreiecke - der Generation, der Schöpfung - vorführt. Durch diese Kraft sollte die Welt eingeweiht oder erleuchtet werden, aber zuerst musste Saturn alle alten Systeme und Religionen auflösen und zerstören, und aus der Asche sollte, wie der alte Phönix, das neue Reich Luzifers auferstehen - die große Perversion! Nicht durch Intellekt und Vernunft, sondern durch Verneinung und blinden Glauben sollte dies erreicht werden.

Nach dem Studium von Steiners „Erkenntnis der höheren Welten" oder „Einweihungsweg" wird immer deutlicher, dass es sich in Wirklichkeit um eine Vorbereitung auf die Besessenheit durch diese verborgenen Wesen handelt, von denen Steiner so oft spricht und die, auf der Astralebene arbeitend, überall nach

Dummköpfen und Werkzeugen suchen, durch die sie die Weltrevolution bis hin zur Weltherrschaft durchführen können. Auf diese Weise lehren und orientieren diese Wesen, indem sie durch einen erleuchteten Adepten und Lehrer, wie Steiner es war, eine „spirituelle Wissenschaft" aufbauen, wodurch viele weitere geschult, unterwiesen und in ihre Schar teuflischer Nützlichkeit aufgenommen werden, größtenteils in dem irrigen Glauben, dass der Plan für die „höhere Evolution der Welt" göttlich inspiriert ist.

Obwohl die Anthroposophie, wie wir sehen werden, von Steiner als ganz und gar öffentliche Gesellschaft deklariert wurde, schreibt er dennoch: „Es wird hier nur so viel erklärt werden, wie öffentlich mitgeteilt werden kann." Seine Wissenschaft ist immer noch „okkult" und bleibt in allem, worauf es ankommt, geheim und verborgen. Es gibt drei Stufen in seinem Einweihungsschema:

(I) *Bewährung*. - Die Erweckung der inneren Sinne durch Meditation. Dazu bedarf es der Hingabe, der Ehrfurcht, der Demut, der Dämpfung aller Kritik oder des negativen Urteils; das Persönliche muss gebändigt, die universelle Gesinnung zum Dienst an der „Menschheit" erweckt werden. Ruhe, die zu völliger Passivität führt, muss kultiviert werden, und alle Eindrücke der äußeren Welt müssen ausgeschlossen werden; dann kommt die „innere Stille", in der „verborgene Wesen" zu ihm sprechen. Um diese Sinne zu erwecken, muss er möglichst in der Nähe der Natur leben, inmitten der nach Kiefern duftenden Wälder und des Waldes, oder auf die schneebedeckten Gipfel blicken. In diesen Meditationen müssen sich seine Gedanken an den Gedanken fortgeschrittener Menschen orientieren, die, so Steiner, durch die Jahrhunderte hindurch von ähnlichen Wesenheiten inspiriert worden sind - „Bhagavad Gita, Johannesevangelium, Thomas à Kempis und die Geisteswissenschaft!" Hier haben wir den Johannismus und eine von Weishaupts bekannten Methoden, die mehr oder weniger universell im Illuminismus angewendet werden. Die Kundalini muss erweckt werden, indem man sich auf das

Gefühl konzentriert, das durch Wachstum und Verfall in der Natur hervorgerufen wird, wobei das eine einem „Sonnenaufgang", der aktiven Lebenskraft, und das andere dem „Mondaufgang", der passiven Lebenskraft, gleicht; dadurch öffnet sich die „Astralebene". Er darf niemals *intellektualisieren,* sondern nur *fühlen.* Das führt zur Orientierung: Er beginnt zu hören. Die Passivität muss sich „auf das kritiklose Zuhören erstrecken, auch wenn eine völlig widersprüchliche Meinung vorgetragen wird, wenn der hoffnungsloseste Fehler vor ihm begangen wird; dann lernt er nach und nach, sich mit dem Wesen des anderen zu verschmelzen und sich mit ihm zu identifizieren." So lernt er, seine eigene Persönlichkeit und Meinung loszulassen und sich der Besessenheit durch einen anderen oder sogar durch diese verborgenen Wesen" auf der Astralebene auszusetzen, die nur unter solchen Bedingungen mit ihm kommunizieren und ihre Ideen in ein leeres Gefäß" einpflanzen können.

(2) *Erleuchtung.* - Wiederum durch weiteres Erwecken dieser positiven und negativen Kräfte der Kundalini - der vereinigten Kraft, die schließlich die kontrollierenden Kräfte der Meister anziehen muss - wird er hellsichtig und sieht die Farben dieser Kräfte: sie sind rot-gelb und blau, die positiven und negativen Pole des OD der Juden, das astrale Licht. Schließlich erweckt er die zentrale und vereinigende Kraft, dann begegnet er diesen Wesen. Außerdem muss jede Angst überwunden werden, denn, wie das Stella-Matutina-Ritual sagt, „Angst ist Versagen", denn ohne den furchtlosen Glauben des hypnotisierten Subjekts seitens des Adepten können diese Wesen die letzte Phase dieser teuflischen Besessenheit nicht sicher angehen.

(3) *Einweihung.* - Er muss durch „Prüfungen" gehen, um seine Ausdauer und seinen Glauben zu testen. In diesen werden all seine Zweifel beseitigt, er handelt sofort wie von diesen Wesen inspiriert, er hört auf, selbst zu handeln und zu denken, er wird kontrolliert - „wie oben so unten". Er wird nun zu einem Gefäß des Lichts und wird von diesen Meistern gelehrt, wie man das gegebene Wissen anwendet und es für die „Menschheit" oder richtiger gesagt, gegen die

Menschheit einsetzt. Ihm wird gesagt, dass „er nur dann Hand an die Zerstörung legen darf, wenn er auch in der Lage ist, durch und mittels der Zerstörung neues Leben zu fördern" - das alte Credo des Illuminismus, „das Böse fördert das Gute!" Das ist Perversion und der Weg zur Weltrevolution, der nicht zur „Erlösung und Höherentwicklung des Menschen" führt, sondern zu seinem kollektiven Rückschritt und zum Tod der gesamten christlichen Zivilisation, wie sie im heutigen Russland zu sehen ist.

Der folgende Artikel, der aus dem Artikel von M. Robert Kuentz, „Le Dr. Rudolph Steiner et la Théosophie actuelle", in *Le Feu*, Dezember 1913, entnommen wurde, ist interessant, da er offensichtlich aus Insiderwissen geschrieben wurde.

Er gibt wörtlich vierundzwanzig Fragen wieder, die er an Steiners Vertreter in Frankreich stellte, die sich auf Steiners Gesellschaft und ihre Verbindung mit der Freimaurerei des Großen Orients und dem Rosenkreuzertum bezogen, ein Fragenkatalog, dem auswich und der nie beantwortet wurde. Hier sind einige der Fragen:

I. Gibt es eine Ähnlichkeit zwischen Steiners okkulten Zeremonien und denen des Großen Orients oder nicht? Sind die Formeln dieselben? Finden Sie in ihnen die Geschichte von Hiram und die drei Umrundungen in der Dunkelheit mit verbundenen Augen (letztere müssen den Mitgliedern der Stella Matutina bekannt sein!)?

4. Die Übungen, die Steiner in seinem Buch *„Einweihung"* unvollständig angibt - Übungen, deren Einzelheiten und okkulte Entwicklungen ich von Steiner selbst gesehen habe - führen sie nicht sehr sicher zu jenem freimaurerischen Geisteszustand, den ich so gut kenne?

5. Die Übungen, zum Beispiel, die „Glaube" heißen, und die, die „Passivität" entwickeln, richten sie den Schüler nicht so aus, dass er auf der einen Seite zur *Leichtgläubigkeit* und auf der anderen Seite zum Schrecken vor allem kritischen Geist

neigt, so dass der so bearbeitete Geist bereit ist, alles zu verdauen, was ihm angeboten wird, und es gut und schön zu finden, auch wenn es hässlich und böse ist?

6. Gibt es in der Freimaurerei von Dr. Steiner in Wahrheit viele Dummköpfe oder unausgeglichene Gemüter und nur wenige wirklich intelligente?

8. Sagt Dr. Steiner nicht in seinen Büchern, dass die Theosophie, die kein Glaubensbekenntnis hat, sich über die Religionen, die Glaubensbekenntnisse haben, erhebt und sie beherrscht?

9. Aber amtiert Steiner nicht vor dem Altar in seinem Tempel des Rosenkreuzes?

10. Ist er nicht der Hohepriester dieses Ordens?

11. Hat er nicht die sakralen Gewänder, wie die katholischen Priester?

12. Heiratet er nicht die theosophischen Freimaurer?

14. Wollen Sie den „Tempel", der „Gewölbe" genannt wird, in München errichten, weil er außerdem das Symbol darstellt, das dieses Wort ausdrückt?

16. Warum findet sich in Steiners Schriften keine Spur von all dem, von diesem „Allerheiligsten", von dieser freimaurerischen Schule, in die nur die „Auserwählten" eindringen, d.h. diejenigen, die bewusst Steiners Bücher studiert und die im Buch *Einweihung* angegebenen Übungen gemacht haben?

17. Schwören sie selbst (unter der Strafe, „bis in alle Ewigkeit ohne Führer durch das All zu irren"), das, was sie im Tempel sehen werden, geheim zu halten, bevor sie überhaupt etwas von dem wissen, was sie mit diesem Schwur versprechen, der sicherlich den Seher und den Schwachsinnigen in Angst und

Schrecken versetzen muss (ähnlich wie bei der Ablegung des Eides in der Stella Matutina!)?

24. Ist der Titel „Luzifer-Gnosis" der alten Steiner-Rezension nicht unglücklich und unnötig beunruhigend, wenn er nicht wirklich eine wahre luziferische (satanische) und gnostische Einweihung bedeutet?

M. Robert Kuentz gibt weiterhin die Zweideutigkeit an, die er anstelle einer Antwort auf seinen Fragebogen erhalten hat:

„Seht das Gebot der Freimaurerei. Eine direkte Antwort auf diese direkten Fragen hätte mir einfach die Einweihung selbst verliehen, an Ort und Stelle, ohne die gewöhnlichen Riten und erforderlichen Bedingungen. Die Einweihung ist nichts anderes als die Antwort auf diese Fragen, nachdem der Kandidat unter Eid versprochen hat, dieses Geheimnis nicht zu verraten, und wenn der Schüler seinem eigenen freien Urteilsvermögen so weit entfremdet ist, dass er diese „Wahrheit" ohne Entsetzen ertragen und annehmen kann, ohne zu verstehen, worum es sich dabei handelt oder wohin sie führt. Diese Pulverisierung der geistigen Fähigkeiten, diese Behandlung des Geistes durch den Prozess der „okkulten Übungen", dem der Schüler unterworfen wird und der zweifellos bald zum „Patienten" wird, erklärt im Steinerismus diese gutgläubigen Adepten von unanfechtbarer Moral, die Opfer sind, die einem Ziel und Meistern folgen, von denen sie nichts wissen, unter der Illusion des Idealismus. (Dies gilt für alle diese Orden.)

„Die Antwort des Vertreters Steiners bestand darin, „zu gestehen, dass es solche Zweifel sind, die ein Sieb um die Lehren Steiners bilden, das alle schwachen Gemüter von seiner Esoterik vertreibt"... Auch wollte er keine weiteren Informationen geben als die, die in den Dokumenten enthalten waren, die ich bereits besaß, damit 'mein Glaube an seine Erklärungen nicht den Platz einnimmt, den allein mein eigenes freies und absolutes Urteil einnehmen sollte!'"

Zu seinem eigenen Fragebogen bemerkt M. Kuentz:

„War es nicht eine ritterliche Geste der Zuversicht und des Vertrauens, nicht um Beweise, sondern um ein Ehrenwort zu bitten, das die belastenden Tatsachen leugnet. *Wir sind also verpflichtet, die Tatsachen zu akzeptieren!*"

M. Kuentz beschreibt diese geistig-pulverisierenden Übungen der Steinerschen Initiation:

Ohne weiter darauf einzugehen, kann man jedoch leicht erraten, dass dies nicht mit „Glaube", sondern mit „Leichtgläubigkeit" und einer seltenen und verheerenden „Passivität" zu tun hat, wenn man die religiösen und historischen Ungeheuerlichkeiten, die der erste Teil dieser Studie verkörpert, mit Gelassenheit hinnehmen will. Dennoch nennt Steiner diese „Passivität, Gleichgewicht", und ich überlasse ihm gerne die Originalität seines Ausdrucks. Indem er eine Eigenschaft beschreibt, die es erlaubt, vertrauensvoll zu akzeptieren, dass die „Uhr der benachbarten Kirche in der Nacht sich plötzlich in eine horizontale Position gebracht hat". Der Schüler, sagt Steiner in der fünften Übung, soll das Bizarre nicht als absurd abtun. Alles Erstaunliche, das einem präsentiert wird, soll man ohne Ablehnung beiseite legen. Um so weit zu kommen, bedarf es einer vollständigen Schulung, einer bedrückenden Kur, der man sich unterziehen muss, die je nach Kandidat variiert; dies sind die Stufen der Prostitution des Geistes.

„Von der ersten Übung an, die darin besteht, sich auf einen (zunächst trivialen) Gedanken zu konzentrieren, wird der Schüler daran gewöhnt, den Sinn für das Praktische und Reale zu verlieren; die zweite bringt ihm eine verrückte Routine bei, die für die Vervollkommnung seiner inneren Umnachtung unerlässlich ist. Die dritte Übung ist in Wahrheit „Passivität". ... Sie ist das, was die Kraft des Gefühls und des Leidens abstumpft, was mechanisch die Begeisterung, das Entsetzen und alle starken und gesunden Empfindungen auslöscht, was im Namen des „gerechten Gemüts" wie ein Schirokko der Gleichgültigkeit auf den Geist bläst. Dann ist man bereit für die „Positivität" - die Übung der vierfachen Aushöhlung des kritischen Vermögens... Man sagt, der

Esoterikschüler wisse sehr wohl, dass er, wenn er noch den kritischen Verstand beibehält, jede Hoffnung auf eine okkulte Entwicklung aufgeben muss, vielmehr muss er helfen, sich von diesem zu heilen! Nur dann ist er fähig, die fünfte Übung zu machen: „Um ein gewisses Gefühl des Glaubens zu entwickeln, darf er nicht mehr alles, was ihm vorgelegt wird, sofort ablehnen, was auch immer es sein mag."

„Dies ist das schreckliche Noviziat, dem man sich lange unterwerfen muss, um ein geeigneter Eingeweihter zu werden! Man sieht hier die systematische Ausbildung des freimaurerischen Verstandes; wie auch die angedeutete und subtil täuschende Inspiration einer Art Halluzination (oder Hypnose), die seine Fügsamkeit sicherstellt. Diese Übungen beanspruchen alle Fähigkeiten und haben eine seltsame Präzision.

Lesen Sie dies!

„Die inneren Übungen werden abends und morgens im Bett gemacht. Du musst dir vorstellen, dass du dich in einem Meer von Licht befindest, aus dem die Wellen des Feuers in den Körper eindringen. Dann sollen nacheinander der Kopf, die Körpermitte und der ganze Körper getrennt leben: durch die Stirn (Zirbeldrüse) tritt das Licht ein, und du hörst eine Stimme an der Nasenwurzel sagen: „Die reinen Strahlen des Göttlichen sind in dir." Das Herz hört seinerseits etwas Ähnliches, nur dass die Strahlen durch es hindurchgehen. Dann spricht der Bauch (nicht lachen!), so dass die Weltkraft durch den Nabel herauskommen kann.

Nun wissen wir, dass Steiners Bewegung nicht nur mit der großorientalischen Freimaurerei verbündet, wenn nicht sogar großorientalisch ist, sondern auch rosenkreuzerisch; über letzteres müssen sie zwangsläufig schweigen, da, wie bei den Illuminaten Weishaupts, kein Rosenkreuzer zugeben darf, dass er es ist. M. Robert Kuentz beschreibt Steiners „Einweihung in den Grad eines Rosenkreuzer-Lehrlings" so:

„Am Abend beginnen sie damit, alle neuen Anhänger zu versammeln, und nach einer kleinen Predigt von Steiner, vage und brüderlich, wird dir gesagt, dass du ein Papier unterschreiben sollst, mit dem du anerkennst, dass Steiner *der Großmeister des Ordens der Rosenkreuzer* ist; es wird hinzugefügt, dass du die Ausgaben des Ordens unterschreiben musst, dass du deine Untergebenen als deinesgleichen betrachten musst, und es endet mit der Formel des Eides, die in meinem Fragebogen angegeben ist... Dir wird vorher gesagt, dass du dich vorzugsweise in Weiß kleiden sollst. Wenn Sie eintreten, erkennen Sie die Theosophen; es herrscht eine geheimnisvolle Atmosphäre; alle sprechen leise... Ihnen werden die Augen verbunden, und alles Metall wird Ihnen abgenommen - Ketten, Ringe usw. Ein Offizier hinter Ihnen legt Ihnen die Hände auf die Schultern, dann beginnt die Prozession.

Der erste Dialog findet vor der Tür des Tempels statt... Die Tür des Tempels öffnet sich, du gehst hinein, umrundest dreimal den Raum und setzt dich dreimal hin, wobei der „Zeremonienmeister" mit religiöser Stimme, geheimnisvoll und sphinxartig, die bekannten Formeln des Ritus des Großen Orients deklamiert... Dann setzt du dich endlich hin, immer noch mit verbundenen Augen, und du spürst, wie sich etwas an deiner Taille und deinem Hals tut. Plötzlich wird die Binde vom Führer angehoben, und Sie sehen vor sich einen Schädel, den Steiner Ihnen unter die Nase hält. Steiner hat einen strengen, auf jeder Seite einen Diakon und einen Vizediakon (wie in der liberalen katholischen Messe!) - Träger von Wachskerzen: das Ganze in dichter Dunkelheit. Die Binde fällt wieder ab: nach einiger Zeit wird sie ganz abgenommen, man ist... *eingeweiht*: man beginnt Licht zu sehen. Dieses Licht kommt von Wachskerzen, die auf drei Altären stehen; überall hängen schwarze Tücher, die die Dunkelheit symbolisieren, die immer in der Nähe ist... Steiner, der Hohepriester, ist ganz in Rot gekleidet, mit einem langen mephistophelischen Schwanz und einer roten Mütze; er steht vor einem Altar in Form eines Würfels, auf dem ein Kruzifix, ein Kelch und eine Kerze stehen; die beiden Diener, die freimaurerische Schürzen tragen, stehen vor einem anderen

Würfel und halten Kerzen; der Großmeister der Zeremonien steht in der Nähe von Steiner (eine Frau von hohem bayerischen Adel, die den Theosophen wohlbekannt war, übernahm zeitweise dieses Amt; sie trug eine Art Albe und Messgewand). Man blickt auf sich selbst und sieht die Freimaurerschürze mit Dreieck und Kelle vor sich. Du legst deine Hand auf das Johannesevangelium (Johannismus); dann wird dir das Passwort, das Lehrlingszeichen und der heilige Name gesagt, den du nur stammeln kannst; er lautet YAKIM. Dann werden mit zwei ausgestreckten Schwertern seltsame Zeichen vor dir gemacht. Dann eine Predigt von Steiner über die Legende von Hiram und Salomon... Dann das Mahl, bei dem sie den unterirdischen Tempel, das Gewölbe, suchen, der damals in München gebaut wurde (zweifellos das pantheistische Mahl des Illuminismus). Zweite Ansprache von Steiner, er hat das rote Gewand abgelegt und trägt jetzt eine Albe aus Spitze; er spricht über das Dreieck und das Auge Gottes (?), das sich im Zentrum des Dreiecks und des menschlichen Seins befindet. (Dies ist das Dreieck der Manifestation, und das Auge ist die manifestierte Kraft - das Universelle Schöpferische Prinzip, das astrale Licht des Illuminismus, denn das ist der Steinerismus). Ende der vierstündigen Zeremonie: rituelle Schläge mit dem Hammer auf die drei Würfel; die Kerzen werden gelöscht und wieder angezündet, die schwarzen Tücher der Beerdigung werden entfernt; du bist von rotem Ochsenblut umgeben (Rubin, die Farbe der Einheit); endlich ist das Licht da! ... Ite missa est! ... Du bist *eingeweiht!*

„Ich kenne keine präzisere und heimtückischere Form als den Okkultismus Steiners (dieses Satanismus des zwanzigsten Jahrhunderts).

„Dies ist die Schlussfolgerung, zu der mich meine Untersuchung geführt hat ... Steiner greift zuerst das Individuum an, dessen Fähigkeiten er entstellt; dann ruiniert er die Gesellschaft, indem er seine Adepten aus ihrer Mitte zieht; und schließlich und vor allem, indem er den Menschen zu Gott macht (den 'vergöttlichten Menschen'), trotzt sein laikales Ritual der Religion und versengt sie mit der Anarchie

Luzifers. Um diese Studie zu rechtfertigen und abzuschließen, können wir nichts Besseres tun, als M. Ferrand zu zitieren: „Die Theosophen zu kennen ist eine soziale Pflicht, sie zu entlarven eine politische Pflicht und sie zu bekämpfen eine religiöse Pflicht!"

„Fügen wir hinzu, dass der Lehrlings-Rosenkreuzer nur ein Randbereich des Rosenkreuzerordens ist. Es folgen kleinere Orden und heilige Orden, in denen die Einweihung noch weiter geht - sehr viel weiter!"

Robert Kuentz spricht von dem „unterirdischen Tempel", dem „Allerheiligsten", den Steiner damals in München baute. Ich nehme an, dass dieser Tempel die „Gruft" oder das Grab der Adepten enthielt, das in allen höheren Rosenkreuzer-Graden und Zeremonien eine Rolle spielt.

Ungeachtet des geheimen und „okkulten" Charakters von Steiners Lehren, die zur endgültigen Einweihung und zum Verlust der Persönlichkeit unter der Kontrolle dieser so genannten Geistwesen oder Meister auf der Astralebene führen, und ungeachtet seiner geheimen freimaurerischen und rosenkreuzerischen Grade, schrieb Steiner in seinem *Nachrichtenblatt zu* Weihnachten 1923:

„Die Anthroposophische Gesellschaft ist eine rein öffentliche Organisation: Politik gehört nicht zu ihren Aufgaben. (Man denke nur an die politischen und subversiven Aktivitäten Steiners!) Alle Veröffentlichungen der Gesellschaft werden der Öffentlichkeit zugänglich sein, wie die anderer öffentlicher Gesellschaften. Das Gleiche gilt für die Veröffentlichungen der Freien Hochschule für Geisteswissenschaft, wobei sich die Verantwortlichen der Hochschule von vornherein das Recht vorbehalten, Meinungen, die nicht durch die entsprechenden Qualifikationen, nämlich durch die Ausbildung, aus der die Werke selbst hervorgegangen sind, gestützt werden, die Gültigkeit abzusprechen. In diesem Sinne werden sie, wie es in der anerkannten wissenschaftlichen Welt üblich ist, kein

Urteil anerkennen, das nicht auf den erforderlichen Vorstudien beruht. Die Veröffentlichungen der Freien Hochschule für Geisteswissenschaft werden daher den folgenden Hinweis enthalten:

„Gedruckt im Manuskript für die Mitglieder der Freien Hochschule für Geisteswissenschaft, Klasse „Goetheanum"... Niemand wird für befähigt gehalten, sich über den Inhalt dieser Werke ein Urteil zu bilden, der nicht durch die Schule selbst oder in gleichwertiger, von der Schule anerkannter Weise die erforderlichen Vorkenntnisse erworben hat; andere Meinungen werden nicht beachtet: die Verfasser lehnen es ab, sie zur Grundlage einer Diskussion zu nehmen."

Der Erforscher dieser zuverlässigen (?) Geisteswissenschaft erlangt so sein Wissen:

„Er betritt mit den ihm innewohnenden Fähigkeiten (seinen erwachten inneren Sinnen!) bewußt die Welten, in denen geistige Wesen wohnen und geistige Vorgänge stattfinden. Er sieht geistige Wesen und geistige Vorgänge, und er sieht auch, wie die Wesen und die Vorgänge der physischen Welt aus dem Geistigen hervorgehen. Es ist dann seine weitere Aufgabe, bestimmte Bereiche dessen, was sich seiner geistigen Anschauung offenbart, in Form von Ideen auszudrücken... Die Schule wird ihre Mitglieder weiter in die Bereiche der geistigen Welt führen, die sich nicht in Ideen offenbaren lassen - wo es notwendig wird, die Mittel zu finden, um Imagination, Inspiration und Intuition auszudrücken. Auch hier werden die verschiedenen Bereiche des Lebens - künstlerische, erzieherische, ethische usw. - in jene Regionen geführt, wo sie das esoterische Licht und den Impuls zur schöpferischen Arbeit erhalten."

Wenn wir „astral" durch „spirituell" ersetzen und Menschen aus Fleisch und Blut, die auf der Astralebene „für spirituelle Wesen" arbeiten, kommen wir wieder auf das uralte Spiel dieser kabbalistischen Juden, die die Weltherrschaft durch leichtgläubige Dummköpfe und erleuchtete Werkzeuge anstreben und auf diese Weise alle Bereiche des nationalen, sozialen und religiösen Lebens mit ihren Zersetzungsideen und Systemen der Perversion durchdringen.

Eine andere von Dr. Steiner entwickelte Methode, um diesen verstandeszerstörenden Illuminismus herbeizuführen, ist die „Eurhythmie", die, wie in anderen okkulten Orden, aus mystischer und magischer Inspiration aufgebaut ist. Hier wird mit den verborgenen Kräften der Natur gespielt, und es wird zur Magie, schwarz oder weiß, je nach der Inspirationsquelle. Heutzutage gibt es viele einfache Formen eurythmischer, schwedischer und volkstümlicher Tänze, die völlig harmlos und sogar gesundheitsfördernd sind. Die meisten dieser Orden sind durch Mitteilungen von verborgenen Meistern größtenteils oder ganz zu versiven Zwecken aufgebaut worden; daher wäre die von ihnen inspirierte Eurythmie nicht nur für den Einzelnen, sondern auch für das Land, in dem sie gelehrt wird, eine Gefahr, denn Eliphas Levi sagt: „Schwarze Magie ist eine Ansteckung mit Schwindel und eine Epidemie der Unvernunft", worunter auch unser Land heute leidet.

Wir müssen zuerst verstehen, dass der Mensch selbst ein kleines Universum - der *Mikrokosmos* - innerhalb des großen Universums - des *Makrokosmos* - ist, das durch dieselben Gesetze gebunden und aus denselben Kräften aufgebaut ist. Der Äther durchdringt alles und verbindet alles miteinander - „wie oben so unten". In seiner „Eurhythmie" verwendet Steiner die Vokale für die planetarischen Aktivitäten und die Konsonanten für die des Tierkreises. Jahrhundert schrieb Cornelius Agrippa die fünf Vokale und die Konsonanten j und v den sieben Planeten zu; die Konsonanten *b, c, d, f, g, l, m, n, p, r, s, t* den zwölf Tierkreiszeichen; *k, q, x, z* den vier Elementen und h, die Aspiration, dem Weltgeist - dem Äther.

Weiter sagt Arthur Avalon in seiner Übersetzung aus dem Sanskrit *des Tantra der Großen Befreiung*:

„Ein Mantra besteht aus bestimmten Buchstaben, die in einer

bestimmten Reihenfolge von Klängen angeordnet sind, wobei die Buchstaben die repräsentativen Zeichen sind. Um die beabsichtigte Wirkung zu erzielen, muss das Mantra in der richtigen Weise intoniert werden, entsprechend dem Rhythmus und dem Klang ... ein Mantra ist *eine starke, zwingende Kraft,* ein Wort der Macht."

In einem der Tantras heißt es: „Ich fürchte, o Herr, dass selbst das, was Du für das Wohl der Menschen bestimmt hast, sich durch sie zum Bösen wenden wird." Ist also die Eurythmie von Dr. Steiner für das „große Gute oder für das große Böse"?

Seine Eurhythmie scheint magisch zu sein, sie erweckt und erweckt entsprechende Kräfte im Menschen und im Universum, so wie wir wissen, dass dies bei allen Zeremonien in diesen okkulten Orden geschieht. Die Schwingungen werden durch Klang, Rhythmus, Farbe und Bewegung in Bewegung gesetzt und ziehen durch ihre Polarität die feineren magnetischen Kräfte der Natur an und schaffen Verbindungen nicht nur mit gleichartigen universellen Kräften, sondern auch mit anderen Geistern, die mit denselben Schwingungen arbeiten und zweifellos denselben Grundton haben wie diejenigen, die die Eurhythmie inspiriert haben! In der *Anthroposophie* heißt es: „Die Eurythmie ist in der Tat ein Ausdruck des Liedes der Sterne, der Rede der Götter zu den Menschen." Es ist die Pfeife des heidnischen Gottes Pan, die Schwingungen der siebenstimmigen Harmonie der Planeten. Die Götter sind die Kräfte der Natur, und so repräsentierte bei den alten Ägyptern Osiris die Sonne, Isis den Mond, Apophis das zerstörende Feuer - Sonne, Mond und Feuer der Schlangenkraft, das astrale Licht, von dem Eliphas Levi sagt, dass es an sich eine blinde Kraft ist, aber unter dem Anstoß eines starken Willens die Grundlage aller Magie ist, sowohl der schwarzen als auch der weißen. Wiederum sagt *die Anthroposophie*: „Die Bewegung in der Eurythmie geht in plastisch sichtbarer Form in das *Licht* über und wird vom Auge gesehen." Diese Bewegungen ziehen also dasselbe astrale Licht an und bringen es herab, und diese Kräfte werden in das Individuum hineingezogen, das zum „Träger des geistigen Selbst" wird, oder ist es nicht der Geist eines anderen besessenen

Geistes!

Wir möchten daher fragen: Hat Steiner durch Hellsehen, Hellhören und beeindruckende Lehren, inspiriert von den Meistern oder „geistigen Wesen", seine Eurythmie entwickelt und aufgebaut? Waren diese Meister nicht dieselbe unsichtbare Macht, die alle diese okkulten Gruppen zur Verwirklichung ihrer Weltpläne lenkt und anleitet? Wenn ja, ist diese Eurythmie nicht einfach ein Mittel zur Schaffung von „Gefäßen des Lichts", Empfängern und Sendern dieser Kräfte, die hypnotisch von diesen Meistern kontrolliert werden und blindlings all ihren subtilen und geheimen Suggestionen gehorchen? Sind sie nicht nur eurhythmische Mantras, mächtige, zwingende Kräfte, die die Kundalini erwecken und Illuminismus schaffen, herbeigeführt durch die Willenskraft dieser Meister von außen?

In The *Socialist Network*, wo sie Walter Pahls Bericht über die Religion der „Jugendbewegung Deutschlands" zitiert, schreibt Mrs. Webster:

„Sie waren keine Christen mehr, also ließen sie den Körper los und begaben sich zum „ *Tanz der Erde und der Sterne in uns*", um die große Harmonie und Heiligkeit in unser Leben zurückzubringen. *Der Tanz ist in der Tat für einen großen Teil unserer deutschen Jugend das größte religiöse Gefühl.* Hier können wir die Inspiration des eurhythmischen Tanzes, der von den Steineriten in Deutschland praktiziert wird, nachvollziehen. „

In der *Anthroposophie,* der ersten Nummer der Steinerschen Vierteljahresschrift, finden wir einen Artikel über die „Eurhythmie", in dem es heißt: „Die Eurhythmie ist aus dem Wesen der anthroposophischen Geisteswissenschaft erwachsen und beruht auf dem Verständnis *der wahren Natur des Menschen und seiner Beziehung zur Erde sowie zu den planetarischen und zodiakalen Mysterien des Kosmos.*" Ist dies nicht „die Erde und die Sterne in uns" der „Jugendbewegung"?

Nochmals, um die Steineraner zu zitieren:

„Der Ätherleib bezieht seine innere Beweglichkeit aus planetarischen und zodiakalen (Sternenwelten!), also aus kosmischen Kräften ... In der Eurythmie wird die Beweglichkeit vom Ich bewusst in den physischen Leib (Erde) übertragen ... (das Ich kann diese Kräfte in die verschiedenen Körper hineinziehen). Der Lebensgeist kommt zum Ausdruck."

Dies ist die Fixierung des astralen Lichts in einem materiellen Körper; es ist die Illumination oder der Illuminismus, wie er in der Zeichnung „Anthropos" - wie oben, so unten - am Anfang der zweiten Nummer ihrer Vierteljahresschrift dargestellt ist. Erweckt nicht dieser emotionale Tanz der „Jugendbewegung" in Deutschland die Kundalini auf die gleiche Weise und zum gleichen Zweck? Und in der Tat sind beide Bewegungen ganz und gar pantheistisch!

Bei dem Versuch, die *Existenzberechtigung* des Steiner-Kults und seiner Eurythmie zu erklären, die auch heute noch in die Erziehung und die Schulen eindringt - wie es in den „Protokollen" heißt: „Umerziehung der Jugend durch neue zeitweilige Religionen" -, könnte es nützlich sein, sie mit den rhythmischen Tänzen und dem Kult der primitiven russischen Sekte „Chlysty" oder „Volk Gottes" zu vergleichen, der Rasputin, dieses zügellose und böse Genie Russlands, angehörte.

Der Kult von Dr. Rudolph Steiner ist, wie wir gesehen haben, größtenteils gnostisch und ist Manichäismus, der einen Dualismus in der Gottheit, Ungleichheit im Absoluten, Unterlegenheit in der höchsten Macht annimmt. Er ist luziferisch. Er hat die pantheistische Vergöttlichung des Menschen zum Ziel.

Die Chlysty - eine Sekte, die sich auf Christus oder vergöttlichte Menschen beruft - wird im Allgemeinen auf die Mitte des siebzehnten Jahrhunderts zurückgeführt. Jahrhunderts datiert. Der Gründer soll ein geflohener Soldat, Danila Philippovitch, gewesen sein, der seine vielen Bücher der Frömmigkeit in die Wolga warf und erklärte, dass er eine Reinkarnation von „Gottvater" sei und dass es keinen Gott außer ihm selbst gäbe, dass das einzige „Goldene Buch" der Inspiration in jedem von uns stecke; ist das nicht nur „Intuition", der Gott von Krishnamurti, der „Höhere Genius" der Rosenkreuzer, der „innere Gott" von Frau Blavatsky? Zusammen mit Ivan Timothéiévitch Souslov, seinem „Christus", wanderte er durch Russland und verbreitete seinen Kult, bei dem es sich um eine Form des Gnostizismus, insbesondere des Manichäismus und Montanismus, handeln soll. Montanus war einer grenzenlosen Zügellosigkeit des Wahnsinns und der Ekstase verfallen, wie sie bei den Chlysty zu beobachten ist; sie geben vor, die Materie zu vergeistigen, aber in Wirklichkeit materialisieren sie den Geist, und der Kult der Chlysty zeigt eine pantheistische Vorstellung von der Gottheit. Die Sekte war mehr oder weniger geheim, und der neu Aufgenommene musste schwören, alles, was er während der Zeremonien sah und hörte, geheim zu halten und lieber Feuer, die Knute, Folter und Tod zu erleiden, als seinen Glauben zu verleugnen. Außerdem war er zum Zölibat verpflichtet - abgesehen von seinem Kult!

In ihrem Kult amtierten der Vater, die Mutter, die Propheten und die Prophetinnen, und die wichtigste und beliebteste Form war die „Inbrunst". Die Inbrunst bestand aus zahlreichen rhythmischen Figuren von Kreistänzen, die sich immer mit der Sonne bewegten, sich immer belebten und von Gesängen und Ausrufen begleitet wurden, manchmal „Eva Evo!" - dem Schrei der Bacchantinnen des Gottes Dionysos, dem I.A.O. der Rosenkreuzer - die Gesänge markieren den Rhythmus der Inbrunst. Sie erzeugten die Illusion, sich wie auf Flügeln zu bewegen, und dauerten gewöhnlich viele Stunden - sie endeten manchmal mit dem Aussprechen des „Wortes" oder von Prophezeiungen, oder das Licht wurde gelöscht, gefolgt von einer sexuellen Orgie. Es dauerte nicht lange, bis sie merkten, dass sie ohne diesen Eifer nicht mehr leben konnten; eher würden sie einen Punkt des Dogmas oder eine moralische Regel aufgeben. Das Ziel des Eifers war die Herabkunft des „Geistes" oder des astralen Lichts, die Vergöttlichung und die Erschaffung von „Christus" - Illuminismus!

In seinem Buch *The Russian Sect, the People of God,* or the Khlysty (*Die russische Sekte, das Volk Gottes* oder die Chlysty), zitiert M. J. B. Severac das Folgende als Erklärung für diese Leidenschaft:

> „Die Geschichte, schreibt M. Ribot, ist zu allen Zeiten reich an physiologischen Prozessen, die dazu dienen, eine künstliche Ekstase zu erzeugen ... sozusagen die Göttlichkeit in sich selbst zu haben. Es gibt minderwertige Formen, mechanische Rauschzustände, die durch den Tanz und die rhythmische Musik der Primitiven erzeugt werden, die sie erregen und in einen Zustand versetzen, der reif für die Inspiration ist; das Soma, der Wein, die Dionysien, die Orgien der Ménades, das Blutvergießen, das in den Kulten Kleinasiens so weit verbreitet ist, die Göttin Atys, die Korybanten, die Gallier, die sich mit Schwertern verstümmeln und schneiden; im Mittelalter die Flagellanten und in unserer Zeit die Fakire und Derwische usw."

M. Séverac sagt:

> „Der Eifer des Volkes Gottes hat seinen Platz neben diesen Beispielen physiologischer Prozesse von minderer Form, die dazu bestimmt sind, diese Göttlichkeit zu erreichen."

Diese Eurhythmie von Dr. Steiner, die auch mit rhythmischer Musik unterlegt ist, wie gelehrt, wissenschaftlich und okkult auch immer durchdacht und angewandt, erreicht nicht mehr und nicht weniger als die Inbrunst dieser primitiven Gnostiker, der Khlysty. Ihr Gott ist nicht weniger und nicht mehr als der Gott des Illuminismus, das schöpferische Prinzip der ganzen Natur, und in beiden Gruppen versuchen sie, die Kundalini, die Schlange im Innern, zu erwecken, damit sie, nach beiden Überzeugungen, vom universellen „Geist" der Natur von außen „durchdrungen" werden, um den Zustand herbeizuführen, der als „Vergöttlichung" bekannt ist, ein Illuminismus, der sie, ohne es zu wissen, mit ihren „Meistern", den kabbalistischen Juden, dem

Urheber der gnostischen Mystik, vereinigen kann. So wurden sie nur ein Orakel oder ein Instrument.

Der russische Geschichtsschreiber Dmitri Merejkowski lässt eine seiner Figuren in „Pierre le Grand" das Glaubensbekenntnis der Chlysty so beschreiben, ein Glaubensbekenntnis, das auf viele mehr oder weniger entwürdigende und unausgewogene Bewegungen der heutigen Zeit zutrifft:

> „Ich will dir ein großes Geheimnis erklären: Wenn du leben willst, dann kasteie zur Ehre Gottes nicht nur deinen Körper, sondern auch deine Seele, deine Vernunft und sogar dein Gewissen. *Befreie dich von allen Regeln und allen Gesetzen, von allen Tugenden des Fastens, der Enthaltsamkeit und der Jungfräulichkeit. Befreie* dich von der Heiligkeit. Steige in dich selbst hinab wie in ein Grab. Dann wirst du geheimnisvoll tot wieder auferstehen, und in dir wird der Heilige Geist wohnen, und du wirst ihn nie verlieren, was du auch tun magst." „Er glaubte zu fliegen, ohne zu wissen, wohin er flog, ob zum Himmel oder zum Abgrund, zu Gott oder zum Teufel!"

Dies ist der Weg des Kreuzes des Illuminismus und führt ohne Zweifel in den Abgrund und in die moralische Degradierung.

In Steiners Vorträgen, die er 1918 in Stuttgart gehalten hat, bekommen wir eine sehr klare Vorstellung von seiner damaligen politischen Einstellung, und wir sind gezwungen, daraus zu schließen, dass es nicht die eines hohen geistigen Lehrers war. Hier ist ein authentisches Resümee:

> „Er spricht über den ganzen Krieg als Deutscher und erweckt den Eindruck, dass Deutschland hätte siegen müssen, und es hätte ihn gefreut. Er spricht ausführlich über die Übergriffe auf Belgien, verurteilt sie aber mit keinem Wort. Er erklärt das bolschewistische System, das er anscheinend gutheißt, denn er gibt als seine eigene Meinung an, dass nur die Arbeiter Rechte haben sollten, dass das Kapital falsch ist und verschwinden sollte, dass der Lebensunterhalt nicht von der

Arbeit abhängen darf, usw. Wenn man mit seinem Geld z.B. einen Mantel kauft, dann kauft man die Arbeit von Menschen, und er verurteilt das! Mit Geld sollte man nur Waren kaufen dürfen. (Er erklärt keine Widersprüche.)

„Ein Kunstwerk ist, sagen wir, in Rom; ein 'Bourgeois' (Kapitalist) kann dorthin fahren, um es zu sehen; sein Geld wird die Arbeit vieler Eisenbahner usw... befehlen, um ihm den Anblick dieses Kunstwerkes zu ermöglichen. Warum sollte ein armer Arbeiter, dem es ebenso gehört wie dem Bourgeois, es nicht sehen? Die Kunstwerke sollten überall zu den Arbeitern gebracht werden. Geld, das mit Zins und Zinseszins auf einer Bank liegt, wird sich in vierzehn Jahren verdoppeln, und doch wird der Kapitalist untätig geblieben sein. Geld ist die Macht, sich die Arbeit anderer anzueignen!

„Es gibt in England okkulte Gesellschaften, die die englische Politik inspirieren. Sie kennen den Lauf der Evolution für die nächsten Jahrzehnte und nutzen ihr Wissen zum materiellen Vorteil Englands. Die Engländer werden versuchen, die Völker östlich des Rheins (Mitteleuropa und Russland) in einem schwachen Zustand zu halten, indem sie sozialistische Institutionen unter ihnen aufrechterhalten, um ihre Arbeit als Sklaven zum Nutzen des britischen Imperiums als Herren auszubeuten.

„Es sind die englischen Okkultisten, die den Sturz des Zaren und die Machtübernahme durch den Bolschewismus verursacht haben. Sie machen sozialistische Experimente auf Kosten von Russland und Mitteleuropa. Da aber das englischsprachige Volk (England und Amerika) nur einen materialistischen Okkultismus entwickeln kann, der letztlich seine Entwicklung zerstören würde, werden sie die anderen Arten des Okkultismus, die ihre Opfer entwickeln werden, zu ihrem Vorteil nutzen - den hygienischen Okkultismus der Deutschen und den eugenischen Okkultismus der Russen und Asiaten.

„Die englischen Okkultisten sind bereits im Besitz von Kenntnissen, die es den Arbeitgebern bald ermöglichen werden, ihre Maschinen mit einer Kraft zu betreiben, die die meisten Arbeiter ausschalten wird. Die Masse der untätigen Arbeiter wird sich in Wut auflehnen, aber die englischen Okkultisten kennen die Mittel, die sie unterwerfen werden. (Steiner erklärt die Mittel nicht!). Die Ursache der gegenwärtigen Unruhen in Europa ist das, was ein 'fauler' Klerus seit langem in den Kirchen predigt, weil seine Predigten keinen Bezug zu den Menschen und zum Leben haben. Steiner erklärt ausführlich, was die Bolschis wollen und was sie getan haben. Während er keine Gelegenheit auslässt, die Kirchen zu beleidigen, ist er in Bezug auf die Bolschewisten sehr höflich und achtet sogar darauf zu sagen, dass er sie nicht kritisiert. Wenn er erklärt, was sie mit ihren Gegnern gemacht haben, benutzt er nicht das Wort „Mord" oder gar „Hinrichtung"; er sagt, sie hätten sie „verjagt" oder sich ihrer entledigt.

Über die britische Politik sagt er, sie sei sehr mächtig und werde es schaffen, die Welt zu regieren, weil sie im Wesentlichen egoistisch sei; er sagt, Egoismus dürfe nicht kritisiert werden, da er Teil der Evolution, der Entwicklung des Selbstbewusstseins sei. Die Franzosen sind fertig, denn ihre Qualitäten der Logik, des Intellekts, der Vernunft usw. sind lediglich die Vervollkommnung der römischen Zivilisation. Die einzige Nation auf der Welt, die Recht von Unrecht unterscheiden kann, ist die deutsche Nation (1918)! Steiner ist offenbar so sehr darauf bedacht zu zeigen, dass er meint, was er sagt, dass er hinzufügt: „Die anderen Nationen verstehen davon überhaupt nichts." Deutsche Politik ist immer idealistisch!

„Das Telefon, das Radio, die Schnellzüge und andere moderne Annehmlichkeiten wurden uns auf Kosten des Elends von Millionen von Arbeitern zur Verfügung gestellt. Es war für die frühen englischen Theosophen in der zweiten Hälfte des neunzehnten Jahrhunderts sehr einfach, die neue Lehre in ihren bequemen, mit Kohle geheizten Zimmern anzunehmen, die unter schrecklichen Bedingungen gewonnen wurden, an die sie nie einen Gedanken verschwendeten. Die Menschheit als kollektives Ganzes steht kurz davor, die Schwelle mehr oder weniger bewusst zu überschreiten, und dieser bedeutsame Schritt wird vom Proletariat vollzogen werden. Wenn das Denken des Proletariats noch chaotisch und falsch ist, dann deshalb, weil es noch immer die bürgerliche Mentalität imitiert.

„Schon 1880 wussten die anglo-amerikanischen okkulten Führer, die die politischen Führer lenkten, vom kommenden Weltkrieg und bereiteten ihn vor. Die deutschen Führer wussten nichts und wollten sich nicht warnen lassen, deshalb haben sie verloren! Der physische Krieg wurde von England leicht gewonnen, aber ihm wird ein geistiger Krieg zwischen Ost und West (Ost-Indien, Russland und Deutschland; West-Anglo-Amerika) folgen, der für den Westen viel gefährlicher sein wird. Ein Beispiel. Indien, das halb verhungert ist (laut Frau Besant!), wird rebellieren und von mächtigen geistigen Kräften aus seiner Vergangenheit unterstützt werden. Deutschland muss seine Mission erfüllen, sonst wird die europäische Zivilisation ruiniert werden.'

Bemerkungen. - Von Anfang bis Ende beschimpft Steiner in diesem Kurs von etwa acht Vorträgen fast ununterbrochen alle und alles außer sich selbst und seine Lehren. Er zieht immer wieder allgemeine und sogar kosmische Schlussfolgerungen aus rein lokalen deutschen Verhältnissen (z.B. die autokratische Herrschaft der Regierung über Erziehung, Religion und Presse) und droht der ganzen Welt mit schrecklichen Katastrophen, wenn diese Verhältnisse nicht geändert werden. Er ist offensichtlich der Meinung, dass Deutschland in der gesamten kosmischen Evolution an DER Spitze steht und der Rest nirgendwo.

Auf die Frage, was aus Geld und Kapital in seinem „Dreifach"-Schema wird, sagte er, dass er sich über solche Details keine Gedanken machen muss, da sein Schema so klar auf einer praktischen Basis beruht, dass sich jedes Detail von selbst in die richtige Richtung entwickeln wird!

In diesem verrückten, kommunistischen Plan eines „dreifachen Staates", der wiederum aus dieser gefährlichen

„Geisteswissenschaft" unter der Leitung unbekannter Astralwesen entwickelt wurde, befürwortete Steiner, dass alle Nationen, Völker und Rassen in *drei internationale*, unabhängige, autonome Korporationen (kopflos, wie jemand bemerkte!) aufgeteilt werden sollten - geistig (Religion und Erziehung), politisch und wirtschaftlich. Und um die enormen Kosten dieses zersetzenden Plans zu decken, gründete er eine Aktiengesellschaft mit dem Namen „Der Kommende Tag Act" oder, wie in England bekannt, „Futurum, Ltd", die jedoch bald als zu kommunistisch für englische Ideen befunden und geschlossen wurde. Zu ihren Unterstützern gehörten der verstorbene Dr. Carl Unger und Dr. Arensohn.

Ein weiteres Experiment Steiners, das auf dieser „Geisteswissenschaft" basiert, ist seine „Neue Therapie", und um die Ergebnisse dieser so genannten „anthroposophischen medizinischen Forschung" zu verbreiten, wurde am 19. Januar 1925 die britische Weleda Co. gegründet, mit einem Kapital von 2.000 Pfund in 1-Pfund-Aktien. Die ersten Direktoren waren Daniel Nicol Dunlop, Heinrich Dank, ein Österreicher, und Josef Emanuel Van Leer, ein Niederländer. Die International Laboratorien aus Arlesheim in der Schweiz hielten am 5. März 1925 1.050 Aktien, die sie für den Verkauf von Rechten an bestimmten Arzneimitteln im Britischen Empire (außer Kanada) erhielten. Das Unternehmen wird als „Chemists and Druggists" (Chemiker und Drogisten) beschrieben; Büro, 21 Bloomsbury Square.

In seinen Laboratorien führte er seine „Forschungen für die zukünftige Medizin - die Kunst des Heilens durch geistiges Wissen" durch. Er hatte keinen medizinischen Abschluss, sondern stützte seine „Neue Therapie" offenbar auf psychische Untersuchungen, wobei er behauptete, die Vorgänge draußen in der Natur und ihre Beziehungen zu den Vorgängen im menschlichen Körper zu sehen, und er behauptete, durch spezielle Verfahren die erforderliche Pflanzenaktivität anhalten und im menschlichen Organismus als kinetische Energie freisetzen zu können, die kosmische Energie einschließt! Wir überlassen es denjenigen, die noch frei von dieser bewusstseinszerstörenden „Geisteswissenschaft" sind, sich der möglichen Gefahr bewusst zu werden, ihren Geist und Körper dieser neuen und psychischen Therapie zu unterwerfen.

Da Dr. Steiner selbst erklärt hat, dass „alle Veröffentlichungen der Gesellschaft der Öffentlichkeit zugänglich sein werden, wie die anderer öffentlicher Gesellschaften", möchten wir allen Mitgliedern der Anthroposophischen Gesellschaft und allen, die an Dr. Steiners Lehren interessiert sind, dringend raten, sich nicht nur diese etwa acht Stuttgarter Vorträge zu besorgen, sondern auch Steiners *Apologia Germanica*, die er am Ende des Krieges geschrieben hat. Ob sie die Ausbildung erhalten haben, die Dr. Steiner für das wahre Verständnis dieser Lehren für unerlässlich hält, oder nicht, können sie selbst beurteilen, ob es sich um die Lehren eines geistigen Führers handelt, dessen Ziel es ist, „das Leben und den Verstand des Menschen den wahren Dingen des Geistes zuzuwenden", oder um einen Illuminaten, der subversiv und revolutionär ist und die Zerstörung des gesamten nationalen Lebens, der alten Systeme und des Christentums selbst anstrebt, wie Herr Dunlop uns glauben machen will.

KAPITEL IV

DIE STELLA MATUTINA UND DIE ROSAE-RUBEAE ET AUREAE CRUCIS

Wir sind im Besitz eines der Originalexemplare einer kurzen Geschichte der Stella Matutina, die Dr. Felkin 1912 verfasste, bevor er zum ersten Mal nach Neuseeland ausreiste. Er ging dorthin, um einen Tempel in Havelock North zu gründen, vor allem auf Anregung eines Londoner Mitglieds, eines Vaters der Gemeinschaft der Auferstehung und von Mirfield, einer Ausbildungsstätte für junge Geistliche, der in Neuseeland Missionsarbeit geleistet hatte, und gleichzeitig ein wenig Propaganda für die Stella Matutina. Im Jahr 1921, als zwei der Londoner Chiefs, die den Verdacht hatten, dass der Orden subversiv sei, sich gegen Dr. Felkin stellten und genauere Informationen und Untersuchungen über die wahre Natur der SM und seine jüngere deutsche Verbindung forderten, wurde diese Geschichte auf ihre Bitte hin von einem der ursprünglichen Chiefs, Dr. Wynn Westcott, durchgesehen und kommentiert, der am Ende schrieb: „Ich stimme allem zu, was ich nicht markiert habe - *(Unterschrift)* Sapere Aude 5-6; Non Omnis Moriar 7-4", wobei es sich um seine äußere und innere Devise handelt. Außerdem riet er den beiden Oberhäuptern davon ab, irgendwelche Ordensdokumente, die sich zu diesem Zeitpunkt in ihrem Besitz befanden, an Dr. Felkin oder seine Beauftragten auszuhändigen, solange keine endgültigen und zufriedenstellenden Informationen zu erhalten waren. Seit 1919, als der Verdacht zum ersten Mal geäußert wurde, hat eine kleine Gruppe Nachforschungen angestellt, und der Verdacht hat sich allmählich erhärtet.

Der Orden der „Stella Matutina" oder, wie er in den Original-MSS genannt wird, *„The Order" of the Companions of the Rising Light of the Morning - the Golden Dawn in the Outer;"* wurde aus bestimmten Ziffern-MSS aufgebaut, die ein Geistlicher, der Rev. A. F. A. Woodford, 1884 in einem alten Bücherstand in der Farringdon Street fand. Diese brachte er zu Dr. Woodman und Dr. Wynn Westcott, beides bekannte und hochrangige Freimaurer, die in der Kabbala gelehrt waren; die MSS bestanden aus Notizen und groben Diagrammen für die fünf Rituale des Äußeren Ordens - O-O bis 4-7 - sowie aus bestimmten Vorträgen über elementares okkultes und kabbalistisches Wissen. Diesen MSS. war, wie es hieß, ein Brief in deutscher Sprache beigefügt, in dem es hieß, dass jeder, der diese MSS. entziffern und mit „Sapiens Dominabitur Astris", c/o Fräulein Anna Sprengel, wohnhaft in Hannover, in Verbindung treten wolle, interessante Informationen erhalten würde. Nachdem sie die MSS entziffert hatten, wurden sie von der S.D.A. aufgefordert, die Rituale auszuarbeiten, was von einem Freimaurer, MacGregor Mathers, mit Unterstützung von Dr. Wynn Westcott getan wurde. Schließlich schrieb S.D.A. an Wynn Westcott und ermächtigte ihn, seinen (oder ihren) Namen auf jedem für die Gründung eines Ordens notwendigen Dokument zu unterschreiben, und versprach später weitere Rituale und fortgeschrittene Lehren, wenn der vorläufige Orden erfolgreich sei. Am 1. März 1888 wurde ein Warrant nach einem in den MSS enthaltenen Entwurf erstellt und von Dr. Woodman, MacGregor Mathers und, für S.D.A., von Wynn Westcott unterzeichnet, die alle drei den Ehrengrad 7-4 von S.D.A. erhielten, so dass sie als Häuptlinge im neuen Tempel fungieren konnten.

Zwischen diesen Männern und S.D.A., c/o Fräulein Anna Sprengel, wurden mehrere Briefe ausgetauscht, aber keiner von ihnen ist ihr jemals begegnet, und es wurde nie etwas anderes bekannt, als dass Anna Sprengel 1893 in einem obskuren deutschen Dorf starb. Die MSS enthalten weder ein Datum noch eine Adresse, noch sind sie von einem Adepten unterzeichnet, außer in dem Begleitbrief. Bei der Entzifferung stellte sich heraus, dass sie in englischer Sprache verfasst waren, obwohl die erhaltenen Briefe auf Deutsch waren. Daher sind wir zu der

Überzeugung gelangt, dass diese MSS. nicht das Werk der S.D.A. waren und zweifellos für den Gebrauch englischsprachiger Leute bestimmt waren, möglicherweise mit der Absicht, England und die englische Freimaurerei zu durchdringen, und dass sie von einem Mitglied, das England besuchte, absichtlich am Bücherstand deponiert wurden.

Unter anderen Anweisungen, die in den MSS gegeben werden, finden wir: „Meide die römischen Katholiken, aber mit Mitleid"; und die Verpflichtung, die bei der Initiation eingegangen werden muss, war: „Der Kandidat, der um das Licht bittet, wird zum Altar geführt und gezwungen, eine Verpflichtung zur Verschwiegenheit einzugehen, bei Strafe des Ausschlusses und des Todes oder der Lähmung durch die feindliche Willensströmung." In der ausgearbeiteten Version wurde daraus: „Zusätzlich (zum Ausschluss) unter der furchtbaren Strafe, dass ich mich freiwillig einem tödlichen und feindseligen Willensstrom unterwerfe, der von den Ordensoberen in Gang gesetzt wird und durch den ich ohne sichtbare Waffe erschlagen oder gelähmt werde, als ob ich von einem Blitz getroffen werde."

A.E. Waite zitiert in seiner *Brotherhood of the Rosy Cross*, 1924, aus den *Transactions and History* of the „Societas Rosicruciana in Anglia" und rekapituliert viele der oben genannten Informationen über den „Isis-Urania-Tempel der hermetischen Studenten des Golden Dawn", dessen hebräischer Name „Chabreth Zerech Aur Bokher" lautet. Waite kommt zu dem Schluss, dass diese Chiffre-MSS. nach 1880 entstanden sind (aber möglicherweise waren sie Teil der Reorganisation von Weishaupts Illuminaten im Jahr 1880). „Neben dem *Neophyten gab es* vier Grade (die vier Elemente oder das Tetragrammaton) - *Zelator, Theoricus, Practicus und Philosophus*; außerdem einen Untergrad, das Portal, das vom Golden Dawn" zum *Rosoe Rubeae* et *Aureae Crucis*, dem Inneren Orden, führte. Abgesehen von den kryptischen MSS und MSS, die MacGregor Mathers in Bibliotheken fand, wurde der größte Teil der frühen Lehre - die immer noch in der Stella Matutina verwendet wird - hellsichtig von Mrs. Mathers, einer Schwester von M. Henri Bergson, des jüdisch-französischen Schriftstellers, von den „Verborgenen und geheimen Häuptlingen des Dritten Ordens"; gegen ihren Willen wurde sie dazu gebracht, einen Eid der Geheimhaltung abzulegen, bevor die Lehre gegeben wurde, und es wurde später von diesen unbekannten Häuptlingen gesagt: „Im Falle von Mathers, dem früheren Häuptling, gab es einen menschlichen Adepten (als Vermittler oder ätherisches Bindeglied), und auch ihm wurde eine Kommunikation durch Hellsehen, Hellhören und sionalen Unterricht gegeben, wodurch ihm die wahre Interpretation der bestehenden MSS. ihm gegeben wurde.' Mathers war, wie wir feststellen, auch politisch unter diesen geheimen Oberhäuptern tätig und mit Krieg und militärischen Angelegenheiten befasst.

Im Jahr 1897 trat Dr. Wynn Westcott aus dem Orden aus und nahm von da an nicht mehr aktiv oder offiziell an der Arbeit teil. Er selbst gab als Grund an, dass der Vorsitzende der Coroners' Society in London gehört hatte, dass er Magie lehrte, und ihn dazu brachte, aus dem Orden auszutreten.

René Guénon schreibt in *Le Théosophisme*, 1921: „Die englische Geheimgesellschaft 'The Order of the Golden Dawn in the Outer' ist eine Gesellschaft von Okkultisten, die sich mit der höchsten praktischen Magie befasst und dem Rosenkreuzertum ähnelt. Männer und Frauen sind gleichberechtigt zugelassen. Es gibt drei Hauptamtsträger. *Imperator, Praemonstrator* und *Cancellarius*". Er sagt weiter, MacGregor Mathers schreibt in einem Brief, *Lucifer* Juli 1889: „Diese Gesellschaft studiert die westlichen Traditionen ... Die Theosophische Gesellschaft steht in freundschaftlicher Beziehung zu ihnen." Der Brief trägt die folgenden Leitsprüche: „Sapiens dominabitur astris (der kontinentale Adept), Deo duce comite ferro (Mathers), Non omnis moriar (Westcott), Vincit omnia veritas (Woodman)." Es endet mit diesen Worten: „Veröffentlicht im Auftrag des Oberen, 'Sapere Aude' (Westcott), Cancellarius in London." René Guénon fährt fort, dass in den Jahren 1899 und 1903 in Paris ein Versuch von Herrn und Frau MacGregor (Mathers), den Isis-Kult wiederherzustellen, viel Aufsehen erregte. Herr MacGregor Mathers vertrat die G.D. in Paris und war Mitglied der

Theosophischen Gesellschaft.

In *der Chronicle* vom 19. März 1899 wurde ein Bericht über diesen Versuch veröffentlicht, in dem es heißt

„M. Jules Bois, der Literat ... entdeckte hier kürzlich einen Hohepriester und eine Hohepriesterin der Isis ... und veranlasste sie, ihre 'Andacht' öffentlich im Bodinière-Theater zu vollziehen ... Dieses Paar von Anhängern antiker Gottheiten gibt an, während ihrer Reisen in Ägypten zu der seltsamen und leidenschaftlichen Mystik der Isis-Verehrung bekehrt worden zu sein. Sie geben vor , dass sie die Riten und Zeremonien dieser Religion kennen, und seit einiger Zeit praktizieren sie ihre Andacht in einer unterirdischen Kapelle, die sie in ihrem Haus eingerichtet haben ... Nach einleitenden Gebeten führte die Hohepriesterin die Zeremonie der „Enthüllung der Götter" durch, und dann beschwor sie Isis mit solcher Leidenschaft und Kraft ... Sie rettete die Situation ..., die sonst ins Lächerliche hätte kippen können ... Zum Schluss ... wurden die Männer (im Publikum) mit ein paar Getreidekörnern versorgt, die, auf dem 'Altar' deponiert, Erfolg in dem Unternehmen bringen sollten, das sie in der Hand hatten, auch wenn es politischer und weltlicher Natur war."

A. E. Waite war ein frühes Mitglied des „Golden Dawn", aber bei einem Treffen in Dr. Felkins Haus im Jahr 1903 kam es laut Dr. Felkins Geschichte „zu einer Spaltung, da Waite und seine Anhänger die Existenz des Dritten Ordens leugneten, sich weigerten, Prüfungen im Inneren abzulegen, jede okkulte Arbeit ablehnten und sagten, sie müssten auf rein mystischer Grundlage arbeiten. Es wurde ein Konkordat zwischen den beiden Tempeln ausgearbeitet, das jedoch 1912 beendet wurde, da es sich für beide Seiten als nicht praktikabel erwies. Als Waite und diejenigen, die sich mit ihm abspalteten, den Tempel verließen, nahmen sie bestimmte Besitztümer mit und behielten den Namen „Golden Dawn" bei, und aus Dr. Felkin und seinen Anhängern wurde schließlich die politisch-pseudoreligiöse „Stella Matutina", ein Tempel der Medialität. Waite benutzte immer noch dieselben magischen Rituale, allerdings in etwas abgewandelter Form, um seinen mystischen Vorstellungen zu entsprechen. Um 1915 hörte er auf, das Oberhaupt des „Golden Dawn" zu sein, und bald darauf löste sich die Vereinigung auf. Er gründete jedoch einen neuen Tempel, den er „Rosenkreuz" nannte, und wir haben Grund zu der Annahme, dass er immer noch die alten Rituale der Cypher MSS verwendet und somit die Verbindung zu den unbekannten kontinentalen Rosenkreuzern und Illuminaten aufrechterhält.

Seit Anfang der neunziger Jahre wird die „Stella Matutina" (damals als „Golden Dawn" bekannt) von unbekannten Anführern geleitet und angeleitet, die unter verschiedenen Pseudonymen agieren. Merkwürdigerweise wurde einmal behauptet, dass Dr. Falk, der kabbalistische Jude, der 1742 nach London kam, der Autor der ursprünglichen Chiffren-MSS war, aber dafür kann man sich nicht verbürgen. In diesem Orden hören wir zum ersten Mal von ihnen als „The Hidden and Secret Chiefs of the Third Order", unter denen Mathers und seine Frau arbeiteten. Im Jahr 1900 revoltierte der Londoner Tempel gegen Mathers, der „ein Manifest an die (inneren) T.A.M.-Mitglieder herausgegeben hatte, in dem er persönliche Loyalität zu ihm forderte ... und dieses Manifest wurde von den leitenden Mitgliedern in London sehr übel genommen." Es wurde eine Versammlung abgehalten, und er wurde abgesetzt. In einem interessanten Dokument, das während dieser Revolte in London gedruckt wurde, wird Mathers als „the Earl of Glenstrae, otherwise Count MacGregor" beschrieben, und sein Abgesandter, der aus Paris entsandt wurde, um in Mathers' Namen den Londoner Tempel und dessen Besitz in Besitz zu nehmen, ist unter den Namen „E. A. Crowley, Aleister MacGregor, Graf Svareff ... kam in Highland-Kleidung, mit einer schwarzen Maske über dem Gesicht und einem Plaid über Kopf und Schultern, einem riesigen goldenen oder vergoldeten Kreuz auf der Brust und einem Dolch an der Seite!" Es ist unnötig zu sagen, dass der Bluff aufflog und Crowley nach einigen Schwierigkeiten entfernt und ausgeschlossen wurde. Während dieses Aufstandes schrieb Mathers am 2. April 1900 an die „Rebellen":

„Ich weiß also ... wenn die Großen Adepten dieses Planeten, die noch im Körper des Fleisches sind, die Geheimen Oberhäupter unseres Ordens bei mir sind ... und ich sage euch ganz offen, dass, wenn es *möglich wäre*, mich von meinem Platz als sichtbares Oberhaupt unseres Ordens zu entfernen - was wegen gewisser magischer Verbindungen nicht ohne meine Zustimmung möglich ist -, ihr nichts als Zerrüttung und Ärger über euch alle kommen sehen würdet, bis ihr ein so schweres Karma gesühnt habt, wie das, sich einem Strom zu widersetzen, der am Ende eines Jahrhunderts gesandt wurde, um einen Planeten zu regenerieren. Und zum ersten Mal, seit ich mit dem Orden in Verbindung stehe, werde ich meine Bitte an die Obersten Häupter formulieren, dass *der Strafstrom* gegen diejenigen gerichtet werden kann, die rebellieren, sollten sie es für ratsam halten."

Im Jahre 1902 nahmen Dr. Felkin und das Oberhaupt des Edinburgher Tempels „Amen Ra" über die „Sonnenmeister" Kontakt zu diesem Dritten Orden auf. Dies waren die verborgenen Meister eines noch immer bestehenden Sonnenordens, dem diese Häuptlinge angehörten und der eng mit dem „Golden Dawn" verbunden war und diesen beeinflusste und der irgendwann in den frühen neunziger Jahren in Edinburgh gegründet wurde. In der Geschichte heißt es, dass nach dem Aufstand von 1900 „beschlossen wurde, dass der Orden von einem zehnköpfigen Komitee geleitet werden sollte. Dies ging ein Jahr lang, war aber nicht sehr zufriedenstellend, und dann wurde beschlossen, zur Herrschaft von drei Häuptlingen zurückzukehren, und Fratres L.O., F.R. (Dr. Felkin) und S.S. (Edinburgh) wurden zu Häuptlingen ernannt (3. Mai 1902)." Am 28. Mai 1902 sagte Dr. Felkin:

„Wir möchten Ihnen versichern, dass wir voll und ganz mit der Ansicht übereinstimmen, dass, wenn der Orden tatsächlich ohne die Führung und Inspiration höherer Intelligenzen ist, sein Grundgedanke verloren ist. Einige Mitglieder sind jedoch auf die Idee gekommen, dass es möglich sein könnte, eine Verbindung zum Dritten Orden wiederherzustellen, indem man zur ursprünglichen

Verfassung zurückkehrt. Es gibt nun greifbare Gründe für die Annahme, dass dieser Schritt nicht vergeblich war, und obwohl wir als nominelle Oberhäupter nicht leichtfertig irgendeiner Kraft, Macht oder einem Wesen, das vorgibt, als der Dritte Orden zu handeln, die Treue halten werden, scheinen uns die Aussichten ermutigend genug, um unsere eigene fortgesetzte Tätigkeit im Orden zu rechtfertigen, und wir schlagen auch Ihre Mitarbeit vor."

Diese Meister kontrollierten und leiteten sowohl den Äußeren als auch den Inneren Orden auf diese Weise bis mindestens 1911-13 - dies schloss Anweisungen zu Ritualen und Tempelvorschriften ein und sogar ihre Haltung zu Waite, der sich schlecht von ihnen trennte.

Im Jahr 1909 wurde ein Gelöbnis gefordert, das zu unterzeichnen war, bevor diese Meister den Häuptlingen weitere und höhere Lehren erteilten; es verpflichtete sie zu absolutem Glauben an die Botschaften, Lehren und Rituale, die von diesen unbekannten Wesen gegeben wurden, und besagte:

„Frater F.R. (Dr. Felkin) - Deine Mitteilung wurde den inneren und geheimen Chefs vorgelegt, die den Orden des R.R. et A.C. regieren, und in ihrer Antwort sagen sie - die Kommunikationen mit dem Dritten Orden (geheim) werden wieder aufgenommen, aber nur durch die gegenwärtigen Mittel, und du sollst bei allem, was du am furchtbarsten und heiligsten hältst, ein Gelübde ablegen, dieses Mittel niemals an sterbliche Menschen zu verraten... Es hat immer eine Verbindung zwischen dem Zweiten und dem Dritten Orden in jedem Tempel gegeben, der Lehren empfängt, durch die solche Lehren gegeben werden... Ein Mitglied unseres Rates, das auch ein Adept des Dritten Ordens des RR et A.C. ist, in der Überzeugung, dass es im Tempel von Amoun ernsthafte, gläubige und nach Fortschritt strebende Schüler gab, war bereit, als Vermittler zu fungieren und Mitteilungen und Belehrungen durchzulassen. Du musst verstehen, dass dies der erlaubte Weg ist und dass es keinen anderen gibt ... Eine kleine und treue Schar ist weitaus mächtiger als ein großer, gegen sich selbst gespaltener Körper. Sei daher guten Mutes ...

wenn das folgende Gelöbnis ... geschrieben und von jedem Mitglied des Ordens unterschrieben wird, das berechtigt ist und wünscht, weitere Belehrungen im R.R. et A.C. zu erhalten, wird der Adept, den ich erwähnt habe, um Erlaubnis bitten, die Kommunikation wieder aufzunehmen: Ich erkläre in Anwesenheit und im Namen aller, die ich am meisten fürchte und heilig halte, dass ich voll und ganz an die Echtheit der Botschaften und Mitteilungen, der Lehren und der Rituale des Ordens der ... glaube, dass ich nicht weiß und auch nicht zu wissen suche, wie sie übermittelt oder empfangen werden, dass ich sie aber ohne Zweifel von dem dazu bestimmten Medium empfange und dass ich, wenn ich später von Zweifeln heimgesucht werde, diese Zweifel nur den Meistern offenbaren werde. Ich werde in keinem Fall versuchen, direkt oder indirekt den Glauben eines anderen zu zerstören oder zu schwächen, sondern werde im Gegenteil versuchen, Zweifel zu beseitigen und den Glauben zu bestätigen. Ich werde weder etwas bringen, noch werde ich es tun. Ich höre mir keine Anschuldigungen oder Unterstellungen schlechten Glaubens gegen einen meiner Ordensbrüder oder -schwestern an, aber ich werde jeden zurechtweisen, der dies vor mir versucht, und ihn an sein Versprechen der Brüderlichkeit erinnern. Und sollte ich in der Vergangenheit jemals gegen das Gelöbnis verstoßen haben, so verspreche ich, dass ich es nach bestem Wissen und Gewissen wiedergutmachen werde. Und dies gilt auch für alle Mitteilungen des Dritten Ordens des R.R. et A.C., die von den Meistern des (Sonnen-)Ordens durch das von ihnen bestimmte Medium verbürgt werden können. Sollte ich mich schließlich irgendwann nicht mehr in der Lage sehen, dieses Versprechen einzuhalten, werde ich meinen Brüdern und Schwestern des Ordens nichts sagen, was ihren Glauben schwächen könnte, sondern ich werde stillschweigend in den Schwebezustand übergehen."

Wir haben Grund zu der Annahme, dass dies aufgenommen und unterschrieben wurde, denn der oben genannte Chef schreibt den zweiten April 1911:

„Bisher habe ich den Meistern vollkommen vertraut und ihren Rat befolgt."

Hier ist eine weitere kuriose und interessante Mitteilung, die Dr. Felkin von diesem Dritten Orden erhalten hat:

Ordo R.R. et A.C.

„Die inneren und geheimen Oberhäupter des Dritten Ordens, an den V. H. Frater F. R. Imperator des Amoun-Tempels, zum Gruß.

„Hiermit, durch die Hand unseres Schreibers Q.M., sanktionieren und genehmigen wir den allgemeinen Gebrauch des Rituals 5-6, das zur Genehmigung geschickt wurde und das wir hiermit zurücksenden. Die Verzögerung bei der Genehmigung war unvermeidlich, da kein Wort, kein Buchstabe und kein Symbol eines Rituals nach der einmaligen Genehmigung durch die Konstitution des Ordens rechtmäßig geändert werden darf, es sei denn mit der Zustimmung eines Rates des Dritten Ordens, der nur gelegentlich zusammentritt, oder aufgrund von Vollmachten, die er bestimmten Adepten erteilt. Dennoch sollt ihr das bisher gebräuchliche Ritual nicht gänzlich verwerfen, sondern dasselbe und die Kopien davon, die ihr habt, zum Nachschlagen und zum Gebrauch bei besonderen Anlässen aufbewahren, wenn dies angeordnet wird, aber ihr braucht keine neuen Kopien zu machen.

„Das Kennwort für die folgenden sechs Monate lautet: Osiris Onophris-Osiris der Gerechte, was bedeutet, dass euer Eifer und der Fortschritt eures Tempels bei den Inneren Oberhäuptern des Dritten Ordens Anklang gefunden haben und dass ihr dadurch gerechtfertigt seid, und es bedeutet auch, dass eure Hoffnungen und euer Vertrauen auf denjenigen gerichtet sein müssen, den der Herr des Universums (I.A.O. - das Schöpferische Prinzip) gerechtfertigt hat, egal welchen Namen die Menschen ihm geben. Lebt wohl."

Außerdem zeigt das Folgende, wie ahnungslose Adepten von diesen Meistern kontrolliert und benutzt werden, 19. Mai 1902:

„Als er zu dir kam, geschah dies nicht aus eigenem Antrieb, sondern aufgrund eines Impulses der Oberhäupter des Dritten Ordens, die seine Aura als Mittel zur Prüfung und Untersuchung deiner Person nutzen wollten. Aber das war ihm gänzlich unbekannt, er wurde unbewusst benutzt."

Um 1908 tauchte plötzlich ein anderer Astrallehrer auf, ein Araber - Ara Ben Shemesh; er sagte am 26. Januar 1909, er sei gekommen

„Der Tempel in der Wüste", und diejenigen, die dort leben, sind die „Söhne des Feuers". Es gibt drei Ränge - *Neophyten oder Katechumenen; die Angenommenen* und *Bewährten*; und die *Eingeweihten*. Die letzten sind diejenigen, die wir Meister nennen. Sie leben in persönlicher Gemeinschaft mit dem Göttlichen (vergöttlicht), und da sie nicht mehr an das Fleisch gebunden (befreit) sind, ist ihr materielles Leben eine reine Willensangelegenheit. Solange sie als Lehrer gebraucht werden, können sie weiterhin das irdische Tabernakel bewohnen. Wenn sie ihre Aufgabe erfüllt haben, müssen sie nur noch aufhören zu wollen, und sie werden entmaterialisiert. Christian Rosenkreutz kam zu uns und lernte viel. Von uns hat er die Buchstaben C.R. übernommen, die wahre Deutung ist eines der großen Geheimnisse des Universums."

Der Tempel, so sagte er, befinde sich im Nahen Osten - Mesopotamien -, und er erklärte, er sei ein persönlicher Lehrer der Felkins, aber allmählich und heimtückisch beherrschte und kontrollierte er den Orden und bereitete den Orden und seine Mitglieder nicht nur in England, sondern auch in Neuseeland auf die Rolle vor, die sie im Drama dieser großen Weltbewegung spielen sollten, die, wie er sagte, die „Vereinigung von Ost und West" herbeiführen sollte. Gegen Ende des Jahres 1918 war diese Arbeit in Neuseeland zu seiner Zufriedenheit abgeschlossen, aber der Londoner Tempel, Amoun, würde neue Lehren erhalten, die sie nur schwer verinnerlichen könnten, sagte er. In den Jahren 1917-19 unternahmen der Herr des Lichts - der kabbalistische „Fürst der Gesichter", der Übermittler des Lichts - und seine Zwölf Brüder den Versuch, diesen Tempel durch ein Dreieck von

Adepten in Besitz zu nehmen und zu kontrollieren, wie später erläutert wird.

Außerdem soll Christian Rosenkreutz, das mystische und vielleicht völlig mythische Oberhaupt der Rosenkreuzer, in der Gruft des R.R. et A.C. kontaktiert worden sein, und es wurde auch gesagt, dass er um 1926-33 reinkarnieren sollte, indem er sich eines erwachsenen Körpers bemächtigte - verdächtig wie Besessenheit; schließlich finden wir diese Meister, die einen Christus (solar) mit Lichtkreuz und roten Rosen verkörpern - ein Symbol dessen, was von allen so kontrollierten Adepten erwartet wird - Kreuzigung durch Leiden und absolute Aufopferung ihrer eigenen Individualität am Kreuz des Illuminismus - ein wahrer Christian Rosenkreutz!

Um noch einmal auf Dr. Felkin und die Geschichte seiner Leiterschaft zurückzukommen. Später wurde er mit dem Status des Ordens unzufrieden, und er erzählt uns in seiner Geschichte, dass er auf seinen Reisen in Deutschland viele Versuche unternahm, mit den Rosenkreuzern in Kontakt zu treten, und

„... traf schließlich in der Nähe von Hannover einen Professor, seine Adoptivtochter und einen weiteren Herrn, von denen er glaubte, sie seien zweifellos Rosenkreuzer. Sie waren jedoch sehr geheimnisvoll und gaben nur ungern Auskunft, da sie sagten, dass sie ihn zwar als Wissenschaftler kannten, er aber kein Freimaurer war und auch keiner ihnen bekannten okkulten Gesellschaft angehörte. Deshalb wandte sich Frater F.R. sofort an seinen alten Freund ... in Edinburgh und wurde am 8. Januar 1907 in der Mary's Chapel, Edinburgh Lodge, No. I., als Freimaurer aufgenommen.

„Im Jahre 1908 nahmen Frater F.R. und Soror Q.L. (seine Frau) endlich Kontakt auf ... mit einigen Mitgliedern des Dritten Ordens in Deutschland."

Doch wie wir bereits gesehen haben, hat Dr. Felkin offenbar 1909 ein Gelöbnis unterzeichnet, das er dem mysteriösen astralen Dritten Orden gegeben hat! Nochmals:

„Im Juni und Juli 1912 konnten Frater F. R. und Soror Q. L. nach Deutschland reisen und besuchten insgesamt fünf Rosenkreuzer-Tempel in verschiedenen Teilen des Kontinents und wurden selbst eingeweiht, wobei Soror Q. L. den Grad 7-4 und Frater F. R. den Grad 8-3 erreichte... Da die Rituale nicht in MS-Form vorliegen, sind sie auswendig gelernt. „

Sie brachten Aufzeichnungen dieser Zeremonien 6-5 bis 8-3 mit und arbeiteten sie aus, wobei sie zu diesem Zweck das ägyptische „Buch der Toten", einige Auszüge aus den Schriften von Mabel Collins, auch die „Hymne des Hermes" und ein Mantra - eine zwingende Kraft - verwendeten, das ihnen von dem Araber aus „Der Tempel in der Wüste" gegeben wurde, und diese wurden zu den höheren Graden des R.R. et A.C.! Diese werden, je weiter sie im Grad fortgeschritten sind, mehr und mehr auf der Astralebene von den verborgenen Oberhäuptern gegeben, während sich der Adept in einem Trance- oder Halbtrancezustand befindet, der durch die Vorbereitungs- und Eröffnungszeremonie oder durch diese verborgenen Oberhäupter selbst herbeigeführt wird. Der letzte Grad, 10-1, wird niemals auf der materiellen Ebene, sondern ausschließlich auf der astralen Ebene gegeben; der Adept befindet sich in Trance und völlig unter hypnotischer Kontrolle und ist von da an nur noch das Orakel und Vehikel dieser Meister! Das ist Illuminismus!

Die Geschichte geht weiter:

„Aber es wurde eine Vereinbarung getroffen, nach der jeder, der Deutsch, Französisch, Italienisch oder Niederländisch spricht und 5-6 Jahre alt ist, mit einer von F.R. unterzeichneten Einführung ins Ausland geschickt werden kann, und wenn man der Meinung ist, dass ein Kandidat ausreichend entwickelt ist, kann man ihm einen oder mehrere Grade geben. Dies ist nicht unbedingt notwendig, denn wenn die neuen Methoden sorgfältig in unseren Lehrplan eingeführt werden (psychische Prozesse, die zum Illuminismus führen), werden die Kandidaten genauso gut vorankommen, ohne die Notwendigkeit, ins Ausland zu gehen."

Es ist bekannt, dass einige Mitglieder des R.R. et A.C. eine Ausbildung und Grade unter Steiner hatten, und einige Steineriten waren Mitglieder des R.R. et A.C. Wiederum heißt es in der Geschichte: „F.R. erhielt den Auftrag, den (kontinentalen) Orden in Großbritannien und Irland sowie in der südlichen Hemisphäre zu vertreten".

Dr. Steiner wurde im März 1921 befragt und sagte in seinem Bericht:

> „Dr. Felkin war bestrebt, eine Charta von Dr. Steiner zu erhalten, und unternahm viele Versuche, diese zu erlangen und zu seinem alleinigen Vertreter in England ernannt zu werden. Dr. Steiner sagte in einem Brief an Dr. Felkin, dessen Überbringer ich (unser Informant) war und den ich gelesen habe, dass er nicht in der Lage sei, seiner Bitte nachzukommen, denn obwohl er bereit sei zuzugeben, dass Dr. Felkins Orden nützlich und förderlich sei, sei seine Arbeitsweise eine ganz andere... Dr. Felkin war ein Zuschauer bei einer von Dr. Steiners Zeremonien in München. Es wurden ihm keine Noten von Dr. Steiner gegeben, es wurden ihm keine Noten in München gegeben, aber Dr. Steiner gab Dr. Felkin sehr viel Unterricht, wie er ihn auch anderen Schülern gibt, die es wünschen."

Außerdem sagte sein arabischer Lehrer zu Dr. Felkin:

> „Wenn wir mit Steiner weitermachen, was nicht das letzte Ziel der Suche ist, werden wir mit vielen ernsthaften Schülern in Kontakt kommen, die uns zum wahren Meister des Ordens führen werden, der so überwältigend beeindruckend sein wird, dass kein Raum für Zweifel bleibt."

Im Jahre 1914 kamen Dr. und Frau Felkin bis nach Pyrmont in Hannover, wo sie wieder Kontakt aufnehmen und weitere Noten und Anweisungen erhalten wollten, aber der Krieg kam dazwischen, und sie waren gezwungen, Ende August nach

England zurückzukehren. Wir glauben, dass es hauptsächlich der Hilfe der Freimaurer in Hannover und Amsterdam zu verdanken war, dass er und Q.L. endlich aus Deutschland herauskamen. Als sie ihren Astrallehrer, den Araber, am 9. August befragten, „wiederholte er, dass unsere Arbeit noch nicht beendet ist, und bis dahin sind wir in Sicherheit... Es tut uns leid, dass dies jetzt geschehen ist, es *wurde erst einige Monate später erwartet.*" Der Plan ist offenbar bis heute nicht aufgegangen!

9. Juni 1918, F.R. schreibt:

> „Nach dem, was mir im Ausland gesagt wurde, hatte ich den Eindruck, ... dass einige wenige, man sagte mir ZWÖLF, aus allen Tempeln ausgewählt werden sollten, um ausgebildet zu werden, damit sie bereit waren, C.R.C. zu helfen, wenn er sich etwa 1926-33 oder 35 wieder manifestierte. Das alles sollte mir 1914, als wir nach Deutschland gingen, von Angesicht zu Angesicht gesagt worden sein. Wir hatten damals die Tickets, die uns an einen Ort südöstlich von Österreich brachten, wo wir abgeholt und in die Alte Gruft gebracht werden sollten, und wir sollten auch mehrere Verborgene Häuptlinge treffen. Es ist ein Rätsel, warum man uns nicht früher im Jahr gesagt hat, dass wir dorthin gehen sollten, denn wir hätten es tun können, wenn man es uns gesagt hätte. Sie wussten, wann wir zu gehen gedachten."

Der Krieg war so schnell nicht zu erwarten"! In seinen „Vorschlägen" für die zukünftige Arbeit des Ordens sagte Dr. Felkin 1916:

> „Außer C.R.C. (Christian Rosenkreutz) gibt es einige Mitglieder, die noch auf der materiellen Ebene wirken; die meisten von ihnen leben sehr zurückgezogen (alle vom Grad 9-2 sollen sich von der Welt zurückgezogen haben!) und können nur nach Überwindung vieler Schwierigkeiten getroffen werden... Q.L. und ich selbst sind ihnen auch zu verschiedenen Zeiten begegnet und haben Anweisungen und Hilfe erhalten"

Bei der Lektüre der obigen Ausführungen muss man sich darüber im Klaren sein, dass Dr. Felkin lediglich ein Werkzeug in den Händen einiger subversiver Männer war, die ihn so informierten, wie sie es für ihr Spiel für richtig hielten.

Was ist nun die Wahrheit über diesen mysteriösen Dritten Orden und Dr. Felkins Anspruch auf „alleinige deutsche Autorität"?

Es gibt reichlich Beweise dafür, dass die Stella Matutina und der R.R. et A.C. konstitutionell in keiner Weise mit der britischen Freimaurerei verwandt sind, sondern mit den kontinentalen Freimaurern und Rosenkreuzern verbunden sind - subtil und heimlich subversiv und von diesen „Unbekannten Häuptlingen" kontrolliert, *die alle noch* „auf der materiellen Ebene arbeiten".

Um die Geschichte von Dr. Felkin fortzusetzen:

„... Die Methoden, die (S.D.A., c/o) Fräulein Anna Sprengel, sanktionierte, waren (nach Aussage dieser Deutschen) völlig gegen die Methoden, die in Deutschland in Mode waren und immer in Mode gewesen waren, und es kann jetzt erwähnt werden, dass die ersten drei Grade sehr ähnlich waren wie die ersten drei Grade in der gewöhnlichen Freimaurerei (dennoch billigte Steiner sie als nützlich!), und in der Tat, bis zu einem Datum, das nicht genau angegeben werden kann, gingen Freimaurerei und Rosenkreuzertum Hand in Hand. Um das Jahr 1597 trennten sich die Freimaurer vollständig von den Rosenkreuzern und beschlossen, ihre Vorgehensweise zu ändern, und weigerten sich in Zukunft, Frauen zu ihren Zeremonien zuzulassen. Dies war zum Teil auf politische Umstände zurückzuführen, da sowohl Freimaurer als auch Rosenkreuzer versuchten, die politische Entwicklung der Nationen, unter denen sie lebten und arbeiteten, zu beeinflussen... Praktisch wurden die Freimaurerlogen zu sehr aktiven politischen Agenturen, während die Rosenkreuzer-Zweige in ihrer Tätigkeit geheimer waren, und es war und ist eine absolute Regel, dass niemand zugeben durfte, Rosenkreuzer zu sein. Diese Regel war so streng, dass Rosenkreuzer, die sich untereinander kannten, innerhalb einer Stadt oder eines Ortes nicht über Angelegenheiten sprechen oder diskutieren durften, die mit ihrer Gesellschaft in Verbindung standen. Es gab eindeutige Regeln für den Fall, dass ein Mitglied der Bruderschaft an einen neuen Ort ging und einen Frater oder eine Soror traf. Sie legten eine Zeit fest, in der man sich außerhalb der Stadt in bestimmten Himmelsrichtungen traf. Es ist richtig, dass es bei mehreren Gelegenheiten zu einem Durchsickern von MSS kam. Eines davon war auf das Vorgehen einiger römisch-katholischer Priester zurückzuführen, die dem Orden angehörten; und 1777 kam es in Paris zu einem Durchsickern von Ritualen, was unsere kontinentalen Fratres und Sorores dazu veranlasste, noch strenger in ihren Methoden zu sein... F.R. hatte das Versprechen erhalten, dass der Rat den Zustand des Zweiges des Ordens in London, mit dem er verbunden war, untersuchen und, wenn möglich, in definitive Beziehungen mit ihm treten würde... Eine definitive Vereinbarung wurde dann zwischen E.O.L. (von dem später mehr zu hören sein wird) im Namen von F.R. getroffen, und den Leitern der Rosenkreuzer-Gesellschaft in Deutschland, dass er die notwendigen 'Prozesse' für die psychische Entwicklung an F.R. herantragen sollte, dem es allein gestattet ist, sie (an seine Mitglieder zum Zwecke der Erweckung der Kundalini und der Herbeiführung des Illuminismus) weiterzugeben."

Im Jahr 1916 schrieb der Chef von Amen Ra, Edinburgh, an Dr. Felkin über diese angebliche deutsche Verbindung:

Was auch immer der Ursprung der Rituale und der Lehren (Stella Matutina und R.R. et A.C.) war, sie kamen zweifellos von Mathers zu uns, der, wie ich mit Sicherheit weiß, der Vermittler der Höheren Autoritäten (Verborgene Häuptlinge) war... Euer Tempel verfolgte und verfolgt dies bis zu einem bestimmten Punkt - als ihr mit den Deutschen in Kontakt kamt. Dann kam das Gelöbnis (das diese Deutschen verlangten, nicht mit Mathers zu arbeiten!), das zur Folge hatte, dass die gesamte Arbeit von Mathers verwendet wurde und man ihn ablehnte, auch um zu behaupten, dass weitere Lehren und Hilfen auf anderen Linien zu haben seien ... die den Mitgliedern gegeben wurden, die scheinbar als

Belohnung für die Annahme der deutschen Position ausgewählt wurden, die ganze Zeit, wie ich sagte, unter Verwendung und auf der Grundlage von Mathers' Arbeit. Dies wiederum konnte nur aus deutschen Quellen stammen ... der ehrliche Weg wäre, alle Rituale und Lehren hinter sich zu lassen und mit dem höheren System *neu* zu beginnen."

Wiederum schreibt ein anderes Mitglied an Dr. Felkin in Bezug auf das oben Gesagte:

> „Sie können seinen Vorschlag natürlich nicht annehmen, denn Sie haben die *alleinige Autorität* Deutschlands akzeptiert, aber das weiß er nicht!"

Ungeachtet dieses Anspruchs auf „alleinige Autorität" aus Deutschland wurde Dr. Felkin traurig, dass er weitere fortgeschrittene Lehren für seine Adepten brauchte, die danach schrien; und da er anscheinend wenig oder nichts von seiner deutschen Verbindung erhalten hatte, schrieb er 1913 an das Oberhaupt von Amen Ra in Edinburgh und bat darum, aus seinem Brunnen des verborgenen Wissens zu schöpfen. In seiner Antwort schrieb das Oberhaupt:

> „Für mich persönlich ist es wenig wichtig: Ich habe stapelweise MSS und Belehrungen, die weit über das hinausgehen, was ich früher für möglich gehalten habe ... Alle Belehrungen, die ich erhalten habe, werde ich gerne an Sie weitergeben, unter den gleichen Bedingungen, wie ich sie erhalten habe ... Ich habe die MSS als stellvertretender Archon Basileus in diesem Land erhalten. (5. August 1913). Mein Auftrag als solcher kommt vom Dritten Orden - oder, um keine Zweideutigkeit aus diesen Worten zu machen, von jenen Höheren Adepten, die ich so bezeichne - und ich kann sie an solche weitergeben, die meine Autorität und Position anerkennen. Dazu gehört natürlich auch die Anerkennung von Mathers, der mir seine Autorität übertragen hat."

Trotz des oben genannten Versprechens, nicht mit Mathers oder seinen Anhängern zusammenzuarbeiten, wurden einige dieser

MSS zur 6-5 Lehre unter Dr. Felkin.

Der folgende Brief, den der oben erwähnte E.O.L., der eine Zeit lang von der deutschen Verbindung ausgebildet wurde, an ein deutsches Mitglied geschrieben hat, ist insofern interessant, als er die vorgeschlagene Methode zur Durchdringung Englands und der britischen Freimaurerei durch den kontinentalen und großorientalischen Illuminismus im Jahre 1912 zeigt.

„SEHR GEEHRTER HERR UND BRUDER (Baron C.A.W.), -

„Ich habe von Dr. F. von dem vorgeschlagenen Internationalen Bund gehört, der in vielerlei Hinsicht ein ausgezeichnetes Projekt zu sein scheint, dem ich viel Erfolg wünsche. Da. Dr. S-'s Name auf dem Kontinent so einflussreich ist, wird er dort sicher Erfolg haben. In England hat er eine Schar von Bewunderern, aber sein Name ist nicht so allgemein bekannt. Die Bedingungen in England sind auch eigenartig. Dr. S. selbst sagte mir, er habe den Unterschied erkannt. Deshalb schreibe ich Ihnen, denn wir haben eine doppelte Verbindung - die Rosenkreuzer-Bruderschaft sowohl auf dem Kontinent als auch in England, wir können frei sprechen. Was ich jetzt sage, möchte ich Dr. S. von Ihnen vorgetragen bekommen, und das Risiko liegt bei mir. Denn wenn ich nicht ohne Furcht und Gunst spreche, kann es kein anderer.

„Dr. S. ist ein Staatsmann in seinen Plänen (?). Aber ein Staatsmann geht, wenn er sich über die Verhältnisse eines ihm unbekannten Landes erkundigt, nicht nur zu den Mitgliedern einer Partei desselben. Für die österreichische Politik würde man nicht nur Magyaren befragen, für die deutsche nicht nur Mitglieder des katholischen Blocks. In England sind die wenigen Mitglieder des Kontinentalen Ordens alle Theosophen, d.h. Mitglieder der T.S. Sie sind alle keine Mitglieder der englischen Freimaurer. Sie sehen die Dinge aus der Sicht der T.S., und sie müssen ihre Brille benutzen. Ich bin das einzige Mitglied des Kontinentalen Ordens, das nicht der TS angehört und auch nie angehört hat;

ich schulde Frau Besant keine Loyalität. Ich bin, wie der Doktor weiß, ganz auf seiner Seite, wenn es darum geht, die orientalische und indische für die europäische oder kabbalistische Ausbildung aufzugeben; ich bin auch ein englischer Freimaurer, so dass ich ihm die Sichtweise der anderen Parteien darlegen kann.

„Der englische Okkultismus ist grob unterteilt in (I) Mitglieder der T.S., d.h. die Anhänger von Mrs. Besant, an deren Spitze die Freimaurer stehen; (2) Mitglieder der hermetischen Orden und Freimaurer; (3) Unabhängige, ob in kleinen Gruppen oder als Einzelpersonen.

„Die erste Klasse ist die einzige, die der Doktor wirklich kennt. Für die zweite ist Dr. F. sehr repräsentativ. Von der dritten ist Herr T. P.... Wenn der Doktor nun seinen BUND gründen wird, gibt es einige Überlegungen von großer Bedeutung. Was die Gruppe I, den T.S. und seine Zweigstellen betrifft, kann ich nicht vorgeben zu sagen, was passieren wird. Herr S. und Herr C. kennen beide die T.S.-Leute und ihre Arbeitsweise - durch Vorträge usw. Das Risiko besteht jedoch in Bezug auf die Gruppen 2 und 3. Der BUND wird, wenn er nicht sorgfältig geführt wird, lediglich als eine Spaltung der T.S. angesehen werden. Er wird genauso viel Aufmerksamkeit auf sich ziehen wie die Quest Society von G. R. S. Mead, und er kann große Vorurteile hervorrufen, denn viele werden ihn genau in dem Sinne auffassen, in dem England das deutsche Telegramm an Präsident Krüger aufgenommen hat. Ich meine es ganz ernst, wenn ich sage, dass der BUND von vielen so gesehen werden wird: „Frau Besant ist uns genauso egal wie Jamieson und sein Überfall, aber Frau Besant ist schließlich Engländerin; wer sind diese Deutschen, dass sie sich einmischen?" Es mag lächerlich klingen, aber ich kenne mein Land.

„Der nächste Punkt, und zwar ein sehr ernster, ist die Haltung der Freimaurer. Dies muss berücksichtigt werden. Hier muss ich anscheinend für einen Moment abschweifen. Ich möchte die Arbeit der Gruppen I, 2 und 3 gegenüberstellen. Gruppe I arbeitet nach dem bekannten Muster von Vorträgen,

Zeitschriftenveröffentlichungen usw. Dr. S. tut das Gleiche. Gruppe I zieht eine große Anzahl von müßigen Frauen an, die die Muße haben, ein wenig Okkultismus mit ihrem Nachmittagstee zu genießen, praktisch alle Mitglieder sind Leute mit Zeit und Geld. Die Gruppe zieht viele an, aber jeder Dozent hat die Tendenz, eine persönliche Anhängerschaft zu bekommen, daher die Spaltungen, d.h. die Suche.

„Die Gruppe 2 ist zahlenmäßig klein. Sie arbeitet durch Logen und verteilt Manuskripte. Ihr Unterricht erfolgt durch Korrespondenz, durch einzelne Amtsträger usw. Sie hält nur selten Vorträge. Sie wendet sich an eine ganz andere Klasse, an unterschiedlichste soziale Schichten, hat einen weitaus größeren Anteil an Männern. Da er sehr gut organisiert ist, verfügt er über einen größeren Zusammenhalt; gleichzeitig neigt jeder Tempel dazu, eifersüchtig auf Einmischungen von außen zu sein. Die meisten ihrer Mitglieder sind Freimaurer. Einige ganze Tempel sind freimaurerisch, z.b. die Societas Rosicruciana in Anglien. Nun sind diese Leute fleißig, es gibt auffallend wenige müßige, vermögende oder vergnügte Frauen und Männer unter ihnen, sie sind sehr stolz und unabhängig. Im Laufe der Zeit, wenn sie auf ihre eigene Art und Weise unterrichtet werden können, durch MSS. im Umlauf, durch Besuche von Mitgliedern von Loge zu Loge, durch oder durch ihre eigenen Häuptlinge, bin ich sicher, dass sie alle, wenn sie Zeit haben, Ihrem BUND beitreten werden. Aber sie werden kein Diktat des T.S. akzeptieren, sie werden keine Häuptlinge dulden, die sie nicht kennen, sie werden sich nicht um die Teilnahme an Zyklen oder Vorträgen kümmern, für die sie keine Zeit oder Neigung haben. Wenn sie gut gelaunt sind, werden sie euch helfen. Wenn sie nicht beachtet werden, werden sie sich weder gegen euch stellen noch euch beachten. Sie werden den BUND einfach in Ruhe lassen, genauso wie sie den T.S. in Ruhe lassen, die Freimaurer in Ruhe lassen, usw. *Man muss sie von innen her angehen, nicht von außen.*

„Bei der dritten Gruppe kann ich im Laufe der Zeit helfen. Aber wie sie sich jetzt verhalten werden, kann ich nicht vorgeben zu wissen. Die meisten von ihnen werden keine

Autorität über sich akzeptieren. Nun komme ich zum Punkt der Freimaurer.

„Ich bewege mich hier auf sehr heiklem Terrain. Aber ich fühle, dass ich den Fall, wie ich sagte, ohne Furcht oder Gunst darlegen muss. Der Doktor ist ein zu großer Mann, um sich über mich zu ärgern. Schließlich möchte ich nur sicherstellen, dass die beste Lehre auf dem einfachsten Weg zu denen gelangt, die am besten dafür geeignet sind.

„Zurzeit wird es sehr schwierig sein, in England einen festen Zweig des kontinentalen Ordens zu gründen, der Grade usw. verleiht. Sie sind selbst kein Freimaurer. Wir nennen unseren Orden, den Kontinentalen Orden, manchmal *Esoterische Freimaurerei*. Die Grade sind eng mit der Freimaurerei verwandt. Dr. S. hat in der Tat eine Verbindung zu bestimmten englischen oder schottischen Freimaurern - er nannte mir den Namen -, von denen er eine gewisse Autorität ableitet, eine Verbindung im Physischen (nicht Ätherischen!).

Nun ist die englische Freimaurerei nicht okkult, obwohl sie okkulte Logen hat, und die meisten englischen Okkultisten, die nicht T.S. sind, sind Freimaurer, wenn auch Männer. Die englische Freimaurerei ist stolz auf die Großloge von 1717, die Mutterloge der Welt. Sie ist eine stolze, eifersüchtige, selbstherrliche Körperschaft. Die Ko-Freimaurerei geht auf den Grand Orient von Frankreich zurück, eine nach englischem Recht illegitime Einrichtung. Kein englischer Freimaurer kann mit Ko-Freimaurern zusammenarbeiten. Die Freimaurer, die Dr. S. seine Verbindung gegeben haben, gelten als Exzentriker, die gefälschte Grade erfinden. Wenn die englische Großloge von etwas hört, das „Esoterische Freimaurerei" genannt wird und aus solchen Quellen stammt, unter den Mitgliedern von Chiefs once T.S., unter einem Kopf in Berlin, wird sie sich nicht erkundigen, wer Dr. S. ist oder was die Natur seiner Arbeit ist; sie wird einfach sagen, dass „keine englischen Freimaurer der Freien und Angenommenen Freimaurer irgendeiner Gesellschaft beitreten dürfen, die pseudo-freimaurerische Riten praktiziert", d.h. niemand von der gewöhnlichen angenommenen Freimaurerei kann an irgendwelchen Versammlungen teilnehmen oder irgendwelche Grade in diesem illegitimen Körper annehmen! Finis!

„Dann werden wir, die wir Mitglieder der Loge des Dr. S. und Freimaurer sind, in eine traurige Lage geraten Das würde zur Zeit nur mich betreffen, na ja, und Dr. F. auch. Aber wenn die esoterische Freimaurerei in England geatmet wird und das Fiat dagegen geht, wird kein englischer Freimaurer dem BUND beitreten wollen. (*Anm. Dr. Felkin:* „Das ist schon bei den „Alten Freimaurern" (gemischt) geschehen, denen viele reguläre Freimaurer persönlich durchaus freundlich gesinnt wären, aber durch ihren Eid ausgeschlossen sind.")

„Nach all dem kalten Wasser werden Sie fragen, welchen nützlichen Vorschlag ich wohl zu machen habe. Nun, vielleicht nichts sehr Nützliches. Dennoch, dies ist mein praktischer Vorschlag. Der Bund soll gegründet werden. Lassen Sie die Herren S. und C. alle MSS besorgen, die sie bekommen können, und lassen Sie sie Beziehungen zu den Körperschaften der Gruppe 2 herstellen. Entweder lassen Sie sie den Leitern der Logen, die kommen werden, solche schriftlichen Belehrungen zukommen, wie sie gegeben werden können , und versuchen Sie nicht, sich in die Logen einzumischen, oder lassen Sie sie ein bestimmtes Komitee unter der Leitung von Dr. S. mit repräsentativen Leuten darin bilden. All dies muss langsam geschehen.

„Das System, Leute in den Logen wie Dr. F. zu haben, um 'Prozesse' (siehe oben in Dr. Felkins Geschichte) innerhalb der Gruppe 2 zu lehren, ist das praktischste, und BUND-Funktionäre wie die Herren S. und C. zu haben, von denen einer einer englischen Loge beitreten sollte, um zwischen England und dem Kontinent zu reisen und den schriftlichen Unterricht zu erhalten, wird wahrscheinlich gut genug funktionieren.

„Wenn aber eine Loge des kontinentalen Ordens in England errichtet werden soll, wird Dr. S. mit der freimaurerischen Schwierigkeit konfrontiert werden. Das ist wirklich ernst, und niemand von der T.S. wird es verstehen, nicht einmal die kontinentalen Freimaurer. Schauen Sie sich meine Position an und noch einmal die von Dr. F. - wenn wir von jeder Verbindung mit Freimaurern, d.h. von praktisch allen Logen der Gruppe 2, oder von der Verbindung mit dem BUND ausgeschlossen würden. Entweder müssen wir wieder abgeschnitten werden, oder unsere Nützlichkeit für allgemeine Zwecke ist dahin. Wenn Dr. S. ein oder zwei Nicht-Theosophen zu sich rufen würde, um mit ihnen zu diskutieren, würde er dies sofort erkennen. Die praktische Lösung wird in einem Kompromiss zu finden sein. Wenn er den Namen „Esoterische Freimaurerei" vermeidet und vielleicht ein Ritual zulässt, wie es in der Societas Rosicruciana oder in der S.M. verwendet wird, und für die Offiziere in England eine gemischte Gruppe hat, die die Leiter der wichtigsten hermetischen Logen usw. einschließt - sowie TS-Leute, die sich allem von Dr. S. anschließen werden - wird es gelingen. Andernfalls fürchte ich sehr, dass nur einige wenige TS-Leute und einige wenige, die Dr. F. und ich ... direkt beeinflussen können, alles sein werden, was sich am Anfang anschließen wird. Als eine theosophische Spaltung und eine fremde, aufdringliche freimaurerische Spaltung wird der BUND alle möglichen englischen Vorurteile gegen ihn erwecken. So sehr wir dem Doktor zugetan sind, würden wir es beide bedauern.

Mit brüderlichen Grüßen."

Frau Nesta Webster schreibt in ihrem Buch *Secret Societies* and *Subversive Movements (Geheimgesellschaften* und *subversive Bewegungen)* von einem Freimaurerkongress, der im September 1902 in Genf stattfand und auf dem einstimmig ein Vorschlag angenommen wurde, „der auf die Schaffung eines internationalen Büros für freimaurerische Angelegenheiten abzielt"; und Bruder Desmons vom Großorient in Frankreich erklärte, dass es schon immer der „Traum seines Lebens" gewesen sei, dass „alle Demokratien sich treffen und einander so verstehen sollten, dass sie eines Tages die Weltrepublik bilden".

Auch hier zitiert sie Lord Ampthill als Pro-Großmeister der britischen Freimaurer, der am 2. März 1921 auf eine Einladung an britische Freimaurer zur Teilnahme an einem internationalen Freimaurerkongress in Genf antwortete:

> „Eine weitere Folge gewisser Kriegsereignisse ist die Festigung unseres Entschlusses, die Freimaurerei, soweit es in unserer Macht steht, strikt von der Beteiligung an der Politik, sei es auf nationaler oder internationaler Ebene, fernzuhalten ... Aus diesen Gründen kann die Einladung zur Teilnahme an der vorgeschlagenen internationalen Freimaurerkonferenz in Genf nicht angenommen werden ... wir können nicht von der vollen Anerkennung des großen Baumeisters des Universums abrücken, und wir werden weiterhin die Einführung politischer Diskussionen in unseren Logen verbieten."

Unter dieser neuen kontinentalen Autorität entwarf Dr. Felkin 1916, bevor er endgültig nach Neuseeland ging, eine „Neue Verfassung", die von den verborgenen Oberhäuptern ordnungsgemäß und astral gebilligt wurde, und versuchte, unter dieser Verfassung drei Tochtertempel in England zu errichten, in der Hoffnung, auf diese Weise verschiedene esoterische Freimaurergruppen außerhalb des Schattens der Srella Matutina zu verbinden und so den „Internationalen Bund" voranzubringen.

In dieser neuen Verfassung sagt Dr. Felkin:

> „Wie Sie wissen, kann ich persönlich die Gründung von Zweigvereinen der Rosenkreuzer erlauben. Aber da ich England verlasse, bin ich natürlich der Meinung, dass solche Zweige in enger Verbindung mit der Stella Matutina und dem R.R et A.C. stehen sollten. Ich schlage vor, vor meiner Abreise aus England drei solche Zweige zu gründen, und es liegt an Ihnen, alle Vereinbarungen zu treffen, die Sie hinsichtlich der Nutzung Ihrer Räume usw. wünschen, Die beiden Zweige, die ich in London zu gründen vorschlage, könnten Ihnen entweder einen jährlichen Betrag für die Nutzung des Tempels und der Gruft zahlen, und zwar an

einem von Ihnen festzulegenden Tag, oder Sie könnten dafür sorgen, dass sie die Hälfte ihrer Einweihungsgebühren an Sie zahlen, was, wie ich denke, der Muttertempel sein sollte. Was die Zweigstelle in Bristol betrifft, die ich gründen werde, so können sie ihr Äußeres zur Zeit ganz dort arbeiten und mit Ihnen Vereinbarungen treffen, wenn sie Kandidaten für die Innere haben.

„Die Bedingungen, unter denen ich diese drei Zweige gründen sollte, sind die folgenden:

„I. Jeder Zweig muss absolut autonom sein und von drei Oberhäuptern geleitet werden, die zum gegenwärtigen Zeitpunkt 5-6 Jahre im R.R. et A.C. sind, und sie müssen genau den Traditionen unseres Ordens folgen.

„2) Die ersten drei Häuptlinge sollte ich selbst ernennen; sollte einer von ihnen sein Amt aufgeben, so sollten sich die führenden Häuptlinge und die drei Adepten des Muttertempels (Amoun) mit den verbleibenden zwei Häuptlingen über die Ernennung eines Nachfolgers beraten.

„3) Die Tochtertempel müssen ihre eigenen Tempel finanzieren, und der Muttertempel ist in keiner Weise für ihre Finanzierung verantwortlich, außer in dem oben genannten Umfang; sie sollten in irgendeiner Form Gebühren zahlen, wenn sie die Räume des Muttertempels nutzen.

„(4) Die Mitglieder der Tochtertempel, die 5-6 Jahre alt sind, werden dem Kollegium der Adepten des R.R. et A.C. in Anglia angehören...

„5) Was den Zweig in Bristol (Hermes) betrifft, so werden die ersten drei Chefs sein: V. H. Sorores Lux Orta est, Magna est Veritas, Benedicamus Deo, wobei letztere nur so lange tätig sind, bis ein Frater in diesem Distrikt qualifiziert ist.

„6. der erste Londoner Tochtertempel wird nur Mitgliedern der Societas Rosicruciana in Anglia offenstehen, die mindestens den vierten Grad erreicht haben. Ich darf hier erwähnen, dass der Grund, warum ich gezwungen bin, ihn zu gründen, folgender ist: Als E.O.L. und ich unsere Vorkehrungen für die Anerkennung durch unsere kontinentalen Fratres trafen, verlangten sie, und er stimmte zu, dass die freimaurerischen Rosenkreuzer, von denen es eine große Anzahl gibt, die Möglichkeit erhalten sollten, sich mit uns zu verbinden. Die ersten drei Vorsteher dieses Tempels werden sein: V. H. Fratres Pro Rege et Patria, Fortes Fortuna Juvat, Faire sans dire.

„Was den dritten Tochtertempel (Merlin) betrifft, so gibt es etwa fünfzig oder sechzig Mitglieder des Tempels (Golden Dawn), der früher von S.R. (Waite) geleitet wurde, und eine Anzahl von Mitgliedern der Anthroposophischen Gesellschaft, die um Aufnahme bitten. Man hat mich darauf hingewiesen, dass es nicht gut wäre, diese Leute in die SM aufzunehmen, da sie zweifellos Verwirrung im SM-Tempel stiften würden, da sie auf einer anderen Linie als wir gearbeitet haben. Ich schlage daher vor, dass sie einen eigenen Tempel gründen, und dass die ersten drei Oberhäupter sein sollten: V.H. Fratres Cephas, Benedic Animo mea Domino und Non Sine Numine. Diesen Frater kennen Sie nicht, aber er ist seit fünfundzwanzig Jahren Mitglied der Gesellschaft, ist volles T.A.M. und war viele Jahre lang einer der drei Ruling Chiefs von S.R..

„7. Die ersten drei regierenden Häuptlinge der Tochtertempel würden die ersten drei Adepten in ihren jeweiligen Gewölben werden, sollten sie solche haben.

„Ich übernehme die volle Verantwortung für die Gründung dieser drei Tochtertempel, und es liegt an Ihnen, alles in Ihrer Macht Stehende zu tun, um ihnen zu helfen, eine zusätzliche Kraft in der Rosenkreuzer-Bewegung zu werden.

„Unser Kennwort für diese sechs Monate lautet ACHAD, was 'Einheit' bedeutet, und es ist mein großer Wunsch, dass alle verstreuten Rosenkreuzer-Kräfte in unserer Reichweite zu einem harmonischen Ganzen zusammengeführt werden, anstatt in relative Nutzlosigkeit oder in unerwünschte Kanäle abzudriften.

„(*Gezeichnet*) FINEM RESPICE CHIEF, 18. Juni 1916.

Nachdem Dr. Felkin also die subversive Petarde seines Meisters geformt und zu Wasser gelassen hatte, zog er sich mitten im Krieg in die vergleichsweise ruhige Atmosphäre Neuseelands zurück und überließ es seinem mehr oder weniger unerfahrenen Trio von regierenden Häuptlingen, mit diesen feurigen Elementen umzugehen und die unvermeidlichen Explosionen so gut es ging zu bewältigen. Wie nicht anders zu erwarten war, hat dies eine Spur von Tragödien und Leid hinterlassen. Von diesen Drei-Tochter-Tempeln hat nur der Hermes-Tempel in Bristol überlebt, der unter dem Einfluss von Dr. Rudolph Steiners subversiver und pantheistischer Lehre stand und zweifellos noch steht.

Dass die Steineraner immer noch von einem solchen „Internationalen Bund" träumen, geht aus ihrer *Anthroposophie-*, Ostern 1929, hervor, in der es heißt: „Das führt zu allen möglichen 'Bewegungen', hinter denen sich die wirklichen Sehnsüchte verbergen. Doch werden die Menschen mehr und mehr in die Ziele eindringen, die Rudolph Steiner offenbart hat, und sie werden so zu seinen Anhängern." Und dieser Traum - spirituell, politisch und wirtschaftlich - ist der Traum der Großorientalischen Judäischen Freimaurerei.

Außerdem gibt Dr. Felkins arabischer Lehrer am 9. Januar 1915 die folgende interessante Anweisung:

„Die alternative Ausbildung für diejenigen, von denen wir sprachen, sollte jetzt definitiv festgelegt und auf die gleiche Basis wie die Tochtertempel gestellt werden, als eine spezielle Gruppe für Heilung. Sie sollte die Heiler oder Therapeuten genannt werden, und Pater F. sollte speziell und definitiv zu ihrem Leiter gemacht werden, und diejenigen, die dieser Ausbildung folgen wollen, sollten aus allen verschiedenen Tempeln genommen werden und miteinander in Verbindung bleiben."

Hat sich dies nicht in der Stella Matutina Healing Guild of St. Raphael niedergeschlagen, die somit kontinentale und internationale Freimaurerei ist?

Nachdem die Londoner Chefs den Tempel 1919 geschlossen hatten, schrieb Dr. Felkin: „Ich habe immer wieder geschrieben, dass A.B.S., der Araber, nichts mit dem Orden zu tun hat." Doch schon am 9. Juni 1912 finden wir diesen Araber, der Dr. Felkin, Q.L. und Q.A. in der Londoner Gruft unterrichtet:

> „*In* Neuseeland bietet sich uns eine Gelegenheit, wie es sie seit Tausenden von Jahren nicht mehr gegeben hat, nämlich eine völlig neue und klare Atmosphäre, die uns die Freiheit gibt, neue Symbole zu bilden, die nicht von früheren Traditionen beeinflusst sind. Es ist sehr wichtig, dass alles neu, sauber und frisch ist; wir müssen so weit wie möglich versuchen, die Fehler der letzten Zeit zu beseitigen und eine genauere Symbolik zu erhalten.

> „Wähle ein paar Leute aus, die sich ganz der okkulten Arbeit widmen, einschließlich der Heilung, und andere, die sich um die materiellen Bedürfnisse der wenigen kümmern, um in einer Art geteiltem Kloster in gleicher Anzahl zusammenzuleben; andere können gehen und zeitweise bleiben. Es muss immer ein Gästezimmer und eine Art spezieller Heilertrakt vorhanden sein.

> „Alles, was wir mitnehmen, muss sorgfältig gereinigt, geweiht und in Weiß eingewickelt werden. Wir werden uns eine ganze Zeit lang darum kümmern müssen. Es wird sich weitgehend selbstständig entwickeln. Name des Tempels: „Smaragd des Meeres Nr. 49 - Smaragdine Thalasses".

> „Das neue Unternehmen ist viel wichtiger (als London)... Er ist sehr beeindruckt von der Bedeutung des Neulandes, kein okkulter Orden war vorher dort, die Theosophen haben nur den Boden gebrochen."

Am 15. Juli 1919 schrieb einer der neuseeländischen Häuptlinge erneut „an die herrschenden Häuptlinge in Anglien":

> „Fast sechs Jahre lang unterrichtete uns A.B.S. regelmäßig und traf sich jede Woche mit uns. Wir fanden seinen Unterricht sehr hilfreich und seine Ratschläge fundiert... Sie können verstehen, dass wir eine schwierige Zeit hatten, nachdem der Orden in Neuseeland gegründet wurde. Ich denke, dass die Hilfe von A.B.S. und die Tatsache, dass wir eine ausgeglichene und geeinte Gruppe im Zentrum hatten, es uns ermöglichte, weiterzumachen..."

Wie die „Verborgenen und geheimen Häuptlinge" 1909 zu Dr. Felkin sagten:

> „Eine kleine, treue Schar ist weitaus mächtiger als eine große, gegen sich selbst gespaltene Masse!"

Die folgenden Anweisungen, die Dr. Felkin 1914 von diesem Araber erhielt, sind bezeichnend für die vom Orden geforderte Arbeit:

> „Unsere Aufgabe ist es, das neue Leben zu lenken, das entstehen wird, wenn die gegenwärtigen Unruhen den Boden gereinigt haben; es ist, als ob eine riesige Egge über das Antlitz der Welt fährt, und wenn das geschehen ist, müssen solche wie wir (Illuminaten) bereit sein, *die Saat auszubringen.* Dieser Krieg war ein unvermeidliches Mittel, um die alte Ordnung der Dinge zu zerstören, um Platz für die neue zu schaffen; dass bereits die Ideen des Friedens und der Einheit (Pazifismus oder Apathie und Universelle Bruderschaft) eingepflanzt wurden, aber sie konnten sich nicht frei ausbreiten, bis das Alte zerbrochen war. Es ist der 'Turm, der vom Blitz getroffen wird' - das 'Zerreißen des Schleiers'. „

Dies bedeutet nach Papus und anderen Kabbalisten die Fixierung des astralen Lichts auf einer materiellen Basis - individueller und universeller Illuminismus.

Die Anweisungen gehen weiter:

„Die Vitalität wird gerade jetzt zur Aktion gezwungen, und die Reaktion wird eine völlige Erschöpfung sein, wenn nicht diejenigen, die nicht tatsächlich an dem Konflikt teilnehmen, *eine Kraft speichern, die freigesetzt wird, sobald der Konflikt aufhört.* Nicht nur unsere eigene Gruppe, sondern alle, die wir kennen, sollten angewiesen werden, sich diesem Ziel zu widmen. Die Mittel dazu finden sich in der Meditation und im Gebet... In der Meditation, der Kontemplation und der Ekstase versucht der menschliche Geist, sich von der Erde zu befreien und sich zu den größten Höhen zu erheben, zu denen er fähig ist (wie in Steiners *Einweihungsweg*!) ... aber das menschliche Gehirn ist wie der Sender einer drahtlosen Station, seine Maschinerie ist begrenzt, aber es kann eine Schwingung aussenden, die weiter durch den Raum hallt, bis sie ihren entsprechenden Empfänger findet, und für jedes Streben gibt es eine Antwort ... Und das Gebet ist auch eine Anrufung; es bringt dich nicht nur in Gemeinschaft mit dem, zu dem du betest, sondern es weckt und formuliert auch Kräfte, die vorher latent waren (wie in der liberalen katholischen Messe). Ein Mensch, der zum Teufel betet, tritt in die Gemeinschaft des Bösen ein, aber er formuliert auch die bösen Kräfte, die auf all jene wirken, die nicht positiv auf der Suche nach dem Guten sind. Denn ihr dürft nie vergessen, dass jede Kraft, die durch ein solches Gebet kontaktiert werden kann, nicht nur ein negativer Empfänger, sondern auch ein positiver Sender ist, der seine Ströme und Schwingungen an alle aussendet, die fähig sind, sie zu empfangen. (Im Einklang mit ihnen)."

Weiter heißt es, dass sie durch die Bildung eines Kreises, der diesen *Frieden und dieses Licht* anstrebt, nicht nur mit diesen unsichtbaren, höchsten, die Welt beherrschenden Wesen in Kontakt treten, sondern auch sehr mächtige Kanäle öffnen, durch die diese Wesen ihre Einflüsse und Anregungen ausströmen können - wohltätig werden sie genannt!

Dies ist offensichtlich ein Beispiel für die „wechselseitigen Einflüsse zwischen der sichtbaren und der unsichtbaren Welt", das Unbekannte Oberste Komitee, von dem Wronski in seinem Werk *Mystik und Magie spricht*. Das R.R. et A.C. ist Illuminismus und Rosenkreuzertum, verbunden mit der Freimaurerei des Großen Orients, und das wunderbare Werk der Rosenkreuzer sollte in Russland beginnen, aber wo ist der „Frieden und das Licht"?

Das oben Gesagte erinnert stark an Weishaupts Methoden der Tarnung!

„... Es ist größte Vorsicht geboten, dem Neuling keine Lehren zu offenbaren, die ihn in Aufruhr versetzen könnten. Zu diesem Zweck müssen sich die Initiatoren die Gewohnheit aneignen, 'hin und her zu reden', um sich nicht zu verpflichten. Man muss reden", erklärte Weishaupt den Oberen des Ordens. 'mal auf die eine, mal auf die andere Weise, damit unser eigentlicher Zweck für unsere Untergebenen undurchschaubar bleibt.'"

Es gibt drei Formen der Einweihung - individuell, gruppenweise oder universell - alle drei führen zu einer bewussten oder unbewussten Kontrolle durch eine zentrale Macht, die auf geheimnisvolle Weise ihren Einfluss spürbar macht; oft hellsichtig und hellhörig gesehen und gehört, aber *nie* physisch anwesend oder sichtbar. Das System ist in allen drei Fällen dasselbe - kabbalistisch. Insgeheim werden hier und da Einzelne vorbereitet; diese wiederum bilden Gruppen oder Zentren, von denen aus sich Einflüsse ausbreiten, bis sie ein wahrhaft magnetisches Netz bilden, das die ganze Welt umspannt. Wie Strahlen einer verborgenen Sonne sind diese Gruppen scheinbar voneinander getrennt, aber in Wirklichkeit gehen sie alle von demselben zentralen Körper aus. Wenn man all diese verschiedenen Gruppen und Bewegungen studiert, stellt man fest, dass das System eine heimtückische und geheime Verbreitung von Ideen ist, die die gewünschte Lebensanschauung ausrichtet und schafft, usw., und schließlich alle Schranken der Familie, der Religion, der Moral, der Nationalität und jedes eigeninitiativen Denkens niederreißt, immer unter dem Deckmantel einer neuen und moderneren Religion, eines neuen Denkens, einer neuen

Moral, eines neuen Himmels und einer neuen Erde; bis es sich zu einem gigantischen Roboter entwickelt, der nur noch dem Willen und den Befehlen eines geheimen Meisterverstandes gehorcht. Sie träumen davon, freie, ursprüngliche, selbstbestimmende Individuen zu sein; sie sind nur der negative Mond, der das Licht derselben verborgenen und kabbalistischen Sonne reflektiert und reproduziert. Die Illuminaten nennen es *Regeneration*; in Wahrheit ist es der individuelle Tod und Zerfall, gefolgt von einer Auferstehung als negative „Lichtträger" dieser kabbalistischen Sonne. Wie es im 6-5 Grad des R.R. et A.C. heißt: „Steh auf, leuchte, denn dein Licht ist gekommen und die Herrlichkeit deines Herrn ruht auf dir." Das Licht und die Herrlichkeit der kabbalistischen Sonne! Illuminismus!

In der okkulten Juli-Ausgabe 1929 der *Revue Internationale des Sociétés Secrètes findet* sich eine interessante und seltene Zeichnung mit dem Titel „Der Drache und die Frau" ( ), die offenbar das Pentagramm der illuminierten und revolutionären Freimaurerei darstellt, ein Symbol für die magischen und mächtigen Kräfte, mit denen das geheimnisvolle Zentrum hofft, die Herrschaft über das Universum zu erlangen und so die Menschen zu regieren. Der untere Teil ist der Drache der Apokalypse mit den sieben Köpfen; quer über seinen Körper ist das Wort „Kabalah" geschrieben, wie auch im Hebräischen, „Schem Hamphoras" und „Yod, He, Vau, He" - das Tetragrammaton. Das Schem Hamphoras, die kabbalistischen Schlüssel Salomons, die Schlüssel der universellen Wissenschaft, durch deren Kombinationen alle Geheimnisse der Natur offenbart werden sollen. Die vier Buchstaben, gleichsam die materielle Basis, sind die vier Tiere aus Hesekiels Vision; es sind die Sphinx mit dem Kopf eines Menschen, dem Körper eines Stiers, den Flügeln eines Adlers und den Klauen eines Löwen. Auch die vier Eigenschaften des astralen Lichts oder des Schlangenfeuers - auflösend, gerinnend, erhitzend und abkühlend -, die, vom Willen gelenkt, die ganze Natur verändern und Leben oder Tod, Gesundheit oder Krankheit usw. hervorbringen, je nach dem gegebenen Impuls. Außerdem ist es das Kreuz des Lebens oder der Erzeugung - die Kundalini.

Tod und Auflösung müssen der sogenannten Regeneration vorausgehen; deshalb endet der Schwanz des Drachens mit dem Kopf des Geiers des Saturn, des Zerstörers, der in seinem Schnabel das magische Schwert des Adepten mit den beiden Sicheln der Einheit auf dem Griff hält; dieses wird in den Körper des Drachens gestoßen, denn das Blut muss vergossen werden. Unter dem Drachen brennt das Feuer, er muss verbrannt werden, wie einst der Phönix, damit er aus der Asche erneuert und regeneriert aufersteht. Wie Rabaud Saint-Etienne gesagt hat: „Alles, ja alles muss zerstört werden, denn alles muss neu gemacht werden" - das ist Revolution. Die Zahl des Tieres ist 666, was kabbalistisch gesehen die Zahl 9 ist, die Zahl der Generation. Die sieben Köpfe stehen für die sieben Planeten oder Kräfte der Sonne oder die Farben des Prismas; kabbalistisch gesehen stehen sie auf dem verflochtenen Dreieck, den dualen schöpferischen Kräften, wobei jeder Winkel einen Planeten mit der Sonne in seiner Mitte hat. Zusammen stellen sie die vollständige magische Macht dar - den hebräischen Talisman, den Schild Davids!

Über dieser Basis erhebt sich die Frau BABALON, die Mutter aller pantheistischen und abscheulichen Kulte. Sie steht in der hermetischen Haltung „wie oben, so unten", ihre linke Hand hält eine brennende Fackel in Form des hebräischen Buchstabens Schin; dieser Buchstabe bildet zusammen mit dem Tetragrammaton unten das Pentagramm - den „Christus" oder das Instrument der illuminierten revolutionären Freimaurerei. Auf der Fackel befindet sich diese merkwürdige Inschrift, die von Henri Guillebert entziffert wurde: „Was die Kinder betrifft, tötet sie in großer Zahl. Heilig, heilig, heilig ist der Akt, sie zu opfern, wie auch sie zu vernichten. Ist das nicht wieder Saturn, der seine eigenen Kinder verschlingt - Revolution und Anarchie? Auf ihrer Brust steht „Demokratie" geschrieben, das negative und inspirierte Instrument aller Revolutionen. Die Inspiration wird durch den Buchstaben „M" über der Zirbeldrüse dargestellt, wo sich der Kopf und der Schwanz der Schlange vereinen und den Illuminismus hervorbringen. Sie ist die Vermittlerin, die den Einfluss von oben empfängt und weitergibt. Aus einem Kelch in ihrer rechten Hand schüttet sie alle Abscheulichkeiten und Unreinheiten in das Feuer darunter, um so den Holocaust auszulösen und die Herrschaft der unsichtbaren Mächte vorzubereiten. Alte Zivilisationen müssen aufgelöst und etablierte Systeme zerstört werden.

Nun hieß es 1914 in den vom arabischen Lehrer des R.R. et A.C. erhaltenen Anweisungen: „Vor jeder Zeremonie, sei es im Tempel oder privat, muss das *Feuer* (Energie) verbannt und *die Erde* angerufen werden, und das Ritual der *Saturnbeschwörung muss* durchgeführt werden, ‚um Frieden und Ruhe zu bringen'!" Pearce sagt uns in seinem *Lehrbuch der Astrologie*: „Der Einfluss des Saturn ist der dauerhafteste und bösartigste aller Planeten", er bringt der Welt keinen Frieden, sondern Zerfall, Leid, Schande, Klassenkampf und Anarchie. „Saturn gleicht einer Schwindsucht, die, obwohl sie in ihrem Fortschreiten kaum wahrnehmbar ist, durch keine menschliche Kraftanstrengung aufgehalten werden kann." Gilt das nicht auch für das krebsartige Wachstum der Einflüsse dieser subversiven Geheimgesellschaften und der bolschewistischen Propaganda?

Es ist merkwürdig, bei all diesen illuminierten Instrumenten der „Verborgenen Hand" festzustellen, wie magnetisches Heilen und magisch inspirierte Politik Hand in Hand gingen. Man muss nur die heutigen Illuminaten in England betrachten, um zu sehen, dass dies der Fall ist. In der Stella Matutina, vom verstorbenen Dr. Felkin, ihrem früheren Oberhaupt, bis hin zu ihrer St. Raphael Guild of Healing, die von einer bestimmten einflussreichen Gruppe klerikaler Mitglieder geleitet wird, findet man magnetisches Heilen verbunden mit einer subtilen Form von beschworenem politischem Einfluss, der oft in Kommunismus, Sozialismus und Pazifismus endet, der schwach die Doktrin des Friedens und der Feindesliebe um jeden Preis einimpft, alles inspiriert von ihren „verborgenen Meistern".

Zeremonien, wie sie der arabische Lehrer arrangiert hatte, wurden in der R.R. et A.C. während des Krieges durchgeführt, um die Macht des Pentagramms zu etablieren, mit besonderer Konzentration auf Russland und andere Länder, um Kraftzentren für die teuflische Arbeit dieser „Verborgenen Hand" vorzubereiten; die Gruppe in Neuseeland mit den Gruppen in England magnetisch zu verbinden, um ein Band rund um die Welt zu bilden, das von der unsichtbaren Macht kontrolliert wird, die die „Protokoll"-Idee der unzerstörbaren magnetischen Kette der symbolischen Schlange ausführt.

In seiner *Transzendentalen Magie* erklärt Eliphas Levi diese „Magische Kette" so:

> „Die magische Kette herzustellen bedeutet, einen magnetischen Strom zu erzeugen, der im Verhältnis zur Ausdehnung der Kette stärker wird... Hierin liegt das Geheimnis ihrer Kraft, die sie (die Kleriker) allein der Gnade oder dem Willen Gottes zuschreiben! ... Die Konzentration erfolgt durch Isolierung, die Verteilung durch die magnetische Kette."

Das sind die „Auserwählten" als Empfänger der Kräfte der Meister und als Übermittler dieser Kräfte.

> „Diese Kraft ist von sich aus blind, aber sie kann durch den Willen des Menschen gelenkt werden und wird durch vorherrschende Meinungen beeinflusst. Das Universelle Fluidum (Lebenskraft) ... ist das gemeinsame Medium aller nervösen Organismen und der Träger aller empfindsamen Schwingungen, es stellt eine tatsächliche physische Verbundenheit zwischen den beeinflussbaren Personen her und überträgt die Eindrücke der Phantasie und der Gedanken von einer zur anderen."

In allen erleuchteten Gruppen setzen die Zeremonien, Übungen, Lehren und Botschaften der Meister einen magnetischen Strom in Gang, und wie Elipbas Levi erklärt:

> „Die Wirkung des Stroms besteht darin, Personen, die beeinflussbar und schwach sind, nervöse Organisationen, zu Hysterie und Halluzinationen neigende Temperamente, zu transportieren und oft über die Maßen zu erhöhen. Solche Menschen werden bald zu mächtigen Trägern der magischen

Kraft und projizieren effizient das astrale Licht *in die Richtung des Stroms selbst.*"

Wie man an den kometenhaften Zahlen aller Revolutionen sieht! Um erfolgreich gegen eine solche Strömung zu kämpfen, sind ständiger konzentrierter Wille und Initiative erforderlich. Zusammen bilden diese vielen Gruppen die magnetische Kette, die die Kräfte der kabbalistischen Juden in das soziale, religiöse, politische, wirtschaftliche, künstlerische, heilende und erzieherische Leben überträgt. Wie der verstorbene Dr. Felkin im Jahr 1917 schrieb: „Wir sind der kleine Sauerteig, der den Klumpen säuert." Nach Weishaupt gehören die Künstler zu den begehrtesten Instrumenten!

Es sollte, denke ich, klar verstanden werden, dass das Ziel dieses Buches nicht darin besteht, zu zeigen, dass das große hermetische Arkanum an sich böse ist, sondern vielmehr seine Pervertierung, und dass das Wissen und die Macht, diese verborgenen Naturgesetze anzuwenden, in den Händen böser und ehrgeiziger Adepten, insbesondere „unbekannter Häuptlinge", zu einer enormen Gefahr für die unachtsame und ahnungslose „Menschheit" werden kann. Die Macht, die im Illuminismus eingesetzt wird, basiert weitgehend auf einem tiefen Verständnis der Wissenschaft des Lichts, der Form (geometrische Symbole), der Bewegung (Rhythmus), der Zahlen, des Klangs, der Farbe (Minutum Mundum), der Düfte usw. All dies wird in Form von Entsprechungen in okkulten Gesellschaften verwendet, um Kräfte/Schwingungen zu erwecken, die auf den Geist und das Nervensystem von Männern und Frauen einwirken. Wie es im 5-6 Ritual des R.R. et A.C. heißt: „Farben sind Kräfte und die Signaturen der Kräfte, und Kind der Kinder der Kräfte bist du."

Nehmen Sie zum Beispiel ein Quadrat mit einem Symbol in der Mitte, das in einem leuchtenden Rot gefärbt ist, und platzieren Sie um dieses Symbol herum und daneben die richtige Komplementär- oder Negativfarbe dieses Rots; sofort wird das ganze Quadrat aufleuchten und mit Schwingungen lebendig werden.

Zur Veranschaulichung von Klangschwingungen schrieb der verstorbene Max Heindel von der „Rosicrucian Fellowship", Kalifornien, in seiner *Rosicrucian Cosmo-Conception:*

> „Diese unsichtbaren Klangschwingungen haben große Macht über konkrete Materie. Sie können sowohl aufbauen als auch zerstören. Wenn man eine kleine Menge sehr feinen Pulvers auf eine Messing- oder Glasplatte legt und einen Geigenbogen über den Rand zieht, bewirken die Schwingungen, dass das Pulver schöne geometrische Figuren annimmt. Auch die menschliche Stimme ist in der Lage, solche Figuren zu erzeugen, und zwar immer die gleiche Figur für den gleichen Ton. Wenn man eine Note oder einen Akkord nach dem anderen anschlägt - eine Geige -, wird schließlich ein Ton erreicht, der den Zuhörer veranlasst, eine deutliche Vibration im hinteren, unteren Teil des Kopfes zu spüren ... dieser Ton ist der „Grundton" der Person, auf die er so wirkt. Wenn er langsam und beruhigend angeschlagen wird, stärkt er die Nerven und stellt die Gesundheit wieder her. Wenn er dominant, laut und lang genug angeschlagen wird, tötet er so sicher wie eine Pistolenkugel."

De Quincey hat gesagt:

> „Dieser Tempel (Salomons) soll von Menschen gebaut werden, aus lebendigen Steinen, und die wahre Methode und Kunst des Bauens mit Menschen zu lehren ist die Aufgabe der (rosenkreuzerischen) Magie."

Dies sind also einige der Kräfte, die beim Bau dieses Tempels aus lebendigen Steinen eingesetzt werden.

Nun ist es interessant, dass Dr. Felkins arabischer Lehrer auch ein Baumeister war, der lebende Steine verwendete, denn er sagte:

> „Die Steine müssen alle da sein, bevor der Kreis von Nutzen sein kann. Jeder Stein muss zuerst in die richtige Form gehauen werden. Jeder muss in der Lage sein, Hand in Hand mit den anderen aufrecht zu stehen. Das Licht in jedem Stein

muss so stark werden, dass es weit genug ausstrahlt und sich mit den anderen Steinen zu einem Regenbogen vermischt (der das so genannte 'Göttliche Weiße Licht oder die Brillanz', die I.A.O. oder die Schlangenkraft vereint und bildet). Zwischen den Mitgliedern muss Harmonie und Selbstvertrauen herrschen. Jeder Stein wird intuitiv ein Symbol in sich wahrnehmen, das gleichzeitig die Funktion des einzelnen Steins und seine Eignung zur Erfüllung dieser Funktion bezeichnet. Dieses Symbol muss gesucht und von innen heraus entwickelt werden; denn obwohl das Symbol im Geist des Arabers ist und daher jedem von außen suggeriert wird, muss es von innen heraus entwickelt werden, indem es allmählich dem Eindruck von außen entspricht. Die Kraft, die notwendig ist, um diese Symbole von außen zu entwickeln, wäre so groß, dass sie eine Verschwendung von Kraft bedeuten würde, und es ist nicht der richtige Weg, der zu gehen ist.

Die Steine sollten sieben Planeten für den inneren Kreis und die zwölf Tierkreiszeichen für den äußeren Kreis darstellen.

Als Beispiel für diese Methoden ist das Folgende aufschlussreich: Ein Mitglied der Gruppe des Arabers war nach einer Sitzung sehr erschöpft, und der Grund dafür wurde von dem Araber so erklärt:

„Sie muss positiver sein und sich entschlossen dazu bringen, *zu bestimmten Zeiten keine Gedanken zu formulieren, damit* der Pool ihrer Aura glatt wird. Bevor sie mit starken Schwingungen zusammentrifft, sollte sie ein gleichstarkes Kreuz auf der Innenseite ihrer Aura machen, das sich mit dem Kreuz trifft, das ich auch auf der Außenseite mache. Wenn sie dies tut, wird es eine Tür für die Schwingungen bilden, durch die sie eintreten können, und sie werden dann auf eine ausgeglichene Weise kommen."

Wenn diese Anweisungen befolgt werden, kann der Araber, nachdem er einen Zustand der Passivität herbeigeführt und eine Tür geöffnet hat, die alle Widerstände aufhebt, alle Schwingungen und Suggestionen einfließen lassen, die erforderlich sind, um diesen Stein für die Nische zu formen, die er in diesem Tempel der lebendigen Steine einnehmen soll.

Auch das Folgende zeigt, wie ein fortgeschrittener Adept, sogar in großer Entfernung, benutzt wird, um auf einen anderen Adepten zur Förderung dieser Pläne einzuwirken. Dr. Felkin in Neuseeland schrieb am 4. Februar 1918 an den Ruling Chief in England:

„Plötzlich spürte ich dort (in seinem Arbeitszimmer) eine Präsenz, und es war ein großer Mann, nicht unähnlich Tagore (aus dem Osten), gekleidet in eine Art bräunliches Kleid mit braunen Schuhen mit länglichen umgedrehten Zehen. Lange, schöne, weiße Hände und keine Kopfbedeckung. Er sagte: „Die Zeit einer großen Krise kommt jetzt, schickt alle Hilfe, die ihr könnt, zu Het-ta (dem regierenden Häuptling), der Hilfe braucht. Die Schwingungen waren so stark, dass mein Verstand taub wurde. Ich versuchte, mehr zu verstehen, aber die Worte schienen mir unverständlich. Als er ein Zeichen gab ... umhüllte ihn eine Wolke und er verschwand. Er kam letzte Woche zweimal.‟

Die so genannte Hilfe sollte den möglichen Widerstand des Londoner Oberhauptes gegen ihre teuflischen Pläne brechen. Ihre Bemühungen waren erfolgreich, aber nur für kurze Zeit. Wer kann schon sagen, wer diese unsichtbaren Zauberer sind, die diesen Tempel aus lebenden Steinen errichten würden - Männer und Frauen, deren Leben sie „auffressen‟ würden? Sie allein sind im Besitz der wahren Geheimnisse und bleiben daher für immer die Meister.

In vier Artikeln in der *Morning Post*, 25. bis 29. Oktober 1927, erörtert Sir Oliver Lodge. „Physics and Psychics‟ - das Mysterium des Äthers. Sein Ziel ist es, wissenschaftliche Untersuchungen aller psychischen Phänomene usw. zu befürworten, abgesehen von der Verwendung von Medien oder der Fotografie, die er beide zu Recht als unzuverlässige Beweise für die Realität der Kommunikation mit den Toten betrachtet. Er schreibt, dass Studenten der Metapsychologie,

„durch tatsächliche Erfahrung und Experimente wissen, dass es eine telepathische Methode der Kommunikation zwischen Geist und Verstand gibt, die nicht die Sinnesorgane benutzt und auf eine gegenwärtig völlig unbekannte Art und Weise abläuft ... der sicherste Plan ist es, anzunehmen, dass sogar bei Telepathie und Hellsehen ein physisches Vehikel beteiligt ist ... Diejenigen, die sich mit Metapsychologie befassen, sind sich der Tatsachen bewusst, die die Existenz eines Ätherkörpers nahelegen - das heißt, eines physischen Instruments, das die Grenzen des Raums überschreiten und Kunststücke vollbringen kann, die für einen materielleren Organismus unmöglich sind. Das *reisende Hellsehen* (oder Astralprojektion) ist eines davon, die Erscheinung ein anderes... Der Äther ist reichlich substanziell und kann jede bekannte Art von Kraft übertragen."

Der Äther, sagt er, hat drei Eigenschaften - „dielektrischer Koeffizient, magnetische Permeabilität und Lichtgeschwindigkeit". Diese drei, so Clerk Maxwell, sind miteinander verbunden und können zusammen „definitiv und absolut eine Einheit" bilden - die elektromagnetische Kraft, die Serpent Power, der alles durchdringende Äther!

In okkulten Gesellschaften wird viel psychische Arbeit und Magie betrieben, um den Astralkörper von der Materie zu lösen - wobei immer ein Verbindungsglied bestehen bleibt -, so dass er nach Belieben durch den Äther in jede beliebige Entfernung und mit unglaublicher Geschwindigkeit projiziert werden kann. Häufiger ist es der Wille und die Magie des Meisters, die, ohne dass der Adept es merkt, den Astralkörper des Adepten zurückziehen und hin- und herschicken - ein wenig nach der Methode eines Mediums unter hypnotischer Kontrolle -, ätherische Verbindungen schaffen und auf andere Weise die Arbeit tun, die Pläne der Illuminaten voranzutreiben. Er ist ihr Instrument. Um dies zu veranschaulichen, schreibt Frau Felkin in einer kurzen Geschichte des Ordens, 1919:

„Der Verborgene Orden ist also international und gehört keiner Rasse oder Nation an. Obwohl er immer geheim und verborgen ist, wählen die Meister von Zeit zu Zeit einen oder zwei aus, um sie als Lehrer auszusenden, wenn die Welt für sie bereit ist... Solche Lehrer versammeln sich um die inneren geheimen Orden, und zu den Mitgliedern dieser Orden, die für würdig befunden werden, werden Boten von den verborgenen Meistern gesandt, um sie zu unterrichten, nicht materiell, sondern auf der Astralebene.

„Wenn die Schüler den Mut, die Geduld, die Ausdauer und die Loyalität haben, dieser Lehre zu folgen und die Methoden zu praktizieren, wird die Zeit kommen, in der sie direkte Anweisungen von den verborgenen Meistern erhalten, entweder einzeln oder in Gruppen; und es kann sein, dass die Schüler schließlich zu einem der großen geheimen verborgenen Tempel geführt werden, die es hier und da in der Welt gibt. Wir, eure Oberhäupter, können sagen, dass wir dies mit unserem Wissen wissen, weil wir es so empfangen und besucht haben. Es liegt in eurer Macht, das zu tun, was wir getan haben, aber es erfordert Geduld, Glauben, Selbstaufopferung und die Ordnung des äußeren Lebens, bevor die innere Lehre empfangen werden kann. Ihr müsst Opfer bringen und bereit sein, manchmal sogar euren eigenen Willen aufzugeben und auf viele Arbeiten und Vergnügungen zu verzichten, die andere zu genießen scheinen."

Das oben Gesagte ist zweifellos von diesen Meistern selbst inspiriert, um zu täuschen und die für ihr großes Werk notwendigen Werkzeuge zu erhalten. Der Weg zu einer solchen Lehre ist die „Einweihung", und das führt, wie wir gesehen haben, zum Verlust der Persönlichkeit und möglicherweise zur Besessenheit.

Der Tempel, von dem oben die Rede war und den die Häuptlinge besuchten, war ein Sonnentempel, zu dem sie von dem Araber astral geführt wurden. Er hatte viele kleine Kapellen, von denen jede eines der zwölf Tierkreiszeichen, die Planeten usw. darstellte, und an deren Spitze ein Dreieck von Meistern stand - der Meister des Lichts, der Meister des Friedens und der Rosenmeister. Sie nahmen an vielen Zeremonien teil und erhielten viel Unterricht.

Über diesen Tempel sagte der Araber, November II, 1911:

> „Jede Kapelle deutet auf eine Lebenskraft hin, die wir nun zu erfahren beginnen. Wir haben sozusagen die Zutaten zusammengestellt, und nun muss das FEUER entzündet und die Zutaten eingekocht werden. Bevor dies nicht geschehen ist, kann er unsere Anweisungen nicht vollenden, denn wir können den Schleier nicht durchdringen, der immer über dem Osten hängt...

Er erklärte erneut:

> Wir sollen uns nicht aufdrängen oder es erzwingen, aber wenn sich eine Öffnung ergibt, sollen wir schnell und bereit sein, sie zu ergreifen, denn sie würde dazu beitragen, die (magnetische) Kette zu verbinden, die er allmählich psychisch gebildet hat. All diese Zeremonien und Menschen, die wir gesehen haben, als wir mit A.B.S. zusammen waren, hatten einen bestimmten Zweck, den er langsam ausführt, aber wenn wir hier und da ein Glied auf der materiellen Ebene aufgreifen können, verstärkt das die Wirkung des anderen sehr.

Wieder erhalten wir eine weitere Nachricht von dem vermeintlichen Christian Rosenkreutz, in der es heißt: „15. Juni 1919:

> Wir stehen vor einer Krise, und diejenigen, die in die Innere aufgenommen wurden, haben ein Recht auf eine klare Aussage darüber, was wir selbst über den Orden glauben. Wenn wir ohne Furcht voranschreiten, im Vertrauen auf das, was wir erhalten haben, wird er (der C.R.C.) so wie bisher hinter uns stehen und uns als Werkzeuge in dem Werk benutzen, das er unternommen hat. Wenn wir *Werkzeuge* sein sollen, müssen wir den Gedanken an uns selbst ablegen und nur an die Botschaft denken.

Um zu zeigen, auf welche Weise Frau Felkin als Sprachrohr dieser gefährlichen und heimtückischen Mächte benutzt wird, ist die folgende Erklärung von Dr. Felkin mehr als bezeichnend (Juni 1919):

> Gestern hatten wir einen herrlichen Fronleichnamstag (Zeremonie, um das Licht in das Innere Gewölbe und den Tempel zu bringen und die Verbindung mit diesen Meistern zu bekräftigen) ... als wir durch das Gewölbe gingen, schien es, als ob wir durch flüssiges Feuer gingen. Später, als der 'Göttliche Weiße Glanz' (Astrallicht) herabgebracht wurde, sah das elektrische Licht wirklich schwach aus, so stark war es. Alle waren sehr beeindruckt; als Q.L. (Frau Felkin) sprach, schien ihre Stimme ganz verändert zu sein, und sie sagte hinterher, dass sie Dinge sagte, die sie überhaupt nicht bereit gewesen war zu sagen, aber die Worte kamen zu ihr.'

Dies ist sehr ähnlich wie Krishnamurtis Überschattung durch Maitreya; es war eine teilweise Besessenheit durch diese Meister, C.R.C. oder den Araber! Es ist das Ergebnis eines blinden und leichtgläubigen Glaubens!

Um jeden Zweifel oder Verdacht bezüglich der Botschaften zu zerstreuen, sagte der Araber:

> „Engelsbesucher kommen ständig vorbei, sie bringen ihre Botschaften schnell, sie mögen dich mit ihren Flügeln berühren, sie mögen nur an dir vorbeifliegen und dich für einen Moment mit ihrer Atmosphäre umhüllen, aber in diesen geheimnisvollen und wunderbaren Momenten hinterlassen sie in deinem Wesen eine Botschaft des Göttlichen, und du würdest eine Gelegenheit verpassen, wenn du diese Botschaft nicht annähmst und darüber meditierst; es könnte lange dauern, bis sie wiederkommen, und wenn sie dann kommen, könnte es zu spät für dieselbe Botschaft sein ... Lass deine Ohren wachsam und deine Augen stets offen sein und fürchte dich nicht, solche Botschaften anzunehmen. Ihr Gebrauch kann dir nicht schaden, solange du im Schutz des Ordens bleibst. Solange du im Heiligsten Herzen verweilst und in Demut zu Füßen des Kreuzes kniest, an dem dein Meister für dich gestorben ist."

Nicht der Christus der Christen, sondern der Meister des Großen Orients der Judäo-Freimaurerei. Und den Arabern zufolge ist ihr wahres Symbol des ewigen Lebens die *Ellipse - der* Weg des Lichts, dem die ganze Natur folgt: Sie wird im Ei dargestellt, aus dem das Leben entspringt - und das alle Dinge enthält. Ihre Weisheit ist also die Weisheit der Natur und nicht die des allmächtigen göttlichen Schöpfers.

Auf diese Weise täuschen und versklaven sie diejenigen, die sie als Werkzeuge benutzen wollen. Wie also werden diese wissenschaftlichen Forscher sich selbst und andere davon überzeugen, dass diese spirituellen Erscheinungen und ihre Begleitphänomene nicht diese verborgenen Meister sind, die sich als spirituelle Lehrer und Geister der Toten ausgeben, die nach jemandem suchen, den sie verschlingen können? Sowohl für Okkultisten als auch für Spiritualisten ist dies eine sehr wichtige Frage; beide suchen nach einem neuen Himmel und einer neuen Erde, einer neuen Rasse und einem neuen Zeitalter - dem uralten Traum Israels!

Es ist merkwürdig, die folgenden Anweisungen zu beachten, die von Dr. Felkin aus Neuseeland geschickt und von dem angeblichen Christian Rosenkreutz im Gewölbe des Inneren Tempels gegeben wurden; es handelt sich offenbar um eine subtile Methode gegenseitiger Schwingungen, die zwischen dem neuseeländischen und dem Londoner Tempel eingerichtet werden sollen, um sie durch die Schlangenkraft oder feinere Kräfte der Natur miteinander zu verbinden und ein mächtiges Instrument, eine magnetische Kette, die von diesem geheimnisvollen Zentrum kontrolliert wird, das immer danach strebt, die Menschheit zu beherrschen, einzuweihen. Hier sind die Anweisungen und Erklärungen:

„Der Ruling Chief in London soll so vorgehen, wie wir es hier tun, indem er jedes der 5-6 Mitglieder der Reihe nach in das Gewölbe bringt und sie persönlich dem C.R.C. vorstellt, wobei er für jeden von ihnen eine spezielle Karte aus dem TAROT-Pack erhält. Wenn jeder vorgestellt wird, gibt C.R.C. ihm eine Karte, und diese Karte ist ein Schlüssel für die

Entwicklung des Individuums (sein Symbol)... Wenn sie es können, und wir den kompletten Tempel von 78 (Zahl des Tarotspiels!) bekommen, werden unsere Tempel in der Lage sein, voll zu funktionieren, und wenn jeder die wahre spirituelle (astrale) Bedeutung seiner eigenen Karte entdecken kann, wird jeder Tempel dann als Ganzes (vollständig) sein. Wenn diese beiden Tempel in ihren inneren Mitgliedern vollständig sind, werden sie polarisiert werden, und die gegenseitigen Strömungen werden erweckt werden, und diejenigen, die ähnliche Karten (in den beiden Tempeln) erhalten, werden Paare bilden und sollten miteinander in Kontakt sein, denn jede Karte hat einen positiven und einen negativen Aspekt... Wenn die Zeit kommt, sollten die beiden Tempel bereit sein, gemeinsam zu handeln."

Hier haben wir wieder die „unzerbrechliche Kette" der „Protokolle", und zu welchem Zweck? „Die bestehenden Konstruktionswaagen werden bald zusammenbrechen, weil wir sie ständig aus dem Gleichgewicht bringen, um sie umso schneller zu verschleißen und ihre Effizienz zu zerstören" Weltrevolution und die Zerstörung des verhassten Britischen Empire!

Im Buch „The Great Known", das vom Leiter der „Sadol-Bewegung" geschrieben wurde, einer illuminierten Freimaurergruppe in Kalifornien, die unter der Kontrolle der Großen Schule (oder Großen Weißen Loge) steht, finden wir eine Methode, mit der sie gelehrt werden, mit diesen unbekannten Meistern in Kontakt zu treten, die als „die sehr weisen und mächtigen Lichtgestalten" bezeichnet werden. Sie lehrt, dass „der materielle Körper, wenn er sich auf den spirituellen Ebenen des Lebens entwickelt, zu einem Dynamo von immer größer werdender Kraft und LICHT wird." Über diesen Zustand schreibt Eliphas Levi in seiner *Geschichte der Magie*: „Dies kann geschehen, wenn unser Nervensystem, das an alle Spannungen und Ermüdungen gewöhnt wurde, durch eine Reihe fast unmöglicher Übungen ... zu einer Art lebendem galvanischem Pfahl geworden ist, der fähig ist, das (astrale) Licht, das berauscht und zerstört, zu verdichten und kraftvoll zu projizieren.

Sie versucht zu zeigen, dass sie zu Meisterschaft und Selbstbeherrschung führt, aber bei sorgfältiger Betrachtung erweist sie sich lediglich als bewusste Medialität, die von einer listigen und vorsätzlichen Täuschung inspiriert ist, die dem Adepten ein falsches Vertrauen gibt und ihn dazu bringt, seine physischen Sinne loszulassen und auf der Astralebene zu arbeiten, wo er, umschlossen von Formeln, die von diesen Meistern selbst gegeben werden, ihnen vollkommen ausgeliefert ist.

Die Methode ist anderen illuminierten Gruppen - dem R.R. et A.C. sowie dem Sonnenorden von Edinburgh - gemeinsam und kann von einem oder einer Gruppe von Adepten angewendet werden. Eine regelmäßige Stunde muss festgelegt und eingehalten werden - die Sonnenstunden sind am besten, da das Sonnenlicht offensichtlich die Kommunikation unterstützt - der Raum wird durch Formeln vorbereitet, die, da sie geheim sind, nicht angegeben werden, aber sie dienen dazu, die Arbeiter einzuschließen und zu isolieren und bestimmte Kräfte zu erwecken und Schwingungen zu erzeugen, die notwendig sind, um den Kontakt herzustellen. Der Adept muss vor einem schwarzen Vorhang sitzen, sich bewusst konzentrieren und sich bemühen, „die Kluft der Sinneswahrnehmung zu überbrücken", die überschritten werden muss, wenn der Kontakt hergestellt werden soll. Dies kann in Form von Suggestionen, Worten, Symbolen, Bildern, durch das Kommen des Meisters selbst in seinem Astralkörper oder sogar durch die Projektion des eigenen Astralkörpers des Adepten in einen Tempel oder an einen anderen gewünschten Ort geschehen, immer unter der Kontrolle des Meisters! Es gibt keine Möglichkeit, diese Meister zu testen; man muss ihnen vertrauen, eine Sache des blinden Glaubens, der Aufhebung aller Vernunft, was unweigerlich zur Mediumschaft und nicht zur Meisterschaft führt. Das war die Methode der Anbeter im arabischen Heiligtum; sie sollten einen Dynamo der Macht und des Lichts bilden, der von den Illuminaten für die kommende *Welterneuerung* genutzt werden sollte!

In der Tat hat dieser ganze Wahnsinn offenbar Methode! Der einzig mögliche Name dafür ist Schwarze Magie, und kann man sich über die gotteslästerlichen und aufrührerischen Ergüsse unserer „roten" Geistlichen wundern, von denen zumindest einige Mitglieder der Stella Matutina und der R.R. et A.C. sind, deren Hauptziel es war und ist, so viele Geistliche wie möglich zu fassen, um die Kirche von innen heraus zu bohren, zu zerrütten und sie der öffentlichen Lächerlichkeit preiszugeben, so wie es auch die Sowjets tun! Wer sind nun diese Meister und was ist die Große Weiße Loge"?

In den Veröffentlichungen und Protokollen der Theosophen und einiger anderer Geheimgesellschaften wird die Große Weiße Loge häufig als eine äußere, höhere Macht bezeichnet, die die Angelegenheiten dieser irdischen Gesellschaften leitet. In vielen Verweisen scheint es, dass die Loge aus übermenschlichen oder sogar himmlischen Wesen besteht, in anderen wiederum, dass sie nur aus Menschen besteht. Wir glauben, dass es sich um eine Gruppe von Menschen aus Fleisch und Blut handelt, die aus beliebiger Entfernung *ätherische Verbindungen* zu den Führern dieser Gesellschaften herstellen können und die im Geheimen mit Hilfe jenes Lichtes arbeiten, das „töten oder lebendig machen" kann, indem es unvorsichtige Männer und Frauen berauscht, blendet und, wenn nötig, vernichtet, indem es sie als Instrumente oder „Lichtträger" benutzt, um diesen verrückten und bösen Plan der Weltherrschaft durch das Gottesvolk, den kabbalistischen Juden, zu verwirklichen.

Laut dem verstorbenen Max Heindel, einem Schüler Steiners und verstorbenen Leiter der „Rosenkreuzergemeinschaft", Kalifornien:

> „Es gibt an verschiedenen Orten der Erde eine Anzahl dieser Schulen der kleineren Mysterien, von denen jede aus ZWEI Brüdern besteht, und auch ein *dreizehntes* Mitglied. Letzteres ist das Bindeglied zwischen den verschiedenen Schulen, und alle diese Oberhäupter oder dreizehnten Mitglieder bilden das, was man gewöhnlich die Weiße Loge nennt - nämlich ein oberstes Konklave der Ältesten unter unseren Brüdern, die jetzt die volle Verantwortung für die menschliche Evolution tragen und die Schritte planen, denen wir folgen sollen, um

voranzukommen."

Einige Jahre lang trafen sich Dr. Felkin und eine Gruppe von R.R.- und A.C.-Mitgliedern sonntags, um mit dem arabischen Lehrer in Kontakt zu treten und Astralarbeit zu leisten, dessen Mission, wie wir gesehen haben, darin bestand, die Vereinigung von „Ost und West" herbeizuführen, indem er eine magnetische Kette von Adepten rund um die Welt als Mittel zur Kontrolle durch diese Meister bildete. Das Folgende ist eine der bedeutendsten dieser astralen Erfahrungen. Als es stattfand, wurde es Wort für Wort vom Schreiber aufgezeichnet, und der „Kanal" - der es mit zwei anderen sah - war unser Informant:

„16. *April* 1916.

„Ein dunkler Raum mit dunklem, poliertem Boden und dunklen Wänden. Menschen sitzen um einen langen polierten Tisch. Ein alter Mann sitzt am Kopfende in einem geschnitzten Sessel. An den Wänden befinden sich Lampen, die sich auf dem polierten Boden spiegeln. Alle sind in dunkle Gewänder gekleidet; der alte Mann trägt eine seltsame Kappe, die der des jüdischen Hohepriesters nicht unähnlich ist und an den Seiten wie Hörner nach oben gebogen ist. Sie ist rot und mit Gold und Juwelen bestickt. In der Mitte des Tisches steht ein Feuer, auf das ab und zu jemand ein wenig Weihrauch wirft. Jeder hat eine Schale mit Weihrauch vor sich, jeder von einer anderen Sorte, und sie streuen alle nacheinander. Der Platz am Fuß des Tisches, ähnlich wie der am Kopf, ist frei, also insgesamt *dreizehn*; auf beiden Seiten des Tisches sitzen jeweils sechs Personen. Der alte Mann spricht. Er hat helle, dunkle Augen mit eher hängenden Lidern. Er scheint zu sagen: „Die Zeit rückt näher, und wir sind noch nicht vollständig vorbereitet. Ich muss hier bleiben, um das Feuer am Brennen zu halten, aber ihr müsst jeder in sein Land zurückkehren, und wenn wir uns wieder hier versammeln, wird der freie Stuhl besetzt sein. Sie alle machen mit der linken Hand ein Zeichen, als ob sie damit schnell einen Strich auf der rechten Hand ziehen würden, die mit die Finger steif zusammengehalten wurde, wobei der rechte Ellbogen auf dem Tisch ruhte. Sie haben tief eingravierte Siegelringe am ersten Finger, große dunkle Steine. Vielleicht treffen wir denjenigen, der in dieses Land zurückkehren wird. Es ist schwierig, die Gesichter zu erkennen, da sie Dominosteine mit über den Kopf gezogenen Kapuzen tragen. Jetzt stehen alle auf und wiederholen einen lateinischen Vers. Zuerst etwas im Gleichklang - Johannes IV.7-12 (Johannismus!). Dann sagt jeder nacheinander ein Wort aus einem der Texte. Der Mann, der hierher kommen soll, sagt „Amor". Dann sagen sie gemeinsam: „Nobis hoc signum". Der alte Mann sieht italienisch oder jüdisch aus... Draußen ist es sehr bergig... Er steht jetzt und ist an die Seite seines Stuhls getreten, der auf zwei Stufen zu stehen scheint, so dass er sich auf gleicher Höhe mit dem Tisch befindet. Die Leute gehen an ihm vorbei, und jeder gibt einen Griff und ein Passwort. Dieses Passwort scheint das Wort von jedem zu sein, das in dem Satz gesagt wurde. Sie stellen sich vor einer mit einem Vorhang verschlossenen Tür auf und blicken auf ihn. Er trägt ein schweres goldenes Kreuz um den Hals, mit dem er sie segnet. Sie machen eine Geste wie ein Salaam und verschwinden hinter dem Vorhang. Auf dem Tisch vor dem Sitz des alten Mannes liegt ein schwarzer Lotosstab aus Ebenholz. Der Lotus ist zu einem Kegel geschlossen, um den herum ein Licht brennt. Der alte Mann wird allein gelassen; er geht um den Tisch herum und legt die Reste des Weihrauchs aus jeder Schale auf das Feuer. Nun nimmt er seine seltsame Mütze ab und legt sie auf den Tisch neben den Zauberstab. Er nimmt seinen Dominostein ab, er sieht sehr nachdenklich aus. Er ist nicht älter als fünfundfünfzig oder sechzig, hat einen seidigen, dunklen Bart, einen dunklen Schnurrbart, dunkles Haar, das in der Mitte gescheitelt ist, sich kräuselt und nur oben dünn herausschaut. Er hat eine Soutane angezogen. Jetzt nimmt er seinen Zauberstab in die Hand; er drückt auf einen kleinen Knopf am Griff, und die Blume fällt auf. Die Blume ist aus Perlmutt mit einem glänzenden Kristall in der Mitte. Sie ist flach, aber sie funkelt im Licht. Er sagt etwas in einer fremden Sprache über das Gesetz: 'Das Gesetz soll erfüllt werden'!"-

Der Grund für die obige Darstellung war: „Der Araber möchte, dass wir erkennen, dass überall auf der Welt diejenigen, die die

Lichtträger der Zukunft sind, sich rüsten, um in Bereitschaft zu sein." Es gibt also geheimnisvolle Männer, die noch im Körper des Fleisches sind - die astral erscheinen und ätherische Verbindungen herstellen und Kanäle aufbauen, durch die sie die Welt auf die sogenannte „Pfingstflamme" oder den Welt-Illuminismus vorbereiten können, der die „Universelle Republik" des Grand Orient Judaeo herbeiführen soll.

Die Stella Matutina und die R.R et A.C. haben als verborgene Meister ein Oberhaupt und zwölf Brüder, die unter ihm arbeiten, wie wir später sehen werden.

In den Prophezeiungen von Jane Lead, 1681-1704, die dem Rosenkreuzertum und dem Illuminismus zuzuordnen sind und eng mit den Lehren der SM übereinstimmen und mit ihren sieben aufeinanderfolgenden Propheten die Inspiration für die gegenwärtige Panacea-Gesellschaft darstellen, finden wir: „Er (der Meister) wird jetzt auch ZWEI Hauptpersonen als Grundsteinbauer wählen und einsetzen ... wie von ihrem Haupt geleitet; und so fortfahren, die Zahl der Jünger zu vervielfachen, bis sie zahllos sind." Die Prophezeiungen beziehen sich auf einen Zweiten Advent.

In Bezug auf die Verwendung von I John *schreibt* Mrs. Nesta Webster in ihrem Buch *Secret Societies and Subversive Movements:*

„So bemerkt Dr. Ranking, der sich viele Jahre lang mit dieser Frage beschäftigt hat ... in einem sehr interessanten Artikel, der in der Freimaurerzeitschrift „Ars Quatuor Coronatorum" veröffentlicht wurde: „Dass von den Anfängen des Christentums an durch die Jahrhunderte hindurch in den verschiedenen offiziellen Kirchen eine mit dem Christentum unvereinbare Lehre weitergegeben wurde. Dass die Körperschaften, die diese Lehren lehrten, sich auf die Autorität des heiligen Johannes beriefen, dem, wie sie behaupteten, die wahren Geheimnisse vom Gründer des Christentums anvertraut worden waren, dass während des Mittelalters die Hauptstütze der gnostischen Körperschaften und der Hauptverwahrer dieses Wissens (Johannismus) die Gesellschaft der Templer war." Und er sagte weiter: „Die Geschichte der Templer in Palästina ist eine einzige lange Geschichte von Intrigen und Verrat seitens des Ordens." „

Viele der heutigen Gruppen glauben, dass sie in direkter Verbindung mit Christus stehen!

Auch hier zitiert sie Lecouteulx de Canteleu:

> „In Frankreich bildeten die aus dem Orden ausgetretenen, fortan verborgenen und sozusagen unbekannten Tempelritter den Orden vom Flammenden Stern und vom Rosenkreuz, der sich im fünfzehnten Jahrhundert nach Böhmen und Schlesien ausbreitete."

Seltsamerweise ist das Symbol der Stella Matutina der fünfzackige Stern und das der R.R. et A.C. der sechszackige Stern und das Rosenkreuz.

Weiter erzählt sie uns, dass in den „Melchisedeck-Logen" der Grad des Rosenkreuzes den wichtigsten Platz einnimmt. Der Orden wurde üblicherweise als „Asiatische Brüder" bezeichnet, deren Zentrum sich in Wien befand, obwohl seine tatsächlichen Ursprünge unklar sind.

> „Ihr weiterer Titel 'Ritter und Brüder des heiligen Johannes des Evangelisten' deutet auf eine johanneische Inspiration hin ... de Luchet, der als Zeitgenosse in der Lage war, Informationen aus erster Hand zu erhalten, beschreibt die Organisation des Ordens, der, wie man sehen wird, vollständig jüdisch war, so. Die Oberleitung wird der kleine und beständige Sanhedrim Europas genannt ... der Orden hat die wahren Geheimnisse und die moralischen und physischen Erklärungen der Hieroglyphen des sehr ehrwürdigen Ordens der Freimaurerei. Der Eingeweihte muss absolute Unterwerfung und unerschütterlichen Gehorsam gegenüber den Gesetzen des Ordens schwören... 'Wer', fragt de Luchet, 'hat dem Orden diese sogenannten Geheimnisse gegeben?

Das ist die große und heimtückische Frage für die Geheimbünde. Aber der Eingeweihte, der für immer im Orden bleibt und bleiben muss, erfährt das nie; er wagt nicht einmal, danach zu fragen. Er muss versprechen, sie nie zu stellen. Auf diese Weise bleiben diejenigen, die an den Geheimnissen des Ordens teilhaben, die Meister."' (Siehe das Gelöbnis von Dr. Felkin an den Dritten Orden im Jahr 1909).

Dies trifft zutiefst auf die heutigen Geheimbünde zu. In den Prophezeiungen von Jane Lead ist vom „Oberen Gericht und Rat" die Rede, und wir lesen: „Um in die aufeinanderfolgenden Grade des Melchisedeck-Ordens aufzusteigen, ist das gesamte Brandopfer erforderlich." Im S.M. finden wir ein spezielles Ritual für die Anrufung von Melchisedeck, und auch einen höheren Grad im R.R. et A.C. Wie der Graf von Saint-Germain über seine Melchisedeck-Priesterschaft sagte: „Du wirst den Lauf der Sterne lenken, und diejenigen, die Reiche regieren, sollen von dir regiert werden." Gilt das nicht auch für die heutigen Geheimgesellschaften oder zumindest für die Macht, die durch sie wirkt?

Außerdem schreibt Frau Nesta Webster in Bezug auf „den Meister" von Frau Besants Co-Masonry:

„Aber im dritten Grad wird die erstaunliche Information mit dem Anschein großer Geheimhaltung anvertraut, dass er kein anderer ist als der berühmte Comte de Saint-Germain, der nicht wirklich 1784 gestorben ist, sondern heute noch in Ungarn unter dem Namen Ragocsky lebt ... der Meister ist in Wirklichkeit ein Österreicher von königlicher Geburt."

In Eliphas Levis *Geschichte der Magie* heißt es in einer Notiz: „Saint-Germain bezeugte seinerseits ..., dass er der Sohn des Fürsten Ragocsky von Transsylvanien war."

Es ist interessant festzustellen, wie sehr sich die Daten der verschiedenen Orden in der heutigen Zeit entsprechen:

Theosophen und Orden des Sterns im Osten - 1926. Der

kommende Weltlehrer, unterstützt von zwölf Aposteln. Er ist gekommen und gegangen und hat es nicht geschafft, die Welt zu fesseln oder zu überzeugen!

S.M. und die R.R. et A.C. - 1926 bis 1933-5. Reinkarnation von Christian Rosenkreutz, mit einer wahrscheinlichen Unterstützung von zwölf Priestern.

Panacea-Gesellschaft - 1923-7. Zweiter Advent, unterstützt von zwölf Apostelinnen.

Spiritualisten - 1925-8. Eine Katastrophe, die zu einer geläuterten und gereinigten Welt und Kirche führt! Ein neuer Himmel und eine neue Erde!

Müssen wir daher nicht schlussfolgern, dass all diese Bewegungen nur „Kanäle" sind, die von der „Großen Weißen Loge" - oder ist es „der kleine und beständige Sanhedrim" der Weisen von Zion? - um die Weltherrschaft der Juden herbeizuführen - denn sie dekretieren: „Das Gesetz muss erfüllt werden!"

Hier ist ein weiteres Stück einer bedeutsamen bildlichen Unterweisung, die Dr. Felkin 1916 von seinem arabischen Meister gegeben wurde. Es stellt das große Weltwerk dieser verborgenen Meister dar, wie es heute in Russland vollbracht wird und jetzt unter allen anderen Rassen und Nationen versucht wird - es ist die revolutionäre Welteinweihung; es ist die *Lösung* und *Koagulation* - die Zerstörung und der Wiederaufbau - der jüdischen Freimaurerei des Illuminierten Großorient; denn „alles, ja alles muss zerstört werden, da alles neu gemacht werden muss." Es ist die Errichtung des Reiches Adonais, des jüdischen Herrn des Universums, erbaut auf den Ruinen aller alten Zivilisationen.

„Es ist das Bild einer weinenden, sitzenden Frau - sie ist der Geist der Erde. Hinter ihr steht eine andere Gestalt in wallenden Gewändern; er ist Adonai, der Herr des

Universums. Seine Arme sind ausgestreckt, und auf seinem Haupt sitzt eine Krone; in seiner linken Hand hält er ein Schwert, das nach oben zeigt und an dessen Klinge Blutstropfen bis zum Griff hinunterlaufen. In seiner rechten Hand hält er einen Becher, aus dem Blut auf das grüne Gewand der Frau tropft. Die Gestalt hinter ihm hält den Becher an die Lippen der Frau; sie trinkt und ihre Tränen fallen in den Becher; er dreht das Schwert und stößt es in ihre Seite, so dass es sie durchbohrt. Während er dies tut, hält er ihr immer noch den Becher an die Lippen, seine Arme umarmen sie, und einer oder beide sagen: „Ich bin du, d wo immer du mich suchst, wirst du mich finden". Und die beiden Gestalten scheinen sich in LICHT aufzulösen, und es entsteht eine einzige gewaltige und glorreiche Gestalt."

Diese Einweihung kann sowohl individuell als auch universell sein, und wir haben gesehen, wie eine solche Einweihung unsagbares Leid und Opfer und den Verlust der eigenen Persönlichkeit bedeutet; aus ihr geht ein bloßer lebloser, illuminierter Automat hervor.

Die folgende etwas abstruse kabbalistische Lehre wurde Mathers, einem der frühen Häuptlinge, von den „Verborgenen und geheimen Häuptlingen" gegeben und von dem damaligen Häuptling des Amen-Ra-Tempels in Edinburgh an Dr. Felkin weitergegeben. Es ist eine merkwürdige Beschreibung, wie eine Triade oder ein Dreieck von Adepten, die eine ätherische Verbindung bilden und „wechselseitige Schwingungen" mit den verborgenen Meistern in Aktion bringen, ihre Einflüsse übertragen und den Orden kontrollieren sollten. Sie wird hier zum Nutzen der wenigen gegeben, die in der Lage sind, ihr zu folgen, da sie erklärt, was später geschah, als die Meister versuchten, ein solches Dreieck der Macht im R.R. et A.C. in den Jahren 1917-19 zu etablieren. Für diejenigen, die nicht folgen können oder wollen, kann es übergangen werden.

DAS GESETZ DER VERSCHLUNGENEN DREHUNG DER KRÄFTE, SYMBOLISIERT DURCH DIE VIER ASSE UM DEN NORDPOL

„... Im Buch T. (dem Tarot) steht geschrieben: 'Auch der Drache (d.h. Draco, das Sternbild des Nordpols des Himmels) umgibt den Pol KETHER des himmlischen Himmels.' Des Weiteren ist festgelegt, dass die vier Kräfte, die durch die vier Prinzessinnen oder Amazonen symbolisiert werden, den Himmel vom Nordpol des Tierkreises bis zu 45° lat. Nord der Ekliptik, und vom Thron der vier Asse, die in KETHER herrschen. Und wieder heißt es, dass der Thron der

Ass der Kelche = Kopf des Draco.

As der Schwerter = Vorderer Teil des Körpers.

As der Münzen = Hinterteil des Körpers.

Ass der Stäbe = Schwanz des Draco.

„Betrachte also die Form dieses Sternbildes Draco. Es ist an vier Stellen verschlungen, die der Regel der Asse entsprechen. Denn in den vier Kräften von Yod, He, Vau, He, Feuer und sind Wasser und auch Erde und Luft gegensätzlich. Und der Thron der Elemente wird gleichsam die Kraft des Elements anziehen und ergreifen, so dass hierin die Kräfte der Antipathie und der Sympathie liegen, oder was chemisch als Abstoßung und Anziehung bekannt ist...

„Es wird gesagt, dass KETHER in MALKUTH ist und wiederum, dass MALKUTH in KETBER ist, aber auf andere Weise. Denn abwärts durch die vier Welten wird das MALKUTH des weniger Materiellen mit dem KETHER des mehr Materiellen verbunden sein. Von der Synthese der zehn Korrussionen des Aur geht der Einfluss in ... den KETHER von ATZILUTH, und das verbindende Glied oder der Faden des AIN SOPH wird durch die Welten, durch alle zehn Sephiroth und in jede Richtung ausgedehnt... Das Symbol der Verbindung zwischen dem MALKUTH von YETZIRAH (mental) und dem KETHER von ASSIAH (materiell) hat eine Form, die einer Sanduhr ähnelt, wobei der Faden des AIN SOPH, auf den wir bereits hingewiesen haben, das Zentrum davon durchzieht und die Verbindung zwischen den Welten bildet. Dies ist also das Symbol für die Verbindung zwischen den Ebenen, und dies ist auch der *Modus Operandi* für die Übertragung der Kraft von einer Ebene zur anderen. Und daher bedeutet der Titel der Sphäre von KETHER von ASSIAH den Beginn der wirbelnden Bewegung.

Aus dem Diagramm des Stundenglas-Symbols wird ersichtlich, dass der MALKUTH von JETZIRAH der Übermittler der jetzirischen Kräfte an KETHER von ASSIAH sein wird, dass letzterer der Empfänger davon sein wird, und dass das Stundenglas-Symbol oder der Doppelkegel der Übersetzer von der einen Ebene zur anderen sein wird. Betrachten wir also die Nomenklatur des zehnten Pfades (der auf MALKUTH antwortet) und des ersten Pfades (der auf KETHER antwortet).

„Der zehnte Weg, der zu MALKUTH führt:

„Sie wird die strahlende Intelligenz genannt, und sie wird so genannt, weil sie über jedes Haupt erhaben ist und auf dem Thron von BINAH sitzt, und sie erleuchtet den Glanz aller Lichter und bewirkt, dass der Strom des Einflusses vom Fürsten der Antlitze fließt" (d.h. Mettatron oder der Herr des Lichts).

„Der erste Weg, der zu KETHER führt:

„Sie wird die wunderbare oder verborgene Intelligenz genannt (die höchste Krone). Denn sie ist das Licht, um das Ursprüngliche ohne Anfang zu verstehen, und sie ist die ursprüngliche Herrlichkeit - denn nichts Geschaffenes ist würdig, seinem Wesen zu folgen."

„Daraus geht klar hervor, dass MALKUTH gleichsam der Sammler und die Synthese aller Kräfte an seinem Ort oder in seiner Welt ist, während KETHER, der allen übergeordnet ist, auch an seinem Ort und in seiner Welt der Empfänger und Organisator der Kräfte aus der jenseitigen Ebene sein wird, um sie in geordneter Weise auf die ihm untergeordneten Sephiroth zu verteilen.

„Und deshalb kann jede Kraft der vielfältigen und unzähligen Kräfte in MALKUTH durch den oberen Kegel des Stundenglas-Symbols wirken und mit Hilfe des unteren Kegels ihre Wirkung in das darunter liegende KETHER übersetzen, aber ihre Übertragungsweise wird durch ihre Kegel durch den Faden des AIN SOPH oder des Unformulierten erfolgen. Bei der Übertragung zwischen den beiden Welten muss also das Formulierte zuerst unformuliert werden, bevor es unter neuen Bedingungen (Tod und Zerfall!) neu formulieren kann. Denn es muss klar sein, dass eine in unserer Welt formulierte Kraft, wenn sie in eine andere Welt übertragen wird, nach den Gesetzen eines anderen Ortes unformuliert sein wird, so wie Wasser in seinem flüssigen Zustand anderen Gesetzen unterliegt als in den Bedingungen von Eis oder Dampf.

„Und wie bereits gesagt, gibt es im Diagramm des MINUTUM MUNDUM eine Hauptelement-Unterteilung der Sephira MALKUTH, und jede von ihnen hat ihre zugehörige Formel der Übertragung auf das nachfolgende KETHER. Daher gibt es die Herrschaft der vier Knappen oder Prinzessinnen des Tarots um den Nordpol im Buch T., das den Himmeln zugeordnet ist (das Dreieck und die Einheit).

„Da nun KETHER von MALKUTH empfangen muss, ist es notwendig, dass in und um KETHER *eine Kraft ist, die an der Natur von MALKUTH teilhat, wenn auch subtiler und verfeinerter in der Natur,* und deshalb ist es so, dass die endgültigen „Er"- oder Prinzessinnen-Kräfte ihre Herrschaft über KETHER platziert haben, damit sie von dem MALKUTH des Höheren anziehen und die Basis der Aktion für die Asse bilden können. So kann eine verfeinerte Materie ihresgleichen anziehen, und die geistigen Kräfte können sich nicht in der Leere verlieren und so mangels einer festen Grundlage nur eine irrende und wirbelnde Zerstörung hervorbringen. Und hierin liegt die gegenseitige Formel von Geist und Körper in allen Dingen, denn jeder ergänzt den anderen in dem, was dem anderen fehlt. Denn wenn der Körper nicht von Natur aus geläutert ist, wird er die Wirkung der ihm verwandten Geister behindern; und wenn der Geist nicht bereit ist, sich mit dem Körper zu verbünden, wird letzterer dadurch geschädigt, und jeder wird natürlich auf den anderen reagieren ... Aber es ist ebenso notwendig, den Geist zu regieren wie den Körper zu läutern, und was nützt es, den Körper durch Enthaltsamkeit zu schwächen, wenn gleichzeitig Lieblosigkeit und geistiger Stolz gefördert werden. Es ist einfach die Übersetzung einer Sünde in eine andere, und deshalb sind die letzten „He"-Kräfte in KETHER notwendig, wie es im zehnten Pfad von YETZIRAH heißt: „Es wird so genannt, weil es über jedes Haupt erhaben ist und auf dem Thron von BINAH sitzt." Nun, im Baum beziehen sich die Sephiroth CHOKMAH und BINAH auf die BRIATISCHE Welt, die der Thron der Atziluthischen Welt genannt wird, auf die sich KETHER im Baum bezieht, und wenn du dich auf die Herrschaften der vier Prinzessinnen beziehst, wirst du feststellen, dass sie in der Sphäre sowohl CHOKMAH und BINAH als auch KETHER einschließen.

„Nun wird es nicht nur eine, sondern vier Formeln für die Anwendung der vier Kräfte von MALKUTH auf die Umdrehung des ACE in KETHER geben, und diese wirken nicht einzeln, sondern gleichzeitig und mit einem unterschiedlichen Grad an Kraft. Und während (wären MALKUTH und KETHER in derselben Ebene oder Welt) die Übertragung dieser Kräfte von der einen zur anderen mehr oder weniger in direkten Linien verlaufen würde, werden in diesem Fall (da MALKUTH und KETHER in verschiedenen Ebenen und Welten sind) die Übertragungslinien dieser Kräfte vom oberen Kegel des Stundenglas-Symbols aufgefangen und in den Wirbel gewirbelt, wo und durch den der Faden des Unformulierten - d.h. AIN SOPH (ätherische Verbindung) - hindurchgeht. Von dort werden sie in einer wirbelnden Faltung (doch ihrer Natur entsprechend) durch den unteren Kegel des Stundenglas-Symbols nach KETHER projiziert. Daraus ergibt sich, dass diese Formeln von der Natur des Drachens oder der *Schlange* sind, d.h., dass sie sich in Windungen bewegen, und daher werden sie Drachen- oder Schlangenformeln genannt (geflügelt, Luft; mit Flossen, Wasser; oder mit Füßen, Erde).

„Eine andere Wirkung der Kräfte von MALKUTH von YETZIRAH, die sich in KETHER von ASSIAH überträgt, wird die der fortgesetzten *Schwingungsstrahlen* sein, die vom Zentrum des Umfangs aus wirken, und die die Kräfte vom Faden des Unformulierten (AIN SOPH) in Aktion bringen.

„Erinnert euch an das, was im Kapitel über die Wagen geschrieben steht, Hesekiel Iw. 5-6: 'Und ich sah, und siehe, ein stürmischer Wirbelwind kam von Norden her, und eine mächtige Wolke und ein Feuer, das heftig um sich selbst wirbelte, und von der Mitte her wie ein leuchtendes Auge aus der Mitte des Feuers, und von der Mitte her Formen von vier Wagen.' „

Dies ist also die Methode, mit der diese teuflischen Meister der Kabbala auf der mentalen oder astralen Ebene arbeiten, indem sie ätherische Verbindungen bilden, durch die sie auf einen Orden und durch diesen wiederum direkt auf die Welt einwirken können. Ein Beispiel dafür, wie dies in der R.R. et A.C. versucht wurde, wird in Kürze gegeben werden, indem gezeigt wird, wie diese Meister versuchten, ein Dreieck von Adepten „KETHER, CHOKMAH und BINAH" zu bilden, durch das sich ihr AUGE der Macht manifestieren sollte. Aber zuerst sollte das Dreieck sozusagen ein „leeres Gefäß" werden, das mit astralem Licht gefüllt - erleuchtet - werden sollte, ein Dynamo, der die Kräfte der Meister verdichtet und projiziert, ihre Anweisungen empfängt und sie wie Automaten an die Umstehenden weitergibt. Auf diese Weise verbreiten sich diese Lehren und Kräfte wie eine Epidemie oder wie ein Lauffeuer entlang der magnetischen Kette und orientieren einen Orden, eine Gruppe, eine Nation und die Welt. Es ist ein teuflischer Plan, der nur von einem kabbalistischen Geist entwickelt werden konnte.

Aber lassen Sie uns zunächst die schwierige Aufgabe angehen, diesen universellen Äther oder diese Lebenskraft zu erklären, die die Grundlage ihrer Macht ist.

Ein Kandidat, der in die Stella Matutina eintreten will, muss eine persönliche Einverständnis- und Geheimhaltungserklärung unterschreiben, in der das Ziel des Ordens als „spirituelle Entwicklung", d. h. die Erweckung der inneren Sinne, angegeben wird. Außerdem wird ihnen gesagt, dass der Grund für die Geheimhaltung darin liegt, dass die Lehre sowohl für schwarze als auch für weiße Magie verwendet werden kann und daher eine Gefahr darstellen würde, wenn sie allgemein bekannt würde. Das große Ziel all dieser Geheimgesellschaften ist es jedoch, die Mitglieder darin zu schulen, sich von den materiellen Dingen zu lösen und bewusst auf der Astralebene zu wirken; denn nur auf dieser Ebene können diese teuflischen Meister, ohne sich selbst zu verraten, mit Adepten in Kontakt treten, sie beeinflussen, miteinander verbinden und sie für ihre geheimen universellen Pläne benutzen. In den frühen Graden der SM erhalten Neophyten Meditationen, Atemübungen und Prozesse, die von E.O.L. aus Deutschland mitgebracht wurden, dem Adepten, der dort ausgebildet worden war, um als ätherisches Bindeglied zwischen dem deutschen Körper und dem Orden in England zu wirken. Diese erwecken und erheben die ungenutzten Sexualkräfte, die Kundalini oder „Schlange im Inneren" des Adepten und erwecken die inneren Sinne.

Einige Zeit vor dem Eintritt in den Inneren Orden wird der Adept in dieser astralen Entwicklung eine Stufe weiter gebracht; er wird in die Mysterien der tatwischen Vision, einer Form des Yoga, eingeweiht. Kurz gesagt, nach Ansicht der Yogis gibt es im Universum einen Großen Atem oder Swara - *Evolution* und Involution; er ist das universelle schöpferische Prinzip oder die Lebenskraft. Es ist *Pingala*, der positive oder Sonnenatem, *Ida*, der negative oder Mondatem, und *Susumna*, das vereinigende oder zerstörende Feuer. Es ist die Schlangenkraft oder das Dreieck der Manifestation in der gesamten Schöpfung. Im Adepten ist sie die Kundalini, und die Verschmelzung dieser mit der universellen Lebenskraft außerhalb, das Nirvana, ist das Ende des gesamten Yoga. Darüber hinaus gibt es fünf Modifikationen dieses Großen Atems, die *Tatwas*, Äther oder verfeinerte Materie genannt werden, von denen jede unterschiedliche Schwingungen, verschiedene Funktionen, eine andere Form und einen anderen Sinn hat; jede von ihnen ist wiederum mit allen fünf geladen. Sie sind verwandt mit dem Äther und den vier Elementen - dem

Pentagramm.

Sie sind: (I) *Akasa* - Äther (Geist genannt), dunkel, eiförmig: Klang. (2) *Vayu* - gasförmig, Luft, blaue Kugel: Berührung. (3) *Tegas* - *feurig*, Feuer, rotes Dreieck: Sehen. (4*) Apas* - flüssig, Wasser, silberne Mondsichel: Geschmack. (5) *Prithivi* - fest, Erde, gelbes Quadrat: Geruch. Alle vier Zustände der irdischen Materie existieren in unserer Sphäre - und jeder dringt ständig in die Domäne des anderen ein, und so erhalten wir das, was man die gemischten oder miteinander geladenen Tatwas nennt. Diese Tatwas oder Atemzüge fließen in regelmäßiger Rotation durch das Nervensystem des menschlichen Körpers, genau wie im Universum ohne - wie oben so unten.

Ráma Prasád sagt uns in seinem 1889 für die Theosophen geschriebenen Buch *„Die feineren Kräfte der Natur"*, dass der gesamte Schöpfungsprozess, auf welcher Ebene des Lebens auch immer, von diesen Tatwas in ihren negativen und positiven Aspekten durchgeführt wird, und dass alles, was auf unserem Planeten in jedem Aspekt existiert oder existiert, eine lesbare Aufzeichnung im Äther hat. Er sagt weiter, dass „der geübte Yogi nach Belieben jedes Bild von jedem Teil der Welt, ob in der Vergangenheit oder in der Gegenwart, vor seine Augen bringen kann" und „ein Yogi in Kontemplation jeden Menschen in beliebiger Entfernung vor seinem geistigen Auge haben und auch seine Stimme hören kann"; dass dies nur einen sympathischen Geist voraussetzt - d.h. einen, der auf die gleiche Tonart gestimmt ist. Er nennt es „die Phänomene der mentalen Telegrafie, der Psychometrie, des Hellsehens und Hellhörens usw.". Auch wechselseitige Schwingungen. Wiederum heißt es in einer MS: „Der Schüler wird allmählich fähig werden, nach Belieben in die Zukunft zu schauen und die ganze sichtbare Welt vor Augen zu haben, und er wird fähig sein, der Natur zu gebieten; diese Kraft legt auch die geheimen Vorgänge in der Welt offen." Durch die Macht dieser Lebenskraft, die von einem Adepten gewollt, gelenkt und kontrolliert wird, „kann ein Feind vernichtet werden, Macht, Reichtum, Vergnügen usw. erlangt werden." Auch kann sie Krankheiten verursachen oder heilen, und durch sie kann hypnotische Kontrolle ausgeübt werden. Und durch diese Macht kann Apathie in jedem Körper oder jeder Gruppe erzeugt werden, eine Form von Massenhypnose! In diesen Orden wird der Gebrauch dieser Kraft immer von den Meistern kontrolliert!

Dies sind also die Kräfte, die in allen erleuchteten Gruppen eingesetzt werden, um die so genannte spirituelle Entwicklung und Errungenschaft herbeizuführen, und durch diese Kräfte und sein tiefes Wissen über ihre Möglichkeiten versucht dieses geheimnisvolle Zentrum, den Geist und die Handlungen des Adepten zu beeinflussen, nicht zum Wohle der Menschheit, sondern zu ihrer Versklavung. In der Stella Matutina wird dem Adepten immer versichert, dass ihm nichts Böses widerfahren kann, solange er innerhalb des Ordens bleibt und die Methoden des Ordens anwendet! In diesem Orden werden diese farbigen Tatwa-Symbole mit ihren entsprechenden Formeln und kabbalistischen göttlichen Namen, die potente astrale Kräfte sind, verwendet, um astrale Visionen entsprechend der Natur des Tatwa zu erlangen, immer unter Verwendung von Weihrauch, um den Astralkörper vom materiellen Körper zu lösen. Zunächst sind diese Visionen vage und unbedeutend, nehmen aber mit der Entwicklung des Adepten an Klarheit und scheinbarer Realität zu, bis plötzlich eines Tages, scheinbar aus dem Nichts, ein mysteriöser Mönch oder Bruder in braunem Gewand, ein Hüter des Ordens, ein Meister oder sogar ein falscher Christus erscheint und die Leitung der Astralexpedition übernimmt und den Adepten vielleicht in ein abgelegenes Kloster, eine felsige Festung, einen Tempel, eine düstere Höhle oder sogar an den Nordpol entführt, wo im Allgemeinen ein düsterer und magischer Ritus vollzogen und Anweisungen symbolisch oder in Worten gegeben werden. Diese astralen Abenteuer setzen sich fort und werden immer intensiver, bis sich die Lebensanschauung des Adepten allmählich an den Weltentwürfen dieser Meister orientiert und an der Nische, die er selbst einnehmen soll.

Die Gefahren für die Individualität und Mentalität des Adepten sind in der Tat groß und sehr real. Zum Beispiel fanden zwei innere Adepten, die nichts von Dr. Felkins Atarab-Meister wussten, mit Hilfe dieser Tatwas immer wieder den Weg zu einem isolierten Kloster, das hoch oben auf einem felsigen Abhang über einem etwas trüben Fluss lag, und bevor sie das Kloster betraten, mussten sie ein Erkennungszeichen geben, das sich später als das des arabischen Meisters herausstellte! Innerhalb des Klosters wurde versucht, einen oder beide dieser Adepten zu besessen, und wer kann sagen, dass sie nicht schließlich von diesem Meister kontrolliert wurden? Beide setzten diese astralen Besuche lange fort und blieben treue Werkzeuge, während andere zweifelten und sich abwandten! Andere Adepten, die dieselbe Tatwa benutzten, erreichten offenbar dasselbe Kloster, wo man ihnen den Pastos oder das Grab zeigte, in dem, wie man ihnen sagte, der Meister lag, der erschlagen worden war! Zweifellos Adoniram oder Hiram, der Meister der Templer, dessen Tod von den Templern stets als Rachepfand gefeiert wurde! Dr. Felkin schrieb, dass er auch dieses Kloster astral besucht hatte!

Mit der Zeit wird diese Arbeit wie ein Haschischrausch, der ein ewiges Verlangen nach immer mehr astralen Träumen und Gymnastik hervorruft, und allmählich zieht sich die eigene Persönlichkeit des Adepten zurück, das Leben wird schattenhaft, die Meister beherrschen jeden seiner Gedanken und Handlungen, er wird zu ihrem Instrument, das ihre finsteren, trügerischen und oft wenig verständlichen Befehle ausführt. Das ist „Befreiung" oder Freiheit in diesen Orden, und wie die russischen Chlysty mit ihrer „Inbrunst" wird das Leben für den Adepten ohne astrale Erregung bald tot. Es wird zu seiner Lebensaufgabe und sogar zu seiner Religion!

In der gesamten Geschichte des R.R. et A.C. finden wir kontrollierte „Channels", die ätherische Verbindungen mit diesen verborgenen Meistern eingehen, die fast ausnahmslos durch Prüfungen und Tests geistig und körperlich zermürbt werden, bis sie sich völlig erschöpft an den „Frieden und die Ruhe" klammern, die ihnen ihre ehrgeizigen, fanatischen und teuflischen Peiniger anbieten - Selbstverbrennung und Versklavung.

Dr. Felkin schreibt in seiner bereits zitierten Geschichte:

„Frater F. R. (Dr. Felkin), 1910, konnte E.O.L. (der im
Ausland auf der Suche nach Gesundheit war) den Mitgliedern
des Dritten Ordens (in Deutschland) vorstellen. Diese Fratres
sagten dann, dass es für die Bildung einer definitiven
ätherischen Verbindung zwischen ihnen und Großbritannien
notwendig sei, dass ein Frater aus Großbritannien ein Jahr
lang unter ihren Anweisungen stehe... Frater E. O. L.
beschloss, sich der Unterweisung durch den Dritten Orden zu
unterziehen. Er begann sofort mit seiner Lehrtätigkeit, und
nachdem er einige Zeit in Norddeutschland und Österreich
gelebt hatte ( ), wurde er eine Zeit lang nach Zypern geschickt.
Danach wurde er nach Ägypten und auf den Berg Karmel
gesandt und hätte nach Damaskus gehen sollen, was er aber
nicht tat. Er wurde dann nach Konstantinopel geschickt (wo
er in engem Kontakt mit der 'Jungtürkenpartei' stand!) und
kehrte schließlich nach Deutschland zurück, wo er, nachdem
er seine Prüfungen bestanden hatte, durch besondere Dispens
in die ersten paar Grade der Rosenkreuzergesellschaft
eingeweiht wurde, die unseren 6-5 entsprechen."

Obwohl der deutsche Dritte Orden E.O.L. ausbilden sollte,
finden wir den allgegenwärtigen arabischen Lehrer am 29. Januar
1911 sagen: „E.O.L. wird von Steiner alles bekommen, was er
kann, und wir werden im Laufe der Zeit einen anderen finden."
Und wieder am 5. Juli 1911:

„Er folgt seinen eigenen Begierden und nicht der Aufgabe,
die ihm gestellt wurde. Er hätte nach Damaskus gehen sollen,
aber er lässt sich nicht treiben; er hat die Botschaften erhalten,
die ihm gegeben wurden, und er hat sie nicht angenommen.
Der Araber wird eine weitere Anstrengung unternehmen und
versuchen, ihn mit jemandem in Konstantinopel in
Verbindung zu bringen, aber das wird schwieriger sein, und
das Ergebnis wird mehr als zweifelhaft sein."

Am 26. November 1911 bildete der Araber eine Gruppe von
Mitgliedern des R.R. und des A.C., um die Kräfte anzuziehen und

zu Fall zu bringen und so das Licht im Orden als materielle Grundlage für sein Weltwerk zu fixieren:

Es ist den druidischen Kreisen ähnlich:

> „... um das Symbol (in der Mitte) versammelte sich die Innere Gruppe (sieben Planeten oder Aspekte der Sonnenkraft), aus der das LICHT oder die Flamme entspringt, aber dieses Licht wird nur dann beständig brennen, wenn jedes Mitglied seinen eigenen Anteil an der notwendigen Energie oder dem Brennstoff beiträgt.

> ... Jeder hat sein eigenes Element zu geben, und ohne jeden kann das Feuer nicht brennen. Aber die äußere Gruppe (Tierkreiszeichen) ist zum Teil ein Schutz für das Innere und eine Energiequelle für die inneren Mitglieder, um die Flamme anzufachen. Die inneren Mitglieder sollen aus ihnen schöpfen...''

E.O.L. wurde das Symbol der Luna gegeben - der zunehmende und abnehmende Mond des Baphomet der Templer. Offenbar sollte er das negative Gefäß sein, das das LICHT von den Meistern empfangen und an den Orden weiterleiten sollte - die ätherische Verbindung. Offensichtlich war er in einen solchen Zustand der Erschöpfung und Depression gebracht worden, dass der Araber ihn warnte:

> „E.O.L. verzehrt seine Kräfte durch fehlgeleitete Energien (Behauptung seiner eigenen Individualität!); seine Zeit ist noch nicht gekommen, aber er zieht die zerstörerischen Kräfte an, anstatt sie abzuwehren, und wenn er damit nicht aufhört, wird er vor seiner Zeit sterben und damit die Erfüllung seines Schicksals und seiner Berufung verpassen ... Er muss den Dämon der Melancholie, der die äußere Form des Todes anzieht, gewaltsam vertreiben ... er muss ein Zentrum des Lichts an dessen Stelle setzen, und dann wird er die Kräfte des Lebens anziehen und gesund werden.''

Was ist mit den bösartigen und negativen Kräften seines Symbols

Luna? Außerdem sollte es Paare von Adepten geben, und E.O.L.s Gegenüber „sollte jemand von sehr intensiver Vitalität sein, aus dem E.O.L. Kraft schöpfen kann, wenn es nötig ist." Mit anderen Worten: E.O.L. sollte seinem Knecht gehorchen und sein „Gefäß des Lichts" werden, und so wollte dieser Baumeister seinen „Tempel der Lebenden Steine" errichten!

Am Vorabend von Dr. Felkins erstem Besuch in Neuseeland im Herbst 1912 starb plötzlich und unerwartet E.O.L., der, obwohl er noch krank war, die Leitung des Ordens während Dr. Felkins Abwesenheit übernehmen sollte. Der Araber war sehr bestürzt, denn sein teuflisches Spiel war schiefgegangen; und er sagte, es gäbe keinen Grund für seinen Tod, er habe einfach losgelassen und sei hinausgeschlichen! War das alles? Der Araber erklärte jedoch, dass das Werk von E.O.L. noch nicht vollendet sei; wie Christian Rosenkreutz würde er mit der Zeit einen erwachsenen Körper finden und in Besitz nehmen, den rechtmäßigen Besitzer verdrängen, und darin würde er sein unterbrochenes Schicksal erfüllen! Später wurde Dr. Felkin mitgeteilt, dass er jemanden finden müsse, der den Platz von E.O.L. als ätherisches Bindeglied einnehmen würde!

Bei der Lektüre dieser authentischen Berichte über das Innenleben dieser illuminierten Orden ist es gut, sich - als eine Erklärung für das Geheimnis der lenkenden Macht - vor Augen zu halten, was Hoëné Wronski 1823-5 schrieb, wie *in Mystik und Magie* am Anfang dieses Buches dargestellt: „Geheimgesellschaften, die es auf unserem Erdball gegeben hat und noch gibt ... die, von dieser geheimnisvollen Quelle gesteuert, die Welt beherrscht haben und ungeachtet der Regierungen weiterhin beherrschen ... alle Parteien, politische, religiöse, wirtschaftliche und literarische." Dieses Zentrum ist, wie viele Autoren und sogar Juden betonen, „die oberste und unsichtbare Hierarchie der kabbalistischen Juden. „ Die kontrollierten Orden geben alle vor, an dem Ziel zu arbeiten, die Welt in „Frieden und Licht" zu führen; aber sie alle spielen mit dem Leben und den Seelen ihrer Mitglieder, während sie sie niemals in den inneren Kreis einlassen.

Es ist eine seltsame und fast unglaubliche Geschichte, die hier nur skizziert werden kann, wie ein anderer Adept des R.R. et A.C. auserwählt wurde, und obwohl er rebellisch war, wurde er „geformt und behauen", zerschlagen und zerquetscht, in einem Versuch dieser Meister, den Platz von E.O.L. als ätherisches Bindeglied im Orden zu füllen. Wie wir gesehen haben, entwarf Dr. Felkin, bevor er 1916 endgültig nach Neuseeland zurückkehrte, unter den Anweisungen dieser Meister eine neue Verfassung, und er versuchte, darin ein „Delphisches Orakel" aufzunehmen, Adepten, die das Vehikel sein sollten, durch das diese Meister auf den Orden einwirken und Befehle erteilen sollten. Doch das Komitee legte sein Veto ein. Es wurden drei Ruling Chiefs ernannt, von denen einer nur in Magie ausgebildet war, die anderen beiden waren Geistliche (von denen einer um 1919 zurücktrat), die die Lehren des Ordens in heilende, religiöse, soziale und ethische Probleme einbringen sollten. Dr. Felkin machte den Krieg zum Vorwand, um nicht auf Einzelheiten seiner beanspruchten deutschen Autorität einzugehen, behielt aber dennoch sein Amt als High Chief in London.

Das Erbe, das die Herrschaft von Dr. Felkin, die keine Herrschaft war, den regierenden Häuptlingen hinterließ, war alles andere als beneidenswert, und Dr. Felkin war sich dessen selbst bewusst. Was folgte, war eine Illustration der von den Protokollanten beschriebenen Methoden: „In allen Ländern ist es unerlässlich, das Verhältnis zwischen den Menschen und den Regierungen ständig zu stören." Und so ist es mit den Befehlen! -Der arabische Meister, der mit Dr. Felkin über die Unstimmigkeiten im Londoner Tempel sprach, sagte im Dezember 1918: „Sie müssen durch eine Zeit des Konflikts gehen, bevor sie das Haus des Friedens betreten", die „Riesenegge" bereitet wieder den Boden vor! Bevor Dr. Felkin England verlassen hatte, und bis zur Schließung des Tempels im Jahre 1919 war der Orden von Zwistigkeiten, Eifersüchteleien, unterirdischem Geflüster und offenem Streit und Aufruhr zerrissen, was offenbar zu jenem Frieden führen sollte, der die bedingungslose und willige Hingabe an die Meister und ihr Werk bedeutete.

Die Meister waren jedoch entschlossen, ihr Orakel zu haben, und das sollte ein Dreieck von Adepten sein, die als die Schlangenkraft ihre Kräfte und Lehren im Orden manifestieren sollten. Dies sollte durch den Austausch psychischer Fluide geschehen, wie er in Henri de Guilleberts *Studies in Occultism* beschrieben wird. *Ihm zufolge* würden sich der Meister und der oder die Adepten in der Position des Hypnotiseurs und des hypnotisierten Subjekts befinden, und die Vollendung dieses Zustands würde für den Adepten „die endgültige Auslöschung seiner Persönlichkeit, die Zerstörung seines Hauptattributs" bedeuten.

Um diese Polarität und Vollendung herbeizuführen, musste der Geist der Adepten zunächst ausgerichtet werden. Zu diesem Zweck ergossen sich im R.R. et A.C. Anfang 1917 plötzlich fast täglich Botschaften von diesen verborgenen Meistern; die Sprache war kabbalistisch, würdevoll und schön, wenn auch manchmal arrogant und dominant. Sie schufen eine Atmosphäre, sie weckten eine Erwartung, und im Jahr 1919 wurde die Vollendung definitiv als Große Einweihung bezeichnet. Als Vorbereitung auf diese Einweihung wurden drei Adepten zu einer Triade oder einem Dreieck geformt und symbolisch auf den kabbalistischen Lebensbaum gesetzt, als KETHER, CHOKMAH und BINAH, wie in der zuvor gegebenen merkwürdigen Lehre „das Gesetz der gewundenen Revolution der Kräfte", so dass die Kräfte der Meister von oben durch eine verfeinerte materielle Basis angezogen werden und durch sie in den Orden hinabfließen und eine ätherische Verbindung mit diesen verborgenen Mächten bilden sollten.

Der Läuterungsprozess brachte viele unerwartete Schwierigkeiten mit sich, von denen die Meister sagten, sie seien nichts weiter als Prüfungen in Vorbereitung auf eine wunderbare Vollendung. Wie diese Mächte sagten: „Lerne, was du zu lernen hast, und alles wird gut", was absoluten Gehorsam und die Bereitschaft, alles zu opfern, bedeutete.

Vergleiche sie immer mit den Lehren über die Revolution der

Kräfte, wie die Botschaften des Herrn des Lichts oder des „Fürsten der Gesichter" und seiner Zwölf Brüder:

„Oh, ihr Kinder, ihr seid in der Tat die drei Auserwählten für mein Werk. Ihr seid die *Liebe, die Kraft* und die *Vollkommene Versöhnung*, und zu euch wird *die Vollkommene Einheit* kommen - (Vier Prinzessinnenkräfte).

„Der Tag des Zerfalls und des Todes liegt in der Tat vor euch, aber fürchtet euch nicht, ihr habt die schädliche Macht des Todes hinter euch gelassen, und nur die letzte Prüfung bleibt. Unversehrt und unverletzt werdet ihr die Barriere passieren, der Schleier lichtet sich, drängt immer höher zum Licht..."

Das geschulte Oberhaupt sollte die Spitze, das ätherische Bindeglied sein, wie Dr. Felkin im März II, 1917, schrieb:

„Sie sind jetzt der wichtigste Kanal in Anglia."

„Lernt eure Farben kennen, denn ihr müsst sie jetzt benutzen.

„Dir, der du im Osten stehst (dem Haupt-KETHER), ist die Farbe der Einheit gegeben worden, denn in ihr vermischen sich Feuer und Wasser, und von ihr geht der *Geist* (Astralkampf) aus, der über allem steht. Verwende in deinem Werk stets diese Farbe, damit aus den vielfältigen Ansprüchen der Materie die Vereinigung von und mit dem reinen Geist entstehen kann. Lass dein Losungswort die *Einheit* sein, eins und allein - denn einer ist dein Herr, und du musst dich immer mit ihm vereinen. Ihr, die *Empfänger* und *Sender* der streitenden Kräfte, müsst in der Tat der *reine weiße Geist* sein, eingeschlossen in der Einheit der Farbe."

Rubin ist die Farbe der Einheit, und das oben Gesagte bedeutet die Fixierung des Astrallichts im gereinigten Körper des Oberhauptes, der vom Herrn und Meister kontrolliert wird! - Illuminismus.

„Du, oh Kind, der du im linken Basalwinkel (BINAH) stehst,

hast die Farbe der reinen *Liebe* (blau) erhalten, die Wasser der Liebe, die herabfließen, um die böse Welt zu reinigen. Umgib die Welt mit deiner Farbe, nimm sie im Gewölbe auf und benutze sie immer und immer wieder: Alle brauchen die göttliche Liebe, also benutze sie immer und immer wieder und fürchte dich nicht."

Hier haben wir es mit einer tödlichen negativen Kraft zu tun, die auf die Welt losgelassen wird, mit falschem Pazifismus und Blindheit, mit mangelnder Kampfkraft, die zweifellos eine für die Herrschaft notwendige Form der Apathie schafft!

„Dir, mein Kind (CHOKMAH), ist die Farbe der Verneinung und der Kraft (Purpur) gegeben worden, denn du musst die Seele der Menge immer nach oben führen zum vollkommenen Opfer der reinen Verneinung, und mit dieser deiner Farbe kannst du den Zögernden Kraft geben." (Eine Form von falschem Idealismus!)

„Wenn ihr euch bewusst begegnet, lasst eure Farben mit dem reinen Weiß des Christus (Astrallicht) verschmelzen, und dann lasst die Verschmelzung ein Bindeglied bilden, mit dem ihr die Welt umspannt."

Die drei bilden die negativen und positiven Kräfte, die durch den Scheitelpunkt vereint werden, es ist die magnetische Kette des Einflusses.

„Ja, ihr habt in der Tat den Geist in die Materie gebracht." - Illuminismus!

„Du, mein Kind (BINAH), musst immer bewusst zu den Füßen des Meisters ruhen, denn du bist der Bote der Götter."

Der Schreiber und *Empfänger* der Anweisungen.

„Zu dir, oh Ath (Air, CHOKMAH), habe ich andere Worte zu sagen; ruhe bewusst in meiner Gegenwart, aber sei nicht ein Bote, sondern ein Träger."

Übermittlung der Kräfte und Anweisungen.

„Ein anderes und mächtigeres Werk habe ich für euer Oberhaupt (KETHER), aber davon wird das Oberhaupt in der kommenden Stille erfahren, wenn ihr alle in die große Majestät und Reinheit Gottes eingehen werdet."

Nach der Zeremonie der Einweihung und des Illuminismus!

„Ihr (KETHER) bildet die Spitze des Dreiecks, und ihr müsst zuerst durch den Schleier gehen, damit von der Spitze die herrliche Schönheit vom Antlitz des Vaters herabscheinen kann (die SONNE ist der Vater). In reinem Geist (astral) müsst ihr auf der Erde wirken, denn ihr seid ein Abglanz jenes Glanzes (der Mond ist die Mutter und Erzeugerin) und jener Reinheit, die immer in der Flamme brennt.

„Lasst die Triade in blendendem Weiß erstrahlen, die reine Basis, auf der sich der Sohn (der „Christus" oder das astrale Licht) der Welt offenbaren kann."

Das iliumierte Instrument!

Der Häuptling wurde durch eine „zwingende Kraft" dazu gebracht, in die anglikanische Kirche einzutreten, zum einen, um das Vertrauen der Geistlichen zu gewinnen, die die Meister in ihr Netz zu ziehen hofften, und zum anderen, um die notwendige Erhebung und Atmosphäre zu schaffen, in der die ätherische Verbindung befestigt werden konnte. Vor der versuchten Großen Einweihung wurde dem Oberhaupt, wie bei den Orakeln der Illuminaten üblich, gesagt: „Ein Wächter des Ordens soll dir gegeben werden, der dich nie verlassen wird!" Der Häuptling sollte unter der ständigen Aufsicht des Meisters stehen, keinen anderen Willen oder Gedanken haben als den seinen und keine eigene Initiative.

Die beiden Basalwinkel (von Dr. Felkin am 14. Mai 1919 bestätigt) lebten mehr oder weniger ständig auf der Astralebene , und wie einer der früheren Häuptlinge gingen sie in die Kirche, um Visionen zu sehen, Belehrungen zu erhalten und Riten zu vollziehen, die von diesen Meistern angeordnet wurden. Im Gewölbe (dem Machtzentrum dieser Meister) erhielten sie astrale Grade und mussten als Prüfungen außergewöhnliche astrale Gymnastik absolvieren. Eine der abschließenden Zeremonien wurde von dem falschen „Christus" oder Herrn des Lichts und seinen zwölf Brüdern abgehalten, und dabei mussten sie einen Eid der Treue, der Geheimhaltung, des Dienstes, der Aufopferung und des absoluten Gehorsams ablegen, der mit ihrem eigenen Blut zu unterzeichnen war - eine übliche Regel unter Illuminaten und Adepten der Schwarzen Messe.

Die Einweihung wurde „Öffnung des Grabes" genannt - Befreiung, aber - „frei, eure Freiheit nicht für euch selbst zu nutzen, sondern für MICH." Das Passwort war KADOSCH. Der Adept sollte starr auf einen sechsstrahligen Stern blicken, der vom Meister projiziert wurde, und durch das Feuer in das jenseitige Astralgewölbe gehen. Dort sollte der so genannte Christian Rosenkreutz eine Verpflichtung zu absoluter Verschwiegenheit, Gehorsam und Opferbereitschaft einfordern, und er und seine Zwölf Brüder würden die Zeremonie vollziehen. Schließlich sollte der Adept in seinen Körper zurückkehren und die Macht auf sich nehmen. Hypnotische Kontrolle! Erst nach dieser Einweihung würde die erforderliche Arbeit klar werden, und dann würde die Kirche nicht mehr gebraucht.

Plötzlich, ohne Vorwarnung, versuchten der Herr des Lichts und seine Zwölf Brüder, dem Oberhaupt diese Einweihung zu geben. Dies geschah in einer Londoner Kirche während des Tenebres-Gottesdienstes am Donnerstag, den 17. April 1919. Ostern ist eine besondere Zeit für die schwarze Magie der Illuminaten. Sie sagten, es bedeute „Tod und Zerfall". Kurz vor dem Einzug der Geistlichen sah der Häuptling anstelle des Altars das große Gewölbe des inneren Ordens, in das die Zwölf Brüder in schwarzen Gewändern und mit Kutten über dem Kopf eilig eintraten, und fast augenblicklich wurde ein gleißendes Licht auf den Häuptling gerichtet, und oben in diesem astralen Feuer war der Herr des Lichts. Ein scharfer Schmerz erfasste das Herz, gefolgt von einer merkwürdigen, schleichenden Ohnmacht, und es erforderte den ganzen entschlossenen Willen des Chefs, um eine völlige Trance zu verhindern, aber als die Geistlichen eintraten, verblasste das Licht allmählich und die Ohnmacht verschwand. Am nächsten Tag verkündete der Meister, dass das Versagen auf einen Fehler eines der Brüder zurückzuführen war, für den er gebührend bestraft worden war!

Und wieder sandte der Meister seine Botschaften aus:

„Ihr seid auferstanden, aber ich habe euch nicht frei benutzt, denn noch seid ihr nicht fähig, mein Werk vollständig zu erfüllen, aber allmählich werden die Grenzen beseitigt. Die Rosen blühen, aber noch sind sie nicht weiß und klar, reine Opfergaben, die vor dem Thron meines Vaters angenommen werden können." (Siehe den Zehnten Pfad; auch „Im Baum beziehen sich die Sepiroth CHOKMAH und BINAH auf die Briatische Welt, die der 'THRON' der Atziluthischen Welt genannt wird, auf die sich KETHER bezieht.")

„Ich, der ich spreche, bin vom Herrn des Lichts, dem menschgewordenen Sohn Gottes, gesandt."

Vom Übermittler des Astrallichts! Der gnostische Logos, der unter dem Bild der Schlange verehrt wird!

Der Häuptling löste das Dreieck auf, und dann folgten die außergewöhnlichsten astralen Verfolgungen, unerwartete Angriffe, Kräfte, überwältigende Düfte und Projektionen von Astrallicht usw., alles in dem Versuch, Trance herbeizuführen oder physisch und astral auf die Adepten einzuwirken, in der Hoffnung, sie und andere durch sie zu kontrollieren. Wie der Meister sagte:

„Um euch herum wie ein Vorhang breitet sich die Macht aus der Höhe aus; könnt ihr sie nicht sehen und spüren?"

Als Antwort auf die Bitte des Häuptlings um Aufklärung

telegrafierte Dr. Felkin aus Neuseeland: „Christlicher Vater beruhigt, haltet fest, Epheser vi. II- I2. Brief folgt." Und die darauf folgende Botschaft des christlichen Vaters (Rosënkreutz) war (10. Juli 1919, in der N.Z. Vault):

> „Die Botschaften, von denen du sprichst, sind wahr, aber der Kanal, durch den sie kommen, war fehlerhaft. Es muss sein, dass die Mächte des Lichts durch solche Vehikel arbeiten, die zur Verfügung stehen, und oft geschieht es, dass ein Splitter wegen eines Fehlers, der seinen Wert zerstört, beiseite geworfen wird. Dennoch wird das kristallene Gefäß gefunden werden, das, *mit Licht gefüllt*, durch die Dunkelheit hindurch leuchten wird ... Die Quelle des Bösen ist von geringer Bedeutung (die Meister!), denn es kann nur durch die Schwäche, die in ihnen selbst liegt (Mangel an blindem Glauben!), Eingang finden ... Sie sollen guten Mutes sein, denn ihre Füße sind auf den Pfad gesetzt ...

> „Die Brüder sind in der Tat die Älteren Brüder und die Boten des Herrn, aber sie sind weder unfehlbar noch gehören sie zur Gesellschaft der Götter. Sie sind nur Menschen, die in der Tat sehr weit fortgeschritten sind und darauf warten, dass die Fackel in ihrer Mitte angezündet wird, aber sie gehören nicht zu denen, die ihr als Meister kennt, und es liegt nicht in ihrer Macht, die Fackel anzuzünden, noch zu sagen, an welchem Tag oder zu welcher Stunde die Pfingstflamme herabsteigen wird ..."

Und Dr. Felkin fügte hinzu:

> „Solche Angriffe, wie du sie hattest, sind ganz sicher ein Versuch böser Kräfte, die Seele bei ihrem Aufstieg auf den Berg abzulenken. Sobald dieses Ziel erreicht ist, hören die Angriffe auf (hypnotische Kontrolle!). Sie sind an sich ein Beweis dafür, dass der Empfänger der Lehre sowohl gut als auch sehr wichtig ist."

Und er sagte, man könne nicht eingeweiht werden, ohne in Trance zu gehen - wahr, aber wohin führt das? Auf die Frage:

„Welchen Beweis haben Sie, dass die Meister keine Schwarzmagier sind?", lautete die Antwort: „Wie können Sie Astralwesen testen? Sie müssen Glauben haben" - eine Verleugnung der Vernunft! Weiter riet Dr. Felkin:

> „Ich denke, es wäre besser, wenn du, anstatt dich vor imaginären schwarzen Rosenkreuzern in Deutschland oder anderswo zu fürchten, dich bewusst bemühen würdest, mit den wahren Rosenkreuzern zusammenzuarbeiten, die es zweifellos gibt (seine deutsche Autorität) und die versuchen, das mitteleuropäische Denken ins Licht zu führen; dann würdest du zum Großen Werk für die Welt gehören."

Und wie wir schon sagten, begann dieses große Rosenkreuzerwerk in Russland und breitet sich nun überall aus! Als letzte Warnung vor Zwang, wenn es nötig sein sollte, sagten die Meister: „Wenn die Häuptlinge sich nicht entscheiden, auf dem vorgesehenen Weg zu gehen, müssen sie den Berg der Einweihung durch viele Prüfungen und Drangsale besteigen!

Noch unzufriedener verlangten die beiden Häuptlinge Untersuchungen, aber Dr. Felkin und einige seiner Anhänger, die sich die Taktik der Illuminaten zu eigen machten, setzten alles daran, die beiden Häuptlinge heimlich zu diskreditieren und in den Besitz der Ordensdokumente zu gelangen. Im Jahr 1916 hatten diese beiden Häuptlinge von Dr. Felkin die Zeremonie der „Ätherischen Verbindung" erhalten, ein Ritual, das aus Deutschland mitgebracht worden war. Später starb einer dieser Häuptlinge in einer Nervenheilanstalt, und die beiden Basalwinkel kehrten zu Dr. Felkin und ihrem Meister zurück!

Der Orden sollte ein Zentrum des Lichts in London werden, und es wurde ihnen gesagt, dass in Kürze in vielen Teilen der Stadt Boten des Lichts erscheinen würden, die die Menschen führen und lehren würden. Sollte dies eine Revolution sein? Und dieser subversive Orden hat nicht nur Tempel in England und Neuseeland, sondern auch in mehreren großen Städten in Australien!

In der *Morning Post* vom 14. Juli 1920 heißt es unter dem Titel „Cause of the World Unrest" über die revolutionäre Freimaurerei:

> „Wenn der Anwärter schließlich in den 30. Grad[th] aufgenommen wird und nach schrecklichen Prüfungen, die seinen Gehorsam und seine Verschwiegenheit testen, zum *Ritter Kadosch* wird, erfährt er, dass es nicht mehr Adoniram oder Hiram ist, dessen Tod nach Rache schreit..."

Wir schließen mit einigen bedeutsamen Sätzen aus dem Katechismus des Kadosch-Rittergrades:

> „Verstehen Sie, dass dieser Grad nicht, wie vieles in der so genannten Freimaurerei, eine Täuschung ist, die nichts bedeutet und auf nichts hinausläuft; ... dass das, womit Sie sich jetzt beschäftigen, *echt* ist, *die* Erfüllung von *Pflichten* erfordert, *Opfer* verlangt *und* Sie *Gefahren* aussetzt, und dass dieser Orden bedeutet, sich mit den Angelegenheiten der Nationen zu befassen und wieder eine *Macht* in der Welt zu sein?"

Ein unvollendetes Manuskript der Autobiografie des 1762 geborenen und 1830 verstorbenen Pierre Fourrier Chappuy (siehe „Masonry and Revolution", Patriot, 5. August 1926) wirft weiteres Licht auf diesen Kadosch-Grad:

> „Wir befanden uns im Frühjahr 1789... Ich war umso begeisterter, als diese Ideen dieselben waren, die ich bereits in der Freimaurerei verinnerlicht hatte... Stolz, immer Stolz! Das war es, was mich von meinem Gott und von der Liebe zu meinesgleichen trennte, um in meinem Herzen eine Göttlichkeit zu schaffen, die nichts anderes war als ein lebendiger Egoismus, dem ich alles unterwarf und opferte... Es war ganz klar *die Gesellschaft der Illuminaten*... Es ist nicht mehr unbekannt, was der Geist und die Ziele dieser Sekte sind, die, nachdem sie sich mit den Freimaurern und den Gottlosen aller Länder vereinigt hat, Europa in Brand gesteckt hat und mehr denn je in dieser Zeit droht, sowohl das Christentum als auch den *Monarchismus* auszulöschen ...

aber ich war weit entfernt vom sechzehnten, in dem man allein das berühmte Geheimnis erfährt. Nachdem ich gelesen hatte, was diesen letzten Grad betrifft, nämlich den *des Chevalier Kadosch* - was *Regenerator* bedeutet - und die Rede, die dem Adepten gehalten wurde, sah ich das Licht; und ich verstand vollkommen und auf einmal die Symbole, Formeln und Prüfungen, die mir bis dahin ein Rätsel gewesen waren. Es sind alles Allegorien, die dem Verfahren der Templer entlehnt sind, deren Nachfolger sie sind."

Wer kann mit etwas Einsicht zögern zu sagen, dass dies dasselbe Krebsgeschwür ist, das heute wie 1789 unser religiöses, soziales und politisches Leben verdirbt, und dass innerhalb dieser Rosenkreuzer- und Illuminatenorden dieses Übel erzeugt wird; dass durch ihre Adepten, bewusst oder unbewusst, dieses zersetzende Krebsgeschwür durch unser ganzes Reich und unter allen Nationen *getragen und verbreitet wird*.

Im 5-6 Ritual des R.R. et A.C. heißt es:

„Der Orden der Rose und des Kreuzes existiert seit undenklichen Zeiten, und seine mystischen Riten wurden in Ägypten, Eleusis und Samothrake, Persien, Chaldäa und Indien sowie in weitaus älteren Ländern praktiziert und seine Weisheit gelehrt. (Es ist die alte Verehrung der Schlangenkraft oder des schöpferischen Prinzips.)"

Hippolyt (*Widerlegung*, Buch V) erzählt uns, dass die Nasseni, eine Sekte christlicher Gnostiker, offenbar hebräischen Ursprungs, ihr Glaubensbekenntnis von der Kabbala ableiteten und den Logos oder die Weltseele unter dem Namen und dem Bild des schlangenartigen hebräischen *Nachash* verehrten, der nach der kabbalistischen Zahlenlehre dem *Messias*, dem Christus (Solar) der okkulten Gesellschaften, entspricht.

„Die Nasseni behaupten über den 'Geist des Samens', dass er die Ursache aller existierenden Dinge ist und das geheime und unbekannte Geheimnis des Universums ist, das unter den Ägyptern verborgen und offenbart wurde ... die zugegebenermaßen die ersten waren, die allen anderen Menschen die Riten und Orgien aller Götter sowie die unaussprechlichen Geheimnisse der Isis verkündeten."

Dies ist die Kundalini oder die dualen schöpferischen Kräfte der Natur, wie sie in *Serpent Power* and *Tantra* beschrieben werden, , übersetzt aus dem Sanskrit von Arthur Avalon. Es ist das „Hye, Cye, das große unaussprechliche Geheimnis der eleusinischen Riten". Nochmals: „Merkur (der Große Hermes) ist Logos ... zugleich der Interpret und der Erschaffer der Dinge, die gewesen sind, die sind und die sein werden. Er ist auch der kabbalistische Adam Kadmon; der Ben Adam, wie er auf dem Pastos im Gewölbe des R.R. et A.C. dargestellt ist; er ist hermaphroditisch und wird im Ritual so beschrieben:

> „Ich sah sieben goldene Lichtträger und in der Mitte der Lichtträger einen, der war gleich Ben Adam, bekleidet mit einem Gewand, das bis zu den Füßen reichte, und umgürtet mit einem goldenen Gürtel. Sein Haupt und seine Haare waren weiß wie Schnee, und seine Augen wie ein blitzendes Feuer. Seine Füße waren wie feines Erz, als würden sie in einem Ofen brennen, und seine Stimme war wie das Rauschen vieler Wasser. Und er hatte in seiner rechten Hand sieben Sterne, und aus seinem Mund ging ein flammendes Schwert, und sein Antlitz war wie die Sonne in ihrer Kraft."

Hier haben wir etwas, das auf den ersten Blick das „Alpha und Omega" der Apokalypse zu sein scheint, aber es ist der gnostische Logos. Auf dem Pastos wurde Ben Adam auf dem kabbalistischen Lebensbaum platziert, mit den beiden Säulen der Barmherzigkeit und der Strenge - den positiven und negativen Kräften - auf beiden Seiten und inmitten der zehn Sephiroth und zweiundzwanzig Pfade der jüdischen Kabbala. Das Gesicht war das des „Herrn des Lichts", des Überbringers des einleitenden Lichts für den Einzelnen oder den Orden; es war fesselnd, dunkel und unheimlich, voll subtiler magnetischer und zwingender Kraft. In der rechten Hand befanden sich die sieben geometrischen Sterne der sieben Planeten, die sieben Aspekte der Sonnenkraft, die zusammen das Weiße Licht des Illuminismus bilden. Aus seinem Mund entspringt das Flammenschwert, es ist das einweihende oder erleuchtende Licht. Das Ganze stellt die Macht der Illuminaten dar. Sein Name ist nicht das „Wort Gottes", sondern das „Verlorene Wort" der illuminierten Freimaurerei, das die sogenannte Weisheit von den „unbekannten Häuptlingen" bringt.

Hier haben wir ohne Zweifel den Johannismus, den Hinweis auf die Ketzerei der Templer; er ist kabbalistisch und gnostisch, luziferisch und eine Perversion der christlichen Symbolik. Es ist Baphomet! Das Abzeichen, durch das der Aspirant Zugang zum inneren Tempel erhält, ist diese Schlange und das Flammenschwert. Es bedeutet, die Kundalini oder die ungenutzten Sexualkräfte zu erwecken und zu erheben - die Schlange, die sich hierhin und dorthin windet, und ihre Vereinigung mit der Kraft von außen - das Herabsteigen des Flammenschwerts; das erzeugt das, was die „Große Befreiung" genannt wird, aber von diesen finsteren Meistern für ihre eigenen Zwecke kontrolliert wird.

Betrachten wir die „Smaragdine oder Smaragdtafel des Hermes". Mme. Blavatsky schreibt:

> „Die Überlieferung besagt, dass ein Eingeweihter beim Leichnam des Hermes in Hebron die als Smaragdine bekannte Tafel gefunden hat. Sie enthält in wenigen Sätzen die Essenz der hermetischen Weisheit. Für diejenigen, die sie mit ihren leiblichen Augen lesen, werden die Vorschriften nichts Neues oder Außergewöhnliches bedeuten, denn sie beginnt lediglich mit der Aussage, dass sie nicht von fiktiven Dingen spricht, sondern von dem, was wahr und höchst sicher ist."

Die Gebote lauten:

> „Das, was unten ist, gleicht dem, was oben ist, und das, was oben ist, gleicht dem, was unten ist, um die Wunder der einen Sache zu vollbringen" - Manifestation nach dem Prinzip.

„So wie alle Dinge durch die Vermittlung eines Wesens entstanden sind, sind alle Dinge durch *Anpassung* aus diesem einen Wesen hervorgegangen" - Lebenskraft-Äther.

„Sein Vater ist die Sonne, seine Mutter der Mond". Die Sonne wurde von den alten Magiern als die große magnetische Quelle des Universums angesehen; sie ist der Generator. Er ist Osiris, die Sonne in ihrem Auf- und Untergang. Der Mond ist Isis, die mächtige Mutter, die alle Prinzipien reproduziert. Die Natur in ihrer Weite - die beiden streitenden Kräfte.

„Sie ist die Ursache aller Vollkommenheit auf der ganzen Erde" - das Gleichgewicht der Lebenskraft.

„Die Kraft ist vollkommen, *wenn sie in Erde verwandelt wird*" - Fixierung des Astralen in eine materielle Basis oder ein „Fahrzeug".

„Trennen Sie die Erde vom Feuer, das Feine vom Groben, handeln Sie besonnen und mit Augenmaß" - eine vorbereitete und gereinigte materielle Grundlage.

„Steige mit der größten Klugheit von der Erde zum Himmel auf und steige dann wieder zur Erde hinab und vereinige die Kraft der niederen und der höheren Dinge; so wirst du das Licht der ganzen Welt besitzen, und alle Dunkelheit wird von dir wegfliegen" - Der Aufstieg der Kundalini oder Schlange und der Abstieg des Flammenschwertes, der Erleuchtung oder erleuchtete Instrumente hervorbringt. Nach Eliphas Levi besteht das Geheimnis des Großen Werkes in der Fixierung des astralen Lichts auf einer materiellen Basis durch einen souveränen Willensakt - für das Große Gute oder das Große Böse; es wird als eine von einem Pfeil durchbohrte Schlange dargestellt. Es ist die Sonne, der Mond und das vereinigende und zerstörende Feuer der „Schlangenmacht".

„Dieses Ding hat mehr Kraft als die Kraft selbst, denn es wird alles Subtile überwinden und alles Feste durchdringen. Durch sie wurde die Welt geformt"-Elektromagnetische Kräfte, die 'unzerbrechlichen Ketten' der 'Protokolle'."

Dieses geheimnisvolle Ding ist das universelle magische Agens, der alles durchdringende Äther, „der in alle magischen Operationen der Natur eintritt und mesmerische, magnetische und spiritistische Phänomene hervorbringt." Es ist das Od der Juden, das astrale Licht der Martinisten. Wie Eliphas Levi geschrieben hat: „Man hat gesagt, dass dieses universelle Mittel ein Lebenslicht ist, durch das belebte Wesen magnetisch gemacht werden." Und „die Ausübung dieser wunderbaren Kabbala beruht ganz auf der Kenntnis und dem Gebrauch dieses Mittels". Dies ist also die Kraft, die den Adepten „zu einem Dynamo von ständig wachsender Kraft und Licht" macht.

In einem kuriosen Pamphlet, datiert um 1836, das 1888 von der „Theosophical Publishing Society" nachgedruckt wurde (siehe *Patriot*, 8. September 1927), lesen wir von dieser unsichtbaren Macht:

> „Das Pamphlet behauptet, vom wandernden Juden geschrieben worden zu sein, und beschreibt, wie er beim Fall Jerusalems den hebräischen Talisman, *das Siegel Salomons* (verflochtene Dreiecke), aus dem Tempel nahm und wie er durch seine Macht den Aufstieg der Juden in allen Ländern der Geschichte sicherte, bis sie durch die Finanzen die gesamte Kontrolle über die heidnischen Könige und Herrscher erlangten."

Über die Quelle von Neckers Macht spricht der wandernde Jude etwa zur Zeit der Französischen Revolution, 1789:

> „Ich war es, es war die talismanische Macht, die ich ihm für eine kurze Atempause gab, um seine Freunde mit Bewunderung und seine Feinde mit Neid zu erfüllen. *Ich zog diese Macht zurück*, und es entstand der Schauplatz des Blutvergießens und der Konfiszierung, der vor allem notwendig war, um meinem Volk zu ermöglichen, alle Völker Europas zu verderben... Aus der Revolution Frankreichs gingen blutige und teure Kriege hervor."

Wir lesen von dem unheimlichen Einfluss, den Cagliostro und

der Illuminismus von Weishaupt damals ausübten. Welche geheime Macht stand hinter ihnen? Und hat sich nicht die Großorient-Judäo-Freimaurerei, die im März 1789 illuminiert wurde, ihrer Macht gerühmt, „Drei Revolutionen - 1789, 1871, 19-?-Bull. Hebd ., 1922."

Und heißt es nicht in den „Protokollen": „Der geheimen Macht macht es nichts aus, ihre Agenten zu wechseln, die sie maskieren ... die Freimaurerloge in der ganzen Welt fungiert unbewusst als Maske für unsere Zwecke." In den Ritualen der Stella Matutina heißt es: „Das Licht leuchtet in der Finsternis, und die Finsternis begreift es nicht." Wie viele unter uns erkennen die Macht dieses finsteren Lichts, das heimlich in und durch die Dunkelheit und den Tod der Weltrevolution wirkt?

In der okkulten Ausgabe der *Revue Internationale des Sociétés Secrètes vom* August 1928 gibt M. Henri de Guillebert die folgenden interessanten Hinweise zu den verflochtenen Dreiecken, die als Siegel Salomons bekannt sind:

„In Synagogen, vor Heiligtümern, in Freimaurerlogen, in esoterischen Tempeln werden zwei ineinander verschlungene Dreiecke gezeigt, eines weiß, das andere schwarz. Es ist das Siegel Salomons. Die Farbe Schwarz bedeutet, dass der symbolisierte Gegenstand für immer in der Dunkelheit des Körpers verbleibt; sie stellt das Weibliche dar. In der Mitte der Figur, deren Symbolik so offensichtlich ist, dass sich Erklärungen erübrigen, befindet sich der große und geheimnisvolle Lingam... Im Sanskrit bedeutet das Wort *Lingam* das, was mit dem latinisierten griechischen Wort *Phallus* gemeint ist... Seine Lage in der Mitte der ineinander verschlungenen schwarzen und weißen Dreiecke verweist in anderer Form auf die Vereinigung der Geschlechter. Normalerweise befinden sich in den oberen und unteren Winkeln des Salomonssiegels die Buchstaben *Alpha* und *Omega*. Die Seiten der Dreiecke sind vergrößert, um einen Buchstaben in jedem der vier Winkel aufzunehmen. Diese vier Buchstaben bilden den Anfangs- und Endbuchstaben des hebräischen Wortes *(Eheieh)*, mit dem Jehova Moses seinen unvergleichlichen Namen lehrte: „*ICH BIN, der ich bin*".

„Die syntaktische Verbindung dieses Wortes mit den Buchstaben Alpha und Omega und den Zeichen des Lingams in den verschlungenen Dreiecken des Salomonischen Siegels ergibt daher den Text: „Ich Lingam, ich bin Alpha und Omega, der Erste und der Letzte, der ewige Pan". Denn die gesamte Hieroglyphe geht in der Tat davon aus, dass das Motto „Ich bin Alpha und Omega" durch Handlungen, Phänomene des menschlichen Lebens oder Mikrokosmos und die gesamte Phänomenalität oder Makrokosmos (Universum) durch den personifizierten und vergöttlichten Lingam verwirklicht wird. Derselbe Ansatz findet sich bei einigen Sekten unter der Form „Erzeugung, Schöpfung". Für die Eingeweihten ist die Erzeugung eine der Göttlichkeit eigentümliche Operation, wenn sie von ihnen selbst oder ihren Eingeweihten vollzogen wird. Sie ist der göttliche Akt *schlechthin*. Der Mensch, der sich ihr hingibt, übt die Göttlichkeit aus oder usurpiert sie."

Nun, *Eheiek* ist das Passwort des 5-6 Grades des R.R. et A.C.,. und in dieser Zeremonie sagt der Haupt-Adept, als Repräsentant des „göttlichen I.A.O.": „Ich bin der Erste und der Letzte. Ich bin der Lebendige und war tot, und siehe, ich bin lebendig in Ewigkeit, und ich habe den Schlüssel der Hölle und des Todes.

In Eliphas Levis *Geschichte der Magie* wird ein Diagramm des „Großen Symbols Salomons" gezeigt, die verschlungenen Dreiecke. Auch hier spiegelt sich der Lingam aus dem Universum im Menschen wider, und das Ganze wird von einer Schlange umgeben, die sich in den Schwanz beißt - dem Symbol der Kundalini. Der untere Teil des theosophischen Symbols besteht, wie wir gezeigt haben, aus diesem verschlungenen Dreieck, das ebenfalls von einer ähnlichen Schlange umgeben ist und in dessen Mitte das ägyptische Ankh - der Schlüssel des Lebens - eine andere Form des Lingam ist. Es ist der Weg zur Einweihung. In einem kuriosen Buch über die Mysterien der Kabbala lesen wir:

„Eliphas Levi nannte dieses mystische Siegel das 'Große

Arkanum', und in seiner Version des Diagramms nehmen ein
Mann und eine Frau die beiden ineinandergreifenden
Dreiecke ein. Die Abbildung illustriert die folgende Passage
aus der 'Kleinen Heiligen Versammlung': So auch hier, wo
das Männliche mit dem Weiblichen verbunden ist, bilden
beide einen vollständigen Körper, und das ganze Universum
befindet sich in einem Zustand des Glücks, weil alle Dinge
von ihrem vollkommenen Körper Segen empfangen. Und
dies ist ein Arkanum.' '

Bei der Feier des Hochamtes in der Universellen Gnostischen
Kirche, wie in der okkulten Ausgabe der *Revue Internationale
des Sociétés Secrètes vom* Februar 1928 beschrieben, ruft der
Hohepriester seinen Herrn I.A.O. an:

„Du bist die Einheit. Du bist unser Herr im Universum der
Sonne. Du bist unser Herr in uns selbst. Dein Name ist das
Geheimnis aller Geheimnisse... Öffne den Weg, die Tür der
Schöpfung und die Verbindungen zwischen uns und dir!
Erleuchte unser Verständnis. Erleuchte unsere Herzen.
Bewirke, dass das Licht in unser Blut eindringt, damit wir zur
Verwirklichung gelangen. *Alles in Zwei Zwei in Eins. Eins im
Nichts. Ehre sei dem Vater und der Mutter, dem Sohn und der
Tochter, und dem Heiligen Geist außen und innen.* (Das
Tetragrammaton mit dem *Schienbein* in der Mitte - *Jehesuah*.)
Was war, ist und sein wird, Welt ohne Ende. Sechs in Einem
durch die Namen der Sieben in Einem. Ararita! Ararita!
Ararita!" Die Hohepriesterin unterbricht mit: „Es gibt kein
anderes Gesetz als dieses: Tu, was du willst, und Liebe unter
Kontrolle."

Es ist auch erwähnenswert, dass im R.R. und A.C. der
sechsstrahlige Stern aus ineinander verschlungenen Dreiecken
die sieben planetarischen Kräfte darstellt; ein Planet in jedem
Winkel mit der Sonne, von der die anderen nur verschiedene
Aspekte oder Manifestationen sind, im Zentrum. Er wird daher
in Anrufungen der Planetenkräfte verwendet, und das Wort
„Ararita" wird in diesen Anrufungen immer verwendet, um die
vereinte Kraft zu symbolisieren, wobei jedem Planeten ein

Buchstabe zugeordnet wird und jedem alle, wobei die Sonnenkraft in und durch jeden wirkt, ein Teil des Ganzen.

Man muss verstehen, dass diese Orden immer auf dem Prinzip von zwei konkurrierenden Kräften aufgebaut sind und arbeiten, die durch eine dritte, hervorbringende Manifestation - das Auge im Zentrum des Dreiecks - vereint werden. Das bedeutet, dass sich die initiierenden Kräfte dieser unsichtbaren kabbalistischen Juden ausbreiten, um ihre Macht und ihren Ruhm zu erlangen. Das mag für den Adepten vorübergehende Macht und sogar Ruhm - *unter Kontrolle* - bedeuten, aber letztendlich den Tod seiner eigenen Persönlichkeit. Er verliert sein Geburtsrecht; sein Leben wird zu einem Zwielicht der Unwirklichkeit.

In einem der Bücher des verstorbenen Donn Byrne, *Bruder Saul*, einem Roman, der das Leben des Saulus von Tarsus schildert, ist es interessant, vom Duell des Willens zwischen Saulus und dem schwarzen Magier Bar-Jesus zu lesen.

Bar-Jesus rühmt sich:

„Satan oder Adonai, ich diene einem Gott und habe Kräfte. Ich kann Kranke gesund machen und Dämonen austreiben. Ich kann die Zukunft vorhersehen und die Vergangenheit zurückverfolgen. Ich entdecke verborgene Schätze und kann Armeen aufhalten. Ich beschwöre und befehle den Toten. Aber Saul, alles, was du hast, sind Worte, leere Versprechen."
Aber Saul antwortet: „Ich habe die Macht, dem Bösen zu widerstehen."

(Bar-Jesus' Gott ist I.A.O., und seine Macht ist die Macht des verflochtenen Dreiecks!)

Dann stellt Bar-Jesus seine bösen Kräfte zur Schau und sagt: „Ich werde David, den König von Israel, herbeirufen." Vier junge Burschen, seine Jünger, treten mit Schwert, Zauberstab und Tiegeln ein. „Die Jungen waren nur durch seinen Wunsch am Leben. Sie hatten kein eigenes Leben. Irgendwie waren sie in seine Macht geraten und er hatte ihr Leben gegessen. Sie waren nicht lebendig, sie waren untot." Das heißt unter Kontrolle oder besessen! Dann nahm er das Schwert und machte einen Kreis, der alles umschloss, und noch einen zweiten, zwischen die beiden, schrieb er mit der Schwertspitze hebräische Buchstaben, die an sich schon mächtige Kräfte sind. Saulus und Barnabas aber traten außerhalb des Kreises und blieben dort während der Beschwörung. Mit erhobenem Schwert beschwor und exorzierte Bar-Jesus in den Namen *„Tetragrammaton Elohim; Elohim Gibor; Elvah-Va-Dnath; Shaddai Elchai; Adonai Melekh usw."* und befahl den abtrünnigen Geistern, „dass ihr sofort kommt, um unseren Wunsch zu erfüllen." Da spürte Saulus, der sich nicht im Kreis befand, wie sich alles Böse um ihn versammelte, aber er blieb standhaft. Endlich erkannte Bar-Jesus, dass er geschlagen war, und verließ die Geister (oder Kräfte) mit den Worten: „Im Namen Adonais, des Ewigen und Immerwährenden (des schöpferischen Prinzips), lasst jeden von euch an seinen Platz zurückkehren; es herrsche Friede zwischen uns und euch, und ihr seid bereit zu kommen, wenn ihr gerufen werdet."

Dies muss den Mitgliedern des R.R. et A.C. sehr vertraut sein, denn was an dieser vom Schwarzmagier Bar-Jesus durchgeführten Beschwörung besonders interessant ist, ist ihre Ähnlichkeit mit magischen Beschwörungen, wie sie in der Stella Matutina-Outer and Inner gelehrt und praktiziert werden, einem Orden, der eine ganze Reihe recht bekannter Geistlicher zu seinen Mitgliedern zählt.

Eines ihrer Rituale ist als Z_2 bekannt und dient der Beschwörung so genannter planetarischer Geister, wie z.B. „Bartzabel, der Geist des Mars", und der Aufladung eines Talismans mit der beschworenen Kraft. Im Stella-Matutina-Tempel werden die vier Himmelsrichtungen mit Symbolen und brennenden Lichtern fixiert, und für diese Evokation wird ein einziger umschließender Kreis gemacht, auf dem Lichter platziert werden, deren Anzahl dem evozierten Geist entspricht. Hebräische Namen, die denen von Bar-Jesus und anderen ähnlich sind und dem Geist oder der Kraft entsprechen, werden verwendet, um die Manifestation zu bewirken, und die Worte der endgültigen Verbannung sind praktisch dieselben.

Außerhalb des Kreises befindet sich ein Dreieck; an jedem Winkel brennt ein Feuer, und als das AUGE der Macht im Dreieck manifestiert sich der Geist, die Kraft oder ist es der Meister? in der Mitte! Während dieser Beschwörung und bis nach der Verbannung muss der Adept innerhalb des Kreises bleiben, denn es scheint, dass viel Böses angezogen wird. Das Ritual basiert auf einem der Cypher MSS, das, wie bereits erwähnt, 1884 gefunden wurde. Mitglieder, die solche Magie nicht praktizieren wollen, können unter der Leitung der geheimnisvollen Meister, die wie Bar-Jesus das Leben oder die Seele ihrer Jünger zu „fressen" scheinen, eine besondere Arbeit verrichten, wie z. B. Heilung oder Sozialarbeit, so dass diese blind eine böse Perversion annehmen und glauben, sie sei eine heilige Wahrheit.

Viele ahnungslose Mitglieder werden durch hochtrabende Lehren über Liebe, Einheit, Dienst und universelle Bruderschaft über die wahre Natur der Ziele dieser Meister geblendet, die nichts anderes als schwarze Magier wie Bar-Jesus sind, nur subtiler und mächtiger. Sie werden in dem Glauben gelassen, dass diese Lehren viele tiefe Wahrheiten enthalten, die von den christlichen Kirchen nicht verstanden werden, und dass es eines der Werke dieser Gesellschaften ist, diese Dunkelheit zu erhellen - das Licht zu sein, das in der Dunkelheit leuchtet!

Im *Patriot*, Mai 1924, sind einige Artikel von Z. über „Der Jude und die Freimaurerei"; in einem heißt es:

„Des Mousseaux zitiert den deutschen Freimaurer Alban Stolz, der in einer 1862 veröffentlichten Broschüre sagt: 'Die Macht, die sich die Juden durch die Freimaurerei zu verschaffen wussten ... ist eine der unmittelbarsten Gefahren für Kirche und Staat ... Es gibt in Deutschland eine Geheimgesellschaft in freimaurerischer Form, die *von unbekannten Häuptlingen beherrscht wird*. Die Mitglieder ihres Vereins sind meist Juden... Die Juden benutzen christliche Symbole nur zum Spott oder als Maske für ihre Intrigen.' ... In Bezug auf den 'Tempel Salomons' sagt Des Mousseaux: „Dieser symbolische Begriff, dessen wahre Bedeutung nur der obersten und unsichtbaren Hierarchie der Freimaurerlogen bekannt ist und der aus kabbalistischen Juden besteht, bedeutet den Wiederaufbau der jüdischen Macht aus dem Ruin des Christentums" - (die Lösung und Koagula der Illuminierten Freimaurerei).

Im R.R. et A.C. war das kabbalistische Ritual Z_2, von dem oben die Rede war, eine der Prüfungen, die die meisten Mitglieder bestehen mussten, bevor sie einen bestimmten höheren Grad, die 6-5, erhielten. Die letzte und wichtigste dieser Prüfungen war die Beschwörung von „Adonai Ha Aretz", dem jüdischen Herrn des Universums - oder war es ein Meister! Bei dieser Beschwörung wurde kein Kreis verwendet, sondern nur eine Grenzlinie zwischen dem Adepten und dem sogenannten Geist, der beschworen werden sollte. Indem er die hebräischen Buchstaben mit der Schwertspitze schrieb, beschwor der Adept die Macht, bis sein eigener Körper im LICHT erstrahlte (Illuminismus!). Bei erfolgreicher Beschwörung erschien „Adonai Ha Aretz" auf dem Universum stehend, die Arme in Form eines Kreuzes ausgestreckt, in der einen Hand einen Becher mit Rotwein und in der anderen eine Getreidegarbe, die die dualen Kräfte der Natur repräsentieren. Dieser „Herr des Universums, der Weite und der Mächtige" ist der spirituelle oder magische Herrscher des R.R. et A.C. sowie der Stella Matutina, denn in seinem Namen werden viele der Anrufungen während der verschiedenen Gradzeremonien gemacht. Der gesamte Orden basiert auf dieser jüdischen magischen Kabbala.

Über dieses deutsche Mauerwerk sagt wiederum Alban Stolz:

> „Ihre Noten und Systeme folgen bestimmten christlichen Riten und Symbolen, um ihre wahre Bedeutung zu verschleiern."

Kurz gesagt, die Stella Matutina oder äußere Ordnung hat als Symbol das Pentagramm, das heißt, die vier Elemente - Erde,

Luft, Wasser und Feuer -, auf die sich die vier Grade beziehen, und vor allem den Geist - den Äther -, der sich auf das Portal bezieht, das in die innere Ordnung führt. Die Ordnung stellt einen Körper dar, der für die Herabkunft des Lichts vorbereitet wird, einzeln oder als Ganzes - das Pentagramm oder das erleuchtete Instrument. Und um die individuelle Verbindung mit den Meistern herzustellen, wird die Kundalini durch Prozesse - eine Form der mentalen Suggestion - geweckt und angehoben.

In Unkenntnis der wahren Natur des Ordens und des zu leistenden Eides wird der Kandidat mit verbundenen Augen in den Tempel geführt und nach der Weihe durch Feuer und der Reinigung durch Wasser vor den Altar gestellt, wo er vom Hierophanten so angesprochen wird:

„Wir haben Ihr unterzeichnetes Versprechen, alles, was den Orden betrifft, geheim zu halten. Um es zu bestätigen, frage ich Sie nun, ob Sie bereit sind, in Gegenwart dieser Versammlung die feierliche Verpflichtung einzugehen, die Geheimnisse und Mysterien des Ordens unverletzlich zu halten? In dieser Verpflichtung liegt nichts, was mit Euren bürgerlichen, moralischen oder religiösen Pflichten unvereinbar wäre [das sagte auch Weishaupt!] ... seid Ihr bereit, diesen Eid abzulegen?"

Verblüfft und etwas benommen stimmt der Kandidat zu, kniet nieder und wiederholt nach dem Hierophanten die folgenden Worte:

„Ich - in der Gegenwart des Herrn des Universums, der in der Stille wirkt und den nichts als die Stille ausdrücken kann, und in der Halle der Neophyten der Sektion der Mysterien von Ägypten, der Stella Matutina, die regelmäßig unter der Vollmacht der hochverehrten Häuptlinge des Zweiten Ordens versammelt sind, verspreche hiermit aus freiem Willen und hiermit feierlichst, diesen Orden, seinen Namen, die Namen seiner Mitglieder und die Vorgänge bei seinen Zusammenkünften vor jeder Person in der Welt geheim zu halten, die nicht in ihn eingeweiht wurde, noch werde ich darüber mit einem Mitglied sprechen, das nicht das Passwort für die Zeit besitzt oder das ausgetreten ist, aufgegeben hat oder ausgeschlossen wurde.

„Ich verpflichte mich, ein freundliches und wohlwollendes Verhältnis zu allen Fratres und Sorores dieses Ordens zu pflegen. Ich verspreche feierlich, alle Informationen, die ich vor Ablegung dieses Eides über diesen Orden erhalten habe, geheim zu halten. Ich verspreche feierlich, dass jedes Ritual oder jede Vorlesung, die mir anvertraut werden, und jeder Umschlag, der sie enthält, das offizielle Etikett dieses Ordens tragen werden (so dass sie, wie bei Weishaupt, im Todesfall an den Orden zurückgegeben werden können). Ich werde kein Manuskript vervielfältigen oder vervielfältigen lassen, bevor ich nicht eine schriftliche Erlaubnis des Zweiten Ordens eingeholt habe, damit unser geheimes Wissen nicht durch meine Nachlässigkeit aufgedeckt wird. Ich verspreche feierlich, mich nicht in einen solchen Zustand der Passivität versetzen zu lassen, dass eine nicht eingeweihte Person oder Macht mich dazu bringen könnte, die Kontrolle über meine Worte oder Handlungen zu verlieren. Ich verspreche feierlich, mit Mut und Entschlossenheit in den Arbeiten der göttlichen Wissenschaft auszuharren, so wie ich mit Mut und Entschlossenheit durch diese Zeremonie, die ihr Abbild ist, ausharren werde. Und ich werde mein mystisches Wissen in der Arbeit der bösen Magie (!) nicht entwürdigen, zu keiner Zeit versucht oder unter irgendeiner Versuchung. Ich schwöre auf dieses heilige Symbol (das Weiße Dreieck - das Licht des Illuminismus), all diese Dinge ohne Ausflüchte, Zweideutigkeiten oder mentale Vorbehalte zu befolgen, bei Strafe des Ausschlusses aus diesem Orden für meinen Meineid und mein Vergehen, und darüber hinaus, mich mit meinem eigenen Einverständnis einem tödlichen Strom von Kräften zu unterwerfen, der von den im Lichte ihrer vollkommenen Gerechtigkeit lebenden göttlichen Hütern dieses Ordens in Bewegung gesetzt wird, die, wie Überlieferung und Erfahrung bestätigen, *denjenigen, der diese magische Verpflichtung bricht, mit dem Tod oder der Lähmung treffen oder mit Unglück überhäufen* können. *Sie reisen wie die Winde, sie schlagen zu, wo kein Mensch zuschlägt, sie töten, wo kein Mensch tötet.* (Hierus legt dem Kandidaten das Schwert an den Hals.) So wie ich mein Haupt vor dem Schwert des Hierus beuge, übergebe ich mich in ihre Hände, um Rache und Belohnung zu erhalten. So hilf mir, meine mächtige geheime Seele und der Vater meiner Seele, der in der Stille wirkt und den nichts als die Stille ausdrücken kann."

Dies ist der Herr des Universums, das schöpferische Prinzip der gesamten Natur, und die Kraft ist jener geheimnisvolle Strom, der „tötet und lebendig macht".

Im weiteren Verlauf der Zeremonie wird dieser Eid noch dadurch unterstrichen, dass dem Kandidaten zwei reine Flüssigkeiten vorgesetzt werden; die eine wird in eine Schale gegossen, gefolgt von der zweiten, die die reine Flüssigkeit in den Anschein von Blut verwandelt. Der Offizier warnt den Kandidaten:

„Das soll dich daran erinnern, o Neophyt! wie leicht du durch ein unbedachtes oder unüberlegtes Wort das verraten kannst, was du geschworen hast, geheim zu halten, und das verborgene Wissen preisgeben kannst, das dir vermittelt und in dein Gehirn und deinen Geist eingepflanzt wurde, und lass dich durch die Farbe des Blutes daran erinnern, dass dein Blut vergossen und dein Körper gebrochen werden kann, wenn du diesen Eid der Verschwiegenheit brichst, denn schwer ist die Strafe, die die Hüter des verborgenen Wissens von denen fordern, die ihr Vertrauen vorsätzlich verraten."

Die Erfahrung lehrt uns, dass dies keine leere Drohung ist, und wenn dieser Orden, wie behauptet wird, lediglich ein Mittel zur spirituellen Entwicklung und in keiner Weise subversiv oder gefährlich ist, wozu dann dieses schreckliche und erschreckende Geheimnis und der obligatorische Eid? Die „göttlichen" und kabbalistischen Wächter allein kennen und hüten ihr teuflisches Geheimnis!

Am Ende der Einweihungszeremonie, bei der der oben genannte Eid geleistet wird, der alle nachfolgenden äußeren Grade vorwegnimmt, nimmt jedes anwesende Mitglied am „Mystischen Mahl" teil. Auf dem Altar in der Mitte des Tempels befindet sich ein weißes Dreieck für die Manifestation des Lichts, darüber das rote Kalvarienkreuz des Leidens, das Mittel, um das Licht anzuziehen und zu etablieren. Um das Kreuz herum sind die vier Elemente gruppiert: *Luft*, die rote Rose des Ordens, deren Duft wie die unterdrückten Seufzer des Leidens ist; *Feuer*, die rote Lampe, der Wille zur Selbstaufopferung; *Wasser*, der Kelch mit rotem Wein, das Blut, das als Opfer für das Große Werk vergossen wird; *Erde*, eine Patene mit Brot und Salz, der zerstörte Körper, der für dasselbe Große Werk erneuert wird. Es ist das Tetragrammaton. Das Ganze stellt die verfeinerten subtilen Malkuth-Kräfte dar, die kabbalistische Braut, ein „Körper, der für die Herabkunft des Lichts vorbereitet" ist - der „Christus" der Illuminaten.

Der Hierophant steigt vom Thron im Osten herab, geht zum Westen des Altars, projiziert Licht auf ihn, während er sich nähert, und sagt: „Ich lade dich ein, mit mir den Duft der Rose als Symbol der Luft einzuatmen; die Wärme des heiligen Feuers zu spüren; mit mir dieses Brot und das Salz als Zeichen der Erde zu essen; schließlich mit mir diesen Wein, das geweihte Symbol des Wassers, zu trinken."

Er macht mit dem Kelch über dem Altar ein Kreuz in die Luft und trinkt. Jedes Mitglied, in der Reihenfolge seines Amtes und seines Ranges, erhält die Elemente vom vorherigen Teilhaber, aber in absoluter Stille, bis schließlich der Kerux - „Der Wächter im Innern" - teilnimmt und den Wein austrinkt; er dreht den Kelch um und erhebt ihn in die Höhe und ruft mit lauter Stimme: „Es ist vollbracht!" - Das Blut ist vergossen, der Leib ist gebrochen, das willige Opfer ist vollbracht! Aber, so möchten wir fragen, zu welchem Zweck?

Die Vervollkommnung des Adepten, dieses erleuchteten Instruments, findet im R.R. et A.C., dem Inneren Orden, statt. Zunächst wird der Adept dazu gebracht, zu erkennen, dass er als Individuum „nichts" ist. Wenn er die geforderte Innere

Verpflichtung eingeht, wird er in ein schwarzes Gewand gekleidet, mit einer Kette um den Hals, und mit ausgestreckten Armen wird er an das rote Kalvarienkreuz des Leidens und der Selbstaufopferung gebunden; über Kopf befindet sich eine Schriftrolle mit den Buchstaben I.N.R.I. Die Verpflichtung hat die Form von Klauseln, die den zehn Sephiroth des kabbalistischen Lebensbaums entsprechen. Bevor er abgelegt wird, beschwört einer der einweihenden Häuptlinge zur Bestätigung der Verpflichtung „den Racheengel HUA im göttlichen Namen I.A.O." Dann wiederholt der Adept den Eid nach dem Häuptling:

„*Kether* - I. - Ich (Christian Rosenkreutz), ein Glied des Leibes Christi, binde mich heute geistig, wie ich jetzt körperlich an das Kreuz des Leidens gebunden bin. *Chokmah* - 2. dass ich bis zum Äußersten ein reines und uneigennütziges Leben führen und mich als treuer und ergebener Diener des Ordens erweisen werde. *Binah* - 3. dass ich alles, was mit diesem Orden und seinem geheimen Wissen zusammenhängt, vor der ganzen Welt geheim halten werde, sowohl vor einem Mitglied des Ersten Ordens der Stella Matutina als auch vor einem Nichteingeweihten, und dass ich den Schleier der strengen Geheimhaltung zwischen dem Ersten und dem Zweiten Orden aufrechterhalten werde. *Chesed* - 4. dass ich die Autorität der Oberhäupter des Ordens bis zum Äußersten aufrechterhalten werde; dass ich keine Person in den Ersten Orden einweihen oder befördern werde, weder im Geheimen noch im offenen Tempel, ohne die gebührende Genehmigung und Erlaubnis. Dass ich weder einen Kandidaten für die Aufnahme in den Ersten Orden empfehlen werde, ohne ein angemessenes Urteilsvermögen und die Gewissheit zu haben, dass er oder sie eines so großen Vertrauens und einer so großen Ehre würdig ist, noch jemanden ungebührlich drängen werde, Kandidat zu werden; und dass ich alle Prüfungen von Mitgliedern niedrigerer Grade ohne Furcht oder Bevorzugung in irgendeiner Weise beaufsichtigen werde, so dass unser hoher Wissensstandard nicht durch mein Zutun gesenkt wird; und ich verpflichte mich ferner, dafür zu sorgen, dass der notwendige zeitliche Abstand zwischen den Graden des Practicus und des

Philosophus und zwischen dem letzteren Grad und dem Zweiten Orden ordnungsgemäß eingehalten wird. *Geburah - 5.* - Ferner, dass ich alle praktische Arbeit, die mit diesem Orden zusammenhängt, an einem verborgenen Ort und abseits von den Blicken der äußeren und nicht eingeweihten Welt verrichten werde, und dass ich unsere magischen Geräte nicht ausstellen und den Gebrauch derselben nicht offenbaren werde, sondern dass ich dieses innere Rosenkreuzerwissen geheim halten werde, so wie es durch die Jahrhunderte hindurch geheim gehalten wurde. Dass ich kein Symbol oder Talisman in den leuchtenden Farben für einen Uneingeweihten anfertigen werde, ohne eine besondere Erlaubnis der Ordensoberen; dass ich vor Uneingeweihten nur solche praktische Magie ausüben werde, die einfacher und bereits bekannter Natur ist; und dass ich ihnen keinerlei geheime Arbeitsweise zeigen werde, indem ich unsere Methoden des Tarot und anderer Weissagungen, des Hellsehens, der Astralprojektion, der Weihe von Talismanen und Symbolen und der Rituale des Pentagramms und Hexagramms usw. streng geheim halte.und ganz besonders von der Verwendung und Zuweisung der blinkenden Farben und der Schwingungsart der Aussprache der göttlichen Namen (kabbalistisch und hebräisch). *Tiphereth - 6.* - Ich verspreche und schwöre ferner, dass ich mich mit göttlicher Erlaubnis von heute an dem *Großen Werk* widmen werde, das darin besteht, meine spirituelle Natur zu reinigen und zu erhöhen, damit ich mit göttlicher Hilfe endlich dazu gelange, mehr als ein Mensch zu sein (vergöttlicht zu werden) und mich so allmählich zu meinem höheren und göttlichen Genius zu erheben und zu vereinen, und dass ich in diesem Fall die mir anvertraute große Macht (die Kundalini zu erheben und sie mit dem universellen Äther zu vereinen und mich so mit den Meistern zu verbinden) nicht missbrauchen werde. *Netzach - 7.* - Ich gelobe ferner feierlich, niemals an irgendeinem wichtigen Symbol zu arbeiten, ohne vorher die damit verbundenen höchsten göttlichen (kabbalistischen) Namen anzurufen, und insbesondere mein Wissen über praktische Magie nicht zu Zwecken des Bösen und der Selbstsucht und des niedrigen materiellen Gewinns und Vergnügens zu entwerten, und wenn ich dies tue, rufe ich ungeachtet dieses meines Eides den Racheengel an, dass das

Böse und Materielle auf mich zurückwirken möge. *Hod - 8.* - Ich verspreche ferner, immer die Aufnahme beider Geschlechter in unseren Orden in vollkommener Gleichheit zu unterstützen, und dass ich immer brüderliche Liebe und Nachsicht gegenüber den Mitgliedern des ganzen Ordens zeigen werde, weder Verleumdung noch böses Reden, noch Märchenerzählen, noch Wiederholung von einem Mitglied zum anderen, wodurch Zwietracht und Missgunst erzeugt werden kann. (*Yesod - 9.* - Ich verpflichte mich auch, ohne fremde Hilfe an den Fächern zu arbeiten, die für das Studium in den verschiedenen praktischen Graden vorgeschrieben sind, vom *Zelator Adeptus Minor bis zum Adept Adeptus Minor,* unter Androhung der Degradierung in den Rang eines Herrn der Pfade nur im Portal des Gewölbes. *Malkuth - 10.* - Sollte ich schließlich auf meinen Reisen einem Fremden begegnen, der sich als Mitglied des Rosenkreuzerordens ausgibt, werde ich ihn sorgfältig prüfen, bevor ich ihn als solches anerkenne. Dies sind die Worte meiner Verpflichtung als Adeptus Minor, zu der ich mich in der Gegenwart des Göttlichen I.A.O. und des Großen Racheengels *Hua* verpflichte, und wenn ich hierin versage, möge meine Rose aufgelöst und zerstört werden und meine Macht in der Magie aufhören."

Dann nimmt der amtierende Vorsteher einen Dolch, taucht ihn in Rotwein und zeichnet die Stigmata in Form eines Kreuzes auf die Stirn, die Füße, die Handflächen und das Herz des Adepten und sagt der Reihe nach: „Es gibt drei, die im Himmel Zeugnis ablegen: der Vater, das Wort und der Geist, und diese drei sind eins. (Es gibt drei, die auf der Erde Zeugnis ablegen: der Geist, das Wasser und das Blut, und diese drei sind eins. Es sei denn, dass jemand geboren werde aus Wasser und Geist, so kann er das ewige Leben nicht erben. Wenn ihr mit Christus gekreuzigt seid, werdet ihr auch mit ihm herrschen.

Beim Lesen dieser Verpflichtung muss klar sein, dass dieser Orden kabbalistisch und gnostisch, jüdisch und antichristlich ist. In ihm haben wir den Herrn des Universums, den I.A.O., den Pan der gnostischen Kulte. Der Christus ist die Schlange, der Logos der Gnostiker; ein „Christus" ist ein vergöttlichter Mensch. Das „Große Werk" ist luziferisch, die „Inkarnation der souveränen Sonne in der Menschheit", die Vergöttlichung des Adepten, der das astrale Licht lenkt und beherrscht und scheinbare Wunder nicht für sich selbst, sondern immer unter der Kontrolle der „göttlichen Wächter des Ordens" vollbringt.

Wenn wir uns den Buchstaben über dem Kopf des Adepten zuwenden, dem I.N.R.I., stellen wir fest, dass es sich um das Schlüsselwort des 5-6 Grades handelt, das folgendermaßen analysiert wird:

I. - Jungfrau, *Isis*, Mächtige Mutter - die Vermehrerin von Samen und Früchten auf der Erde - die *Bewahrerin*.

N. - Skorpion, *Apophis*, Zerstörer - die zerstörende und vereinigende Kraft - der *Zerstörer*.

R. - Sol, *Osiris*, erschlagen und auferstanden - die erzeugende Kraft der Sonne - der *Schöpfer*.

I. - Isis. Apophis, Osiris. - I.A.O. - I.N.R.I. Der *Bewahrer*, *Zerstörer* und *Schöpfer*, wie er in der Zeremonie der Tagundnachtgleiche S.M. angerufen wird, wenn das Licht heruntergebracht wird. Das Innere Zeichen ist L.V.X.

Nach den Korrespondenzen von R.R. und A.C. ist I.N.R. daher eine andere Form von I.A.O. - das schöpferische Prinzip, wobei das endgültige I. die Synthese von I.N.R. ist - es ist der Mond, das Feuer und die Sonne - die Schlangenkraft, die Kundalini 'Zwei Grundwinkel des Dreiecks und einer bildet die Spitze, so ist der Ursprung der Schöpfung, es ist die Triade des Lebens.' Außerdem stehen die Zeichen dieses Grades für die Sonnenwenden und die Tagundnachtgleichen, und die Herabkunft des Lichts und die Bestätigung der Verbindung mit diesen verborgenen Wächtern des Ordens werden außerdem bei den Zeremonien der Tagundnachtgleichen und des Fronleichnamsfestes sichergestellt, die alle solar und nicht christlich sind.

Der obige Innere Eid wird auch bei der Fronleichnamszeremonie vom Obersten Adepten im Namen des gesamten Ordens abgelegt. Daraus wird ersichtlich, dass der Orden vollständig heidnisch und pantheistisch ist!

Diese Zeremonie *der Rosoe Rubeoe et Aureoe Crucis* stellt die „Chymische Hochzeit" der Rosenkreuzer dar - die Vereinigung mit dem universellen Äther. Nach Ansicht der Kabbalisten ist die Triade des Äthers: *Ain - Nichts*; *Ain Soph - unbegrenzter*, undifferenzierter, unendlicher Raum; *Ain Soph Aur - grenzenlose* universelle Lichtmanifestation. Vermählung des Universellen Lichts oder der Lebenskraft im Menschen mit dem grenzenlosen Licht oder der Lebenskraft der Natur.

Dieser Universelle Äther, der Herr des Universums, wird also zur Unterstützung des Anwärters auf diese Einweihung angerufen:

> „... O Gott, der Unermessliche, Du bist in allen Dingen; O Natur, Du Selbst aus dem Nichts, denn wie kann ich Dich sonst nennen? Für mich selbst bin ich nichts, in Dir bin ich All-Selbst. und existiere in Deiner Selbstheit aus dem Nichts. Lebe Du in mir und bringe mich zu dem Selbst, das in Dir ist."

Auf der Suche nach diesem Licht der Natur wird der Aspirant in die Gruft der Adepten geführt, denn den Sucher nach diesem Licht erwartet der Tod und die Auflösung, der Tod seines eigenen Selbstseins und die Absorption in das All-Selbst - nicht Gott, sondern das schöpferische Prinzip der Natur -, das von den Hütern des Ordens kontrolliert wird.

Der Schlüssel zum Gewölbe ist die Rose und das Kreuz, das wie das Ankh ein Symbol für die dualen Kräfte des Lebens ist. Die sieben Seiten stehen für die sieben Planeten, die verschiedenen Aspekte der Sonnenkraft, und das Ganze zeigt das Wirken des Geistes oder der Schlangenkraft in und durch diese Planeten, die zwölf Tierkreiszeichen - die wirbelnde Kraft der Einweihung - und die drei Elemente - die materielle Grundlage. Der Altar in der Mitte ist das Pentagramm, die vier Elemente, die vom hebräischen Buchstaben *Shin*, dem Sonnenfeuer, beherrscht werden. Es ist *Jehesuah* oder Jesus, der erleuchtete Mensch. Und so sagen die Rosenkreuzer: „Von Gott werden wir geboren. In Jesus sterben wir. Durch den Heiligen Geist stehen wir wieder auf" - die Macht der Schlange.

Oben, im Gewölbe, ist das Licht und unten die Finsternis; und hier kommt das Credo der Illuminaten: „Aber das Weiße oben leuchtet heller für die Schwärze, die unten ist, und so kannst du endlich erkennen, dass *das Böse dem Guten hilft*. Und durch das Nebeneinanderstellen von Symbolen, Farben und Beschwörungen durch Formeln auf den sieben Seiten wird das Gewölbe zu einem Ort der Schwingungen und Blitze, der die Kräfte der Meister anzieht und fixiert, und in diesem Gewölbe können diese Kräfte niemals verbannt werden.

Unter dem Altar befindet sich der Pastos, in dem der oberste Adept liegt, der Christian Rosenkreutz darstellt, den Gekreuzigten am Kreuz des Lichts. Der Pastos wird geöffnet, und der Aspirant berührt den begrabenen Adepten mit seinem Stab an der Brust und sagt: „Aus der Dunkelheit soll das Licht entstehen! Dann ertönt aus dem Pastos eine geheimnisvolle Stimme:

> „Mit diesem Licht begraben in einem mystischen Tod, auferstanden in einer mystischen Auferstehung. Gereinigt und geläutert durch Ihn, unseren Meister, o Bruder der Rose und des Kreuzes! Ihm gleich, ihr Adepten aller Zeiten, habt ihr euch abgemüht; ihm gleich habt ihr gelitten; Trübsal, Armut, Folter und Tod habt ihr durchgemacht. Sie waren nur die Läuterungen des Goldes im Schmelztiegel deines Herzens durch den Athanor des Leidens. Suchet den Stein der Weisen.

> „So verlasse denn dieses Grab, o Aspirant, mit über der Brust gekreuzten Armen, in der rechten Hand den Krummstab der Barmherzigkeit und in der linken die Geißel der Strenge

tragend, die Embleme jener ewigen Kräfte, zwischen denen das Universum im Gleichgewicht steht. Diese Kräfte, deren Versöhnung der Schlüssel zum Leben ist, deren Trennung das Böse und den Tod bedeutet...."

Hier haben wir die Auferstehung durch den Stein der Weisen - die Schlangenkraft, den Schlüssel des Lebens, das ist Illuminismus! Der Deckel des Pastos veranschaulicht die Mittel dieses Illuminismus. Er ist in zwei Teile geteilt, unten dunkel und oben hell, und beide sind auf dem kabbalistischen Baum des Lebens platziert. Unten ist der gekreuzigte Adept in Form des gekreuzigten Christus am Kreuz des Lichts, und der große Drache Leviathan mit den sieben Köpfen und zehn Hörnern erhebt sich zur Daath - der Zirbeldrüse des Adepten, wo sich der Kopf der Schlange mit ihrem Schwanz - den negativen und positiven Lebenskräften - vereint. Von oben steigt der Blitz herab, der von der Schlange angezogen wird und sich mit ihr vereinigt und sie erleuchtet - er zerstört die Selbstschlaufe des Adepten und verbindet ihn mit dem universellen Äther und den Wächtern des Ordens.

Wir glauben, dass Aleister Crowley, der ein Eingeweihter dieses Ordens war, diese Rituale immer noch in seinen verderblichen Orden verwendet. In seinem *Equinox*, The *Review* of Scientific Illuminism, schreibt er:

> „In Daath soll der Kopf der großen Schlange Leviathan sein, der böse genannt wird, um seine Heiligkeit zu verbergen (!) - der Messias oder Erlöser. Es ist identisch mit der Kundalini der Hindu-Philosophie ... und bedeutet die magische Kraft im Menschen, die die sexuelle Kraft ist, die auf das Gehirn, das Herz und andere Organe wirkt und ihn erlöst."

Das heißt, sie erleuchtet ihn. Die Kundalini, der Drache mit den sieben Köpfen, oder die Schlangenkraft, ist also der Christus oder Erlöser der Rosenkreuzer und Kabbalisten! Sie ist luziferisch!

Die Hauptgefahr in all diesen geheimen und *okkulten Gesellschaften* von heute wie von gestern besteht also darin, dass sie von einer unsichtbaren Hierarchie beherrscht und beeinflusst werden, die nicht näher definiert werden kann, als dass sie aus kabbalistischen Juden besteht. Die sichtbaren Gesellschaften trainieren und orientieren physisch, mental und astral Instrumente oder Medien, die von diesem verborgenen Zentrum nach Belieben eingesetzt werden können. Ihre „inneren Sinne" müssen erweckt werden, die Kundalini oder ungenutzte Sexualkräfte müssen erregt und pervertiert werden, um diese Medialität zu bewirken. Die Gefahr des geistigen Ungleichgewichts wird von diesen Meistern und den unter ihnen arbeitenden Häuptlingen erkannt und riskiert. Ein Häuptling der Stella Matutina erzählte von einem solchen Medium, durch das die Botschaften und Anweisungen kamen: „Christian Rosekreutz sagte, sie wäre von großem Nutzen, wenn ihr Gehirn der Belastung standhielte." Wenn ein geistiges Ungleichgewicht auftrat, wurde dies nie auf die Arbeit des Ordens zurückgeführt, sondern immer auf eine angeborene Schwäche des betroffenen Adepten.

Es gab einen schlimmen Fall, eine, die eine brillante Schülerin gewesen war und später unter Ordenseinflüssen zweifellos unausgeglichen und von den Meistern besessen wurde und glaubte, sie sei der Christus oder „die mit der Sonne bekleidete Frau, der der Mond zu Füßen liegt". Diese einweihenden Kräfte bringen viel körperliches Leid und Gefahren mit sich, die den Adepten oft auf den niedrigsten Stand seiner Vitalität bringen, und einige sind unter der Belastung und der Erschöpfung ihrer Vitalität sogar aus dem Leben geschieden. Die Ärzte stehen oft vor einem Rätsel, wie diese Krankheiten zu erklären sind. Sie werden von den gutgläubigen Adepten immer als mysteriöse Tests angesehen. Wie schlecht die Vergangenheit eines Ordens auch sein mag, die Gläubigen glauben immer: „Wir können es wenigstens schön und spirituell machen", und so führt die Täuschung zu ihrem bösen Ende.

Viele brillante Männer und Frauen sind diesen Orden beigetreten und haben sie sogar geleitet - nur um dann am Rad zu zerbrechen. Feine junge Geistliche, die allmählich und unbewusst von den falschen und umstürzlerischen Lehren dieser Meister durchdrungen wurden und sie für himmlisch hielten, arbeiten jetzt mit Revolutionären zusammen, preisen die Taten Moskaus, verunglimpfen bei jeder Gelegenheit das britische Empire und versuchen, es vom Angesicht der Erde zu tilgen, indem sie Christus und seine Lehren blasphemisch verdrehen, um ihren Standpunkt zu beweisen. Andere sind Männer und Frauen, die scheinbar alle Chancen auf eine glänzende Karriere haben; aber alles, selbst legitime persönliche Ambitionen, müssen auf Geheiß dieser Meister aufgegeben werden, die sagen: „Wir brauchen dich und all deine Gaben." Wir haben von brillanten Köpfen in allen Lebensbereichen gehört, die auf diese Weise für einen teuflischen Traum prostituiert wurden, in dem kein Platz für Gott oder das Christentum ist.

Es darf keine Kommunikation mit äußeren und uneingeweihten Medien geben, die Meister müssen allein kontrollieren und erleuchten! Sie kennen die Macht des Christentums und seiner heiligen Sakramente und die Erhebung des religiösen Eifers, und diese pervertieren sie, indem sie den Adepten ermutigen, das Materielle unter dem Einfluss eines pervertierten Idealismus loszulassen. In der Kirche werden Botschaften und Visionen gegeben, und sogar teuflische Einweihungen werden von diesen Meistern versucht.

Die meisten Leiter dieser Orden, meistens Frauen, sind erleuchtet; ihnen wird kontrollierte Macht verliehen, sie sind wie „Magneten", die Menschen zu diesen Orden ziehen. Eine Gruppe in der Stella Matutina hatte als Leiterin eine Pädagogin, und diese Gruppe wurde von den Meistern dazu bestimmt, alle Professoren, Meister und an Bildung Interessierte zu beeinflussen, und der Einfluss ist jetzt offensichtlich. Die Londoner Gruppe wurde beauftragt, Geistliche aller Konfessionen zu beeinflussen und einzuschleusen, und zu diesem Zweck musste der Leiter Mitglied der anglikanischen Kirche werden; und so wurde verfügt, dass die verderblichen Lehren des Ordens die Kirche durchdringen und korrumpieren sollten, und obwohl dieser Leiter sich weigerte, wird die Arbeit von anderen Mitgliedern, meist Geistlichen, erledigt, und überall wird die Kirche bewusst oder unbewusst von diesem subversiven Illuminismus durchdrungen.

Unter solchen Oberhäuptern wie dem berüchtigten Aleister Crowley und seinem O.T.O., der offen unmoralisch ist, sind viele in ihrem Vermögen, ihrer Mentalität und ihrer Moral ruiniert worden. Aber diese Meister, die hinter allem stehen, was ist mit ihrer geistigen und moralischen Einstellung? Sie behaupten, die Menschheit zu vergöttern und Frieden auf die Erde zu bringen, aber nur, damit die Menschheit ein Weg ist, der diese kabbalistischen Juden auf ihren Thron führt, um dort als „Gottesvolk" über einen „kollektiven Menschen" zu herrschen, dessen Frieden Apathie ist.

KAPITEL V

ALEISTER CROWLEY

DER durch und durch entlarvte und verderbliche Aleister Crowley, *alias* Aleister MacGregor, Graf Svareff, wurde nach eigenen Angaben am 12. Oktober 1875 in Leamington geboren und war von 1895-8 Student am Trinity College in Cambridge. Im November 1898 wurde er Mitglied der „Golden Dawn", dem Original der Stella Matutina, wo er als „Perdurabo" bekannt war und unter diesem Pseudonym viele seiner unappetitlichen Verse und Bücher über Yoga usw. schrieb. Wie bereits erwähnt, hatte das damalige Oberhaupt, MacGregor Mathers, in Paris einen „Isis-Tempel" errichtet, und im Jahr 1900 agierte Crowley als sein Abgesandter im Londoner Tempel, der gegen dieses Oberhaupt rebellierte und es suspendierte. Er brach in die Londoner Räumlichkeiten ein und nahm sie in Besitz, wurde aber schließlich vertrieben. Nichtsdestotrotz behielt er einen vollständigen Satz der Äußeren und Inneren Rituale und MSS des „Golden Dawn", und von 1909 bis 1913 veröffentlichte er diese Dokumente auf direkten Befehl, wie er sagte, von den Geheimen Oberhäuptern, in seinem *Equinox*, The Review of Scientific Illuminism, unter dem Titel „The Temple of Solomon the King" (Der Tempel des Königs Salomon), zusammen mit viel fauligem und blasphemischem Material. Diese Zeitschrift, mit diesen Ritualen und MSS. als Lehrgrundlage, war auch das Organ seines eigenen Ordens der A.A. - der Atlantean Adepts oder Great White Brotherhood.

Über die A.A. schreibt er in der *Equinox*:

„Es ist die einzige und wirklich erleuchtete Gemeinschaft, die absolut im Besitz des Schlüssels zu allen Geheimnissen ist, die das Zentrum und die Quelle der ganzen Natur kennt... Lux ist die immer gegenwärtige Kraft (Schlangenkraft)... Doch neben ihrer geheimen heiligen Arbeit haben sie sich von Zeit zu Zeit zu *politisch-strategischem Handeln* entschlossen... Es ist die verborgenste aller Gemeinschaften, und doch enthält sie Mitglieder aus vielen Kreisen; noch gibt es irgendein Zentrum des Denkens, dessen Aktivität nicht auf die Anwesenheit eines von uns zurückzuführen ist. Wer geeignet ist, wird in die *Kette* aufgenommen, vielleicht oft dort, wo er es am wenigsten für möglich hielt, und an einem Punkt, von dem er selbst nichts wusste."

Viele sind unbewusst gefangen und in diese böse Kette eingebunden.

Der Schlüssel zu allen Mysterien wird durch ihr Symbol angezeigt. Es ist der siebenzackige Stern der Venus oder Cytherea - die Göttin des antiken Schlangenfeuers, die Göttin der Liebe (auch repräsentativ für den R.R. et A.C.). In der Mitte befindet sich die Vesica oder das Symbol der Vereinigung der beiden Geschlechtskräfte der Natur, und in jedem Winkel ist ein Buchstabe des Namens BABALON - die Große Mutter aller gnostischen und illuminierten Kulte; es ist die Natur in ihrer Weite. Die Arbeit der A.A. soll die Öffnung der „inneren Sinne" sein, indem sie die Kundalini weckt und erhebt. Deshalb sagen seine Jünger von Crowley: 'Segen und Verehrung für die Bestie, den Propheten des lieblichen Sterns!" *Equinox*, 1911.

Von gleicher Art, wenn auch nicht wirklich gleich, sind sein „Ordo Templi Orientis" und seine M.M.M. - „Mysteria Mystica Maxima" - und alle sind offenbar mit der „Universellen Gnostischen Kirche" verwandt. Ein Bericht über den „Ordo Tempi Orientis" wird später folgen.

Im Jahr 1905 reiste Crowley nach Indien und unternahm einen erfolglosen Versuch, den Kinchinjanga zu besteigen, wobei vier Mitglieder seiner Gruppe ums Leben kamen. Im November desselben Jahres hielt er sich in Kalkutta auf, und seine nächtlichen Streifzüge durch die Basare endeten in so ernsthaften Schwierigkeiten, dass er, seine Frau und sein kleines Kind überstürzt aufbrachen und nach Birma weiterreisten. Von Bhamo aus reisten sie durch Südchina nach Hongkong, und im Juni 1906 war er wieder in England.

Im Jahr 1912 befand sich sein Tempel in den 33 Avenue Studios, Fulham Road. 1916 wurde sein O.T.O.-Tempel in der Nähe der Regent Street von der Polizei gestürmt, Bücher und Papiere wurden beschlagnahmt, und Mary Davis, das bekannte Medium, das die Leitung innehatte, wurde zu einer Geldstrafe verurteilt. Später war sie in einem Tempel in Hampstead als Priesterin des „Cult of the Beetle" tätig, wiederum unter Crowley. Im *Patriot* vom 17. Mai 1923 heißt es „Während des Krieges ging Crowley nach Amerika, schwor seinem Land die Treue und betrieb eine aktive antibritische Propaganda."

Im Jahr 1922 hören wir von ihm in seiner „Abtei" in Cefalu auf Sizilien, in die er laut *Sunday Express* vom 25. Februar und 4. März 1923 einen brillanten Universitätsstudenten von zweiundzwanzig Jahren und seine junge Frau lockte, und wo der junge Mann nach unsäglichen Schrecken starb. Kurz darauf wurde Crowley von der italienischen Regierung aus Sizilien ausgewiesen, und seit fast sieben Jahren befindet sich sein Hauptquartier in Paris, und erst vor kurzem (April 1929) wurde er aufgefordert, Frankreich wegen seiner unmoralischen Kulte und Praktiken zu verlassen.

Hier und da zeigt sich aus der erzwungenen Stille heraus eine Tragödie, die der bösen Macht und dem bösartigen Einfluss Crowleys zu verdanken ist: abtrünnige Priester, gebrochen und ruiniert, die seine Schwarze Messe zelebrieren; junge Studenten und Frauen, demoralisiert und dement, hypnotisiert und gezwungen, den Willen der „Bestie 666" (der Sonnenschlange) zu tun, deren Lehre die Lehre der „Universellen Gnostischen Kirche" ist. „Tu, was du willst, soll das ganze Gesetz sein; Liebe ist das Gesetz; Liebe unter dem Willen." Laut Crowley ist das Christentum am Ende, und eine neue Ära steht bevor, eine Ära,

die offenbar vom Kult des Schlangengeschlechts, dem
sogenannten Erlöser der Menschheit, ausgeht! - die Macht des
Illuminismus und der jüdisch-freimaurerischen Herrschaft!

Die folgenden Zitate aus bestimmten Anweisungen, die von den
Fratres des O.T.O. an Außenstehende herausgegeben wurden, in
der Hoffnung, sie in das Netz zu ziehen, November 1924, und die
auch im *Equinox*, September 1912, zu finden sind, werden zeigen,
wie leicht man durch scheinbar inspirierende Worte und erhabene
Ideen getäuscht werden kann.

In der *Equinox* heißt es:

> „I.N.R.I. Britische Sektion des 'Order of Oriental Templars
> O.T.O., M.M.M.', und fügt hinzu: 'Der Praemonstrator der
> A.A. erlaubt es zu wissen, dass es zur Zeit keine notwendige
> Unvereinbarkeit zwischen den A.A. und dem O.T.O. und
> M.M.M. gibt und erlaubt die Mitgliedschaft in denselben als
> eine wertvolle Vorbildung"

In den Anweisungen von 1924 lautete die Überschrift:

> *„Zeichen des Siegels des Hermes, O.T.O., Ordo Templi*
> *Orientis, Rosenkreuzer-Orden der Freimaurerei".*

Dann folgt die *Präambel*:

> „Während der letzten fünfundzwanzig Jahre hat eine ständig
> wachsende Zahl von ernsthaften Menschen und
> Wahrheitssuchenden ihre Aufmerksamkeit dem Studium der
> verborgenen Gesetze der Natur zugewandt. ... Zahllose
> Gesellschaften, Orden, Gruppen usw. wurden in allen Teilen
> der zivilisierten Welt gegründet, die alle eine bestimmte
> Richtung des okkulten Studiums verfolgen ... Es gibt nur eine
> uralte Organisation von Mystikern, die dem Studenten einen
> königlichen Weg zur Entdeckung der EINEN WAHRHEIT
> zeigt. Diese Organisation hat die Bildung eines Gremiums
> ermöglicht, das als der ANCIENT ORDER OF ORIENTAL
> TEMPLARS bekannt ist. Es ist eine moderne Schule der

Magier, die ihr Wissen aus Ägypten und Chaldäa bezieht. Dieses Wissen wird dem Profanen niemals offenbart, denn es verleiht seinen Besitzern immense Macht zum Guten oder zum Bösen. Es wird in Symbolen, Gleichnissen und Allegorien aufgezeichnet und bedarf eines Schlüssels zu seiner Interpretation... Nur durch den richtigen Gebrauch des 'Schlüssels' kann das 'Meisterwort' gefunden werden."

Anleitungen.-

„Es soll bekannt sein, dass es einen sehr alten, der großen Menge unbekannten Orden von Weisen gibt, dessen Ziel die Verbesserung und geistige Erhebung der Menschheit durch die Überwindung des Irrtums und die Unterstützung der Männer und Frauen bei ihren Bemühungen um die Erlangung der Kraft zur Erkenntnis der Wahrheit ist. Der Orden hat schon in den entferntesten und prähistorischsten Zeiten existiert; er hat seine Tätigkeit im Verborgenen und offen in der Welt unter verschiedenen Namen und in verschiedenen Formen bekundet; er hat soziale und politische Umwälzungen bewirkt und sich als Fels der Rettung in Zeiten der Gefahr und des Unglücks erwiesen. Sie hat immer das Banner der Freiheit gegen die Tyrannei hochgehalten, in welcher Form diese auch immer in Erscheinung trat, sei es als klerikale oder politische oder soziale Despotie oder Unterdrückung jeglicher Art ... Jene Personen, die bereits geistig ausreichend entwickelt sind, um in bewusste Kommunikation mit der großen geistigen Bruderschaft (Große Weiße Loge) zu treten, werden direkt vom Geist der Weisheit unterrichtet; aber jene, die noch äußeren Rat und Unterstützung benötigen, werden dies in der äußeren Organisation dieser Gesellschaft finden ... Es ist die *Gesellschaft der Kinder des Lichts, die im Licht leben und darin die Unsterblichkeit erlangt haben* ... Die Mysterien, die gelehrt werden, umfassen alles, was in Bezug auf Gott, die Natur und den Menschen überhaupt bekannt sein kann ... Wir alle studieren nur ein Buch - das Buch der Natur - in dem die Schlüssel zu allen Geheimnissen enthalten sind, und wir folgen der einzig möglichen Methode, es zu studieren, nämlich der Erfahrung. Unser Versammlungsort ist der

'Tempel des Heiligen Geistes', der das Universum durchdringt (Äther oder Astral)... Die erste und notwendigste Anforderung an den neuen Schüler ist, dass er über alles, was die Gesellschaft betrifft, Stillschweigen bewahrt ... Nicht, dass es in dieser Gesellschaft irgendetwas gäbe, das befürchten müsste, den Tugendhaften und Guten bekannt zu werden, aber es ist nicht notwendig, dass Dinge, die erhaben und heilig sind, den Blicken der Vulgären ausgesetzt werden und von ihnen mit Schlamm bespritzt werden (!) ... Es mag Dinge geben, die seltsam erscheinen und für die den Anfängern kein Grund genannt werden kann, aber wenn der Schüler einen bestimmten Entwicklungsstand erreicht hat, wird ihm alles klar sein ... Die nächste Voraussetzung ist Gehorsam ... Die Eroberung des höheren Selbst über das niedere Selbst bedeutet den Sieg des göttlichen Bewusstseins im Menschen über das, was in ihm irdisch und tierisch ist. Sein Ziel ist die Verwirklichung der wahren Männlichkeit und Weiblichkeit."

Crowley soll diese „Tempel der Liebe" überall auf der Welt errichtet haben. *John Bull*, 4. Februar 1925.

Im Jahr 1911 hatte er laut *Equinox* mehr oder weniger blühende Zweige seiner Sekte in England, Amerika, Süd- und Westafrika, Burma, Indien, auf der malaiischen Halbinsel, in Australien, British Columbia, Paraguay, Brasilien, Holland, der Schweiz, Deutschland, Frankreich, Algerien und Ägypten, und „ausgezeichnete Berichte aus dem Kaukasus!" Und so wird das Krebsgeschwür im Ausland verbreitet.

Die folgende Aussage, die auf all diese pantheistischen und kabbalistischen Kulte von heute angewandt werden könnte, ist interessant und wird von Frau Blavatsky in ihrer *Entschleierten Isis* als die Worte von General Albert Pike auf einem Obersten Rat des Alten und Angenommenen Ritus in New York am 15. August 1876 wiedergegeben:

„Dieser *Principe Créateur* ist keine neue Phrase - er ist nur ein alter Begriff, der wiederbelebt wurde. Unsere Gegner, zahlreich und furchterregend, werden sagen, und sie werden das Recht haben zu sagen, dass unser *Principe Créateur* identisch ist mit dem *Principe Générateur* der Inder und Ägypter, und dass er passend symbolisiert werden kann, wie er in der Antike durch die Lingae symbolisiert wurde ... Dies zu akzeptieren, anstelle eines persönlichen Gottes, bedeutet, *das Christentum* und die Anbetung Jehovas *aufzugeben* und *sich* wieder *in den Fäkalien des Heidentums zu suhlen.*"

DIE UNIVERSELLE GNOSTISCHE KIRCHE

Die *Jüdische Enzyklopädie* weist darauf hin, dass der Gnostizismus „einen jüdischen Charakter hatte, lange bevor er christlich wurde", und zitiert die Meinung, „eine Bewegung, die eng mit der jüdischen Mystik verbunden ist." Der Freimaurer Ragon sagt: „Die Kabbala ist der Schlüssel zu den okkulten Wissenschaften. Die Gnostiker sind aus den Kabbalisten hervorgegangen." Nochmals, um Dr. Ranking zu zitieren: „Während des Mittelalters war die Hauptstütze der gnostischen Körperschaften ... die Gesellschaft der Templer."

In seiner *Geschichte der Magie* erzählt uns Eliphas Levi:

P. 169 „Die Idee der christlichen Hierophanten war es, eine Gesellschaft zu schaffen, die durch feierliche Gelübde zur Selbstaufopferung verpflichtet, durch strenge Regeln geschützt, durch Einweihung rekrutiert und als alleinige Verwahrerin der großen religiösen und sozialen Geheimnisse Könige und Pontifexe ernennt, ohne selbst den Korruptionen des Imperiums ausgesetzt zu sein... Eine ähnliche Verwirklichung wurde auch von dissidenten Sekten der Gnostiker und Illuminaten geträumt, die behaupteten, ihren Glauben an die primitive christliche Tradition des Heiligen Johannes zu knüpfen. Es kam eine Zeit, in der dieser Traum eine tatsächliche Bedrohung für die Kirche und den Staat darstellte, als ein reicher und ausschweifender Orden, der in die geheimnisvollen Lehren der Kabbala eingeweiht war, bereit schien, sich gegen die legitime Autorität und die konservativen Grundsätze der Hierarchie zu wenden und die ganze Welt mit einer gigantischen Revolution zu bedrohen. Die Templer ... waren die schrecklichen Verschwörer, um die es ging... Reichtum und Einfluss zu erwerben, auf dieser Grundlage zu intrigieren und notfalls für die Durchsetzung des johanneischen Dogmas zu kämpfen - das waren die Mittel und Ziele, die die eingeweihten Brüder vorschlugen... „Wir werden das Gleichgewicht des Universums sein, Schiedsrichter und Herren der Welt. Die Templer hatten zwei Doktrinen: Der Johannismus der Adepten war die Kabbala der Gnostiker, aber er entartete schnell zu einem mystischen Pantheismus, der bis zur Abgötterei der Natur und zum Hass auf alle geoffenbarten Dogmen führte... Sie förderten das Bedauern über jede gefallene Verehrung und die Hoffnung auf jeden neuen Kultus und versprachen allen Gewissensfreiheit und eine neue Orthodoxie, die die Synthese aller verfolgten Glaubensrichtungen sein sollte. Sie gingen sogar so weit, die pantheistische Symbolik der Großmeister der Schwarzen Magie anzuerkennen ... sie erwiesen dem monströsen Götzen *Baphomet* göttliche Ehren.″

Gilt das nicht auch für die gegenwärtige Weltrevolution und die verborgene Macht, die durch die vielen geheimen Orden und Gruppen von heute wirkt?

In der okkulten Ausgabe der *Revue Internationale des Sociétés Secrètes vom* Februar 1928 berichtet M. A. Delmas über die Universelle Gnostische Kirche, die ihr Zentrum in Lyon hat, , dass sie Anhänger in Frankreich, der Schweiz, Deutschland, Österreich, Ungarn, Holland, Russland, Rumänien, den slawischen Staaten, der Türkei und Amerika hat. Er ist unter verschiedenen Namen bekannt, zwei davon sind „Orden der Templer des Ostens″ und „Orden des Lichts der Sieben Gemeinschaften Asiens″, und seine Mitglieder sind heute allgemein als Neochristen und Neognostiker bekannt. Ihr oberstes Oberhaupt ist der Souveräne Patriarch und Vikar Salomons. M. Delmas gibt einen kuriosen und interessanten Bericht über ihr Amt und die Liturgie des Hochamtes. Im Folgenden sind ihre Lehre und ihr Glaubensbekenntnis aufgeführt:

„Tu, was du willst, das ist das ganze Gesetz. Aber vergiss nicht, dass du über deine Taten Rechenschaft ablegen musst. Deshalb verkünde ich das Gesetz des Lichts, der Liebe, des Lebens und der Freiheit im Namen der IAO."

Hier haben wir wieder die Macht der Schlange, den Herrn des Universums. „Liebe ist das Gesetz, Liebe unter Kontrolle des Willens". Wir erkennen sofort die Lehren des berüchtigten Aleister Crowley. Auch die Liebe ist die Losung des R.R. et A.C., angeblich die Liebe zur Menschheit; aber im 5-6 Ritual heißt es:

„Beachte wohl, dass du durch die Seite des Planeten *Venus* in das siebeneckige Gewölbe der Adepten, den Ort der Einweihung, eingetreten bist". Und in A. J. Pearce's *Textbook* of *Astrology* finden wir: „Schon früh wurde erkannt, dass Venus die Hauptursache der Zeugung und die Mutter der Liebe ist - die universelle Leidenschaft ... der Stern des Seins und der Existenz."

Das Glaubensbekenntnis:

Ich glaube an den Herrn, einen geheimen und unaussprechlichen Gott (im Ritual der SM heißt es: „Der Herr des Universums, der in der Stille wirkt und den nichts als die Stille ausdrücken kann"); an einen Stern inmitten einer Gruppe von Sternen (Sonne und Planeten), durch dessen Feuer wir erzeugt werden und zu dem wir zurückkehren; an einen Vater des Lebens; oh Mysterium der Mysterien! sein Name ist *Chaos* (der alles durchdringende Äther); er ist der einzige Vertreter der Sonne auf der Erde; an die Luft, Ernährer aller Wesen, die atmen. Und ich glaube an die Erde, unsere Mutter, aus deren Schoß alles geboren wird, was geboren wird. O Geheimnis der Geheimnisse, ihr Name ist *Babalon* (Babylon, die große Mutter der götzendienerischen und abscheulichen Religionen der Erde"). Und ich glaube an eine Schlange und einen Löwen, oh Mysterium der Mysterien, er wird *Baphomet* genannt (die Schlange der Weisheit und das Flammenschwert des R.R. et A.C.; nach Eliphas Levi ist der Löwe das himmlische (astrale) Feuer, während die Schlangen die elektrischen und magnetischen Ströme der Erde sind", der gnostische Logos, der Geist der Saat). Und ich glaube an eine Universelle Gnostische Kirche, deren Gesetz Licht, Liebe, Leben und Freiheit ist; ihr Name ist *Thelima*. Und ich glaube an die Gemeinschaft der Heiligen. Und da unser tägliches Brot, materiell und irdisch, das wir essen, jeden Tag in uns in eine geistige Substanz verwandelt wird, glaube ich an das Wunder der Heiligen Messe. Und ich glaube an die Taufe der Weisheit, durch die wir das Wunder der Menschwerdung vollbringen. (Crowley sagt in seinem O.T.O.: „Sein Ziel ist die Verwirklichung des wahren Mann- und Frauseins"). Und ich bekenne und glaube, dass mein Leben ewig ist, das war, ist und immer sein wird. Amen. Amen. Amen."

Es heißt, der Äther sei ein Lagerhaus für alles, was war, ist und sein wird, und er sei ohne Anfang und Ende. Er ist luziferisch!

DER KAISER JULIAN UND MAXIMUS VON EPHESUS

Im Zusammenhang mit diesen vielen illuminierten Orden - alle aus dem Reich Luzifers - ist Folgendes interessant.

Der russische Geschichtsschreiber Dmitri Merejkovsky beschreibt in seinem Buch *La Mort des Dieux auf* wunderbare Weise eine geheimnisvolle Einweihung, die der Theurg Maximus von Ephesus dem Apostaten Julian gegeben haben soll, bevor er Kaiser wurde.

Sie beginnt um Mitternacht mit Julian, der in die Tunika eines Hierophanten gekleidet ist und die lange, niedrige, geheimnisvolle Halle betritt.

„Eine doppelte Reihe von orichaischen Säulen stützte das Gewölbe. Jede Säule, die zwei ineinander verschlungene Schlangen darstellte, diente als Stütze für Parfümdosen... Am Ende leuchteten zwei Stiere mit goldenen Flügeln (Embleme des Lebens), die einen prächtigen Thron stützten, auf dem wie ein Gott der große Hierophant Maximus von Ephesus saß, gekleidet in eine schwarze Tunika, die ganz mit Gold, Smaragden und Rubinen bestickt war... Jemand näherte sich Julian von hinten, verband ihm fest die Augen und sagte: 'Geh, fürchte weder Feuer noch Wasser, weder Geister noch Körper, weder Leben noch Tod.'"

Er wird durch eine Tür in einen langen, dunklen Gang geführt; er steigt in die Tiefe der Erde hinab und durchläuft die Prüfungen durch Wasser und Feuer, gefolgt von ekelerregenden Gerüchen und folgenden Schatten; eine eisige Hand ergreift seine, die „die spielerische Bewegung und die kämpferischen Liebkosungen ausschweifender Frauen hatte". Vor Schreck macht er sich dreimal das Kreuz und verliert das Bewusstsein.

„Als er wieder zu sich kam, bedeckte der Verband nicht mehr seine Augen, er befand sich ... in einer riesigen, schwach beleuchteten Grotte ... Vor Julian stand ein ausgemergelter, nackter Mann mit kupferfarbener Haut, der Gymnosoph (Yogi), der Assistent von Maximus. Bewegungslos hielt er eine Metallscheibe über seinem Kopf. Jemand sagte zu Julian: „Schau! Er starrt auf den Kreis, der mit einem fast schmerzhaften Glanz funkelt... Solange er schaut, verschwimmen die Konturen der Objekte, und eine angenehme Trägheit ergreift von ihm Besitz. Es schien ihm, als brenne der leuchtende Kreis nicht mehr im Raum, sondern in ihm selbst, seine Augenlider schlossen sich ... Mehrere Male berührte eine Hand leicht seinen Kopf, und eine Stimme fragte: „Schläfst du? ... Schau mir in die Augen!' Julian gehorchte und nahm Maximus wahr, der sich über ihn beugte ... Unter seinen dichten Augenbrauen leuchteten Maximus' Augen, lebendig, suchend, durchdringend, abwechselnd spöttisch und zärtlich ... Julian, der regungslos, bleich und mit halb geschlossenen Augenlidern dalag, beobachtete die rasanten Visionen, die sich vor ihm entrollten, und es schien ihm, als sähe er sie nicht von sich aus, sondern als wolle jemand, dass er sie sieht ... 'Willst du den Rebellen sehen? (Sieh! ...' Über dem Haupt des Gespenstes leuchtete der Morgenstern, der Stern der Morgenröte; und der Engel sagte: 'In meinem Namen verleugne den Galiläer' (dreimal gefordert und dreimal verleugnet). Wer bist du?" - „Ich bin das Licht, ich bin der Orient, ich bin der Morgenstern!" - „Wie schön du bist!" - „Sei, wie ich bin." - „Welche Traurigkeit in deinen Augen!" - „Ich leide für alle Lebenden; es darf weder Geburt noch Tod geben. Komm zu mir, ich bin der Schatten, ich bin der Friede, ich bin die Freiheit! (Befreiung, Verlust der Persönlichkeit) ... rebelliere, ich werde dir Kraft geben ... breche das Gesetz, liebe, verfluche Ihn und sei wie ich bin.'"

Julian wacht auf. Er steigt die Treppe hinauf, Maximus' feste Hand in der seinen: „Er fühlt, dass ihn eine unsichtbare Kraft auf ihren Flügeln emporhebt (psychische Kraft)... 'Hast du ihn gerufen?', fragte Julian. - „Nein, aber wenn eine Schnur der Leier schwingt, antwortet eine andere darauf, das Gegenteil vom Gegenteil (Polarität)." Maximus verlangt von Julian, dass er sich für einen der beiden Wege entscheidet - das Reich Luzifers oder das Reich Gottes. Julian lehnt das Kreuz ab, und Maximus sagt: „Dann wähle den anderen Weg, sei mächtig wie die Alten! Sei stark und stolz, erbarmungslos und großartig! Ohne Mitleid, Liebe oder Vergebung! Erhebt euch und erobert alles... Esst von der verbotenen Frucht, aber bereut es nicht . Glaube nicht, zweifle nicht, und die Welt wird dein sein. ... Wage es! Du sollst Kaiser sein!"

„Sie befinden sich auf einem hohen Marmorturm, einem astronomischen Observatorium der hohen Theurgie - erbaut nach dem Vorbild der alten chaldäischen Türme, auf einem hohen Felsen über dem Meer." Darunter befanden sich luxuriöse Gärten, Paläste usw., und dahinter auf dem Berg Artemision und Ephesus." Der Hierophant streckte seinen Arm aus und sagte: „Sieh, all das ist dein ... Wage es! ... Vereinige, wenn du kannst, die Wahrheit des Titanen und die Wahrheit des Galiläers, und du wirst größer sein als alle von Frauen geborenen Männer." (Ist das nicht Johannismus?)

In seiner wunderbaren Bibliothek spricht Maximus von dieser Einweihung mit einem seiner Schüler.

„Wie kann Maximus, der große Philosoph, an all diese absurden Wunder glauben?-Ich glaube und ich glaube nicht daran, antwortete der Theurg. Die Natur, die du und ich studieren, ist sie nicht das wunderbarste aller Wunder? Welch großartiges Geheimnis in den Blutgefäßen und den Nerven; die bewundernswerte Kombination der Organe... Unsere Geheimnisse sind tiefer und schöner als du denkst. Die Menschen brauchen Begeisterung. Für den, der Glauben hat, ist die Prostituierte wahrhaftig Aphrodite und die leuchtenden Schuppen, der Sternenhimmel... Julian hat gesehen, was er zu sehen wünschte. Ich habe ihm Enthusiasmus, Kraft und Wagemut gegeben. Du sagst, ich habe ihn getäuscht... Ich liebe die Lüge, die die Wahrheit enthält... Bis zu meinem Tod werde ich Julian nicht verlassen. Ich werde ihm erlauben, von allen verbotenen Früchten zu kosten. Er ist jung, ich werde in ihm leben, eine zweite Existenz; ich werde ihm die verführerischen und kriminellen Geheimnisse enthüllen, und vielleicht wird er durch mich groß werden! - Meister, ich verstehe dich nicht. - Und deshalb spreche ich so zu dir."

Ist dies nicht eine Illustration dessen, was sich heute in all diesen luziferischen Orden abspielt? Dieses unsichtbare Zentrum täuscht, hypnotisiert und suggeriert mit theurgischer Macht, indem es Macht, Freiheit und Frieden verspricht, einen Frieden, der der Frieden des Beherrschten ist, eines lebendigen, aber willen- und seelenlosen Menschen, der von der Macht dieser teuflischen Meister wie Aleister Crowley erfüllt ist!

Es ist interessant, im R.R et A.C. zu erfahren, dass der Häuptling, der die Einweihung verweigerte, einige Zeit zuvor astral auf einen ähnlichen theurgischen Turm gebracht wurde und ihm die Welt oben und unten gezeigt wurde, als Versprechen zukünftiger Macht! Diese Macht ist der „hebräische Talisman"!

Wenn wir in der russischen Geschichte zurückblättern, stoßen wir auf einen Mann, der offensichtlich ein weiteres Werkzeug in den Händen dieser Zentralmacht war. In seinem Büchlein „*Mystik am russischen Hof*" schreibt M. J. Bricaud: „Zu allen Zeiten kannte der russische Hof den Einfluss von Propheten und Theurgen und unterwarf sich ihnen... Bestimmte Schriften von Dostoiewski, Tolstoi und Merejkowski haben dem westlichen Volk die geheime Natur der russischen Seele enthüllt, die gequält und begierig nach dem Wunderbaren ist." Merejkowski hat in mehreren seiner Bücher die verschiedenen Aspekte dieser Seelenkrankheit Russlands anschaulich dargestellt, die, so M. Bricaud, „1917 mit dem Sturz der Dynastie und dem Umsturz der alten Institutionen endete."

In *Le Mystère d'Alexandre Ier* und *La Fin d'Alexandre Ier* gibt Merejkovsky einen interessanten und detaillierten Bericht über bestimmte Geheimgesellschaften, die während der Herrschaft Alexanders I. gegründet wurden und sich in ganz Russland ausbreiteten. Der Übersetzer E. Halpérine-Kaminsky erzählt uns in seinen Vorworten, dass die russischen Offiziere nach dem Marsch durch Europa, nach dem Rückzug Napoleons, vor allem von den französischen Revolutionsideen durchdrungen waren. Nach ihrer Rückkehr gründeten sie 1816 eine erste Geheimgesellschaft mit dem Namen „Alliance de Salut"; einer der Leiter war Paul Pestel.

Im Jahr 1818 nahm diese Gesellschaft den Namen „Alliance de la Prospérité" an. Unter Pestel wurde innerhalb dieser Gesellschaft eine revolutionäre Organisation (Gesellschaft des Südens) gegründet, die die gewaltsame Abschaffung der Autokratie zum Ziel hatte. Im Süden wird die Gesellschaft für die Vereinigung der Slawen gegründet, die später mit der Gesellschaft des Südens fusioniert. „Es ist sicher, dass die 1816 entstandene Bewegung den Beginn der russischen Revolution markierte, die hundert Jahre später, im März 1917, im Namen der gleichen Prinzipien wie die 'Dekabristen' von 1825 triumphierte."

Auch hier zeigt E. Halpérine-Kaminsky die außergewöhnlichen Parallelen zwischen der Herrschaft von Alexander I. und Nikolaus II. auf. Er schreibt:

„Andere Parallelen könnten leicht gefunden werden. Aber

was selbst den am besten Informierten in russischen Angelegenheiten in Erstaunen versetzen wird, ist die Enthüllung der tatsächlichen bolschewistischen Wurzeln im Boden, die zu Geheimgesellschaften führten, die sich aus der besseren Klasse, sogar aus der kaiserlichen Garde, rekrutierten und die den gesamten letzten Teil von Alexanders Leben mitbestimmten. Wenn man dem Hauptverschwörer, Oberst Pestel, zuhört, glaubt man, Lenin persönlich zu hören."

Hören wir uns diesen Verschwörer Pestel, Direktor der Gesellschaft des Südens, an, der 1826 hingerichtet wurde. Dies wurde von Merejkovsky im Jahr 1910 geschrieben und war eine bemerkenswerte Prophezeiung dessen, was 1917 und später geschah:

Die Wiedervereinigung der Gesellschaft des Nordens mit der des Südens wird von unserem Tribunal, das Pestel eröffnet hat, unter folgenden Bedingungen vorgeschlagen: (1) Anerkennung eines einzigen Direktors und souveränen Diktators über die beiden Tribunale. (2) Schwören eines absoluten und passiven Gehorsams gegenüber diesem Diktator-Direktor. (3) Verzicht auf den langen Weg der Zivilisation und des langsamen Handelns, die allgemein anerkannt sind, und Erlass von Vorschriften, die absoluter sind als die nutzlosen Grundsätze unserer Statuten. Nehmt endlich die Verfassung der Gesellschaft des Südens an und schwört, daß es in Rußland keine andere geben soll... Die erste und wichtigste Maßnahme ist die Revolution, der Aufstand in der Armee und die Abschaffung des Throns... Synode und Senat müssen gezwungen werden, der provisorischen Regierung die absolute Macht zu gewähren... Die herrschende Dynastie muß daher in erster Linie aufhören zu existieren... Die Ermordung eines einzigen wird Spaltungen hervorrufen, innere Zwietracht erzeugen und zu allen Schrecken eines Volksaufstandes führen. Es ist vor allem notwendig, dass die Vernichtung aller Tyrannen vollendet wird. Er sprach ruhig, aber unnatürlich. 'Er ist ein Automat, dachte Golitsine, oder vielmehr ein Besessener!'..."

„Die Ereignisse der Jahre 1812, 1813, 1814 und 1815, so Pestel ... wie auch die der vorhergehenden und nachfolgenden Zeiten, haben uns so viele umgestürzte Throne, so viele abgeschaffte Königreiche, so viele vollzogene *Staatsstreiche* vor Augen geführt, dass diese Ereignisse die Gemüter mit den revolutionären Ideen, den Möglichkeiten und Chancen ihrer Verwirklichung vertraut gemacht haben ... Von einem Ende Europas bis zum anderen, von Portugal bis Russland, England und die Türkei, diese beiden politischen Gegensätze, nicht ausgenommen, bringt der Reformgeist alle Gehirne in Wallung" (so Pastel)."

„Er sprach wie ein Meister, und die Faszination seiner Logik wirkte wie der Charme der Musik oder die Schönheit der Frauen. Einige waren unterworfen, andere erzürnt ... aber alle fühlten, dass das, was nur ein ferner Traum gewesen war, auf einmal eine nahe Wirklichkeit wurde, schrecklich und schwer mit Verantwortungen ... 'Diese Aristokraten, sagte Pestel, sind die Haupthindernisse für den öffentlichen Wohlstand und die sicherste Stütze der Tyrannei; nur eine republikanische Regierung kann sie beseitigen ... Ich habe mehr Vertrauen als Sie in die Vorbestimmung Russlands - die „Vérité Russe" ist der Name, den ich meiner Verfassung gegeben habe. Ich hoffe in der Tat, dass die „Vérité Russe" eines Tages die universelle Wahrheit sein wird und dass sie von allen europäischen Völkern übernommen wird, die bis jetzt in einer Sklaverei schlummern, die weniger offensichtlich ist als die unsere, aber vielleicht schlimmer, denn die Ungleichheit des Eigentums ist die schlimmste Sklaverei. Russland wird das erste sein, das sich befreit. Unser Weg führt von der vollständigen Sklaverei zur vollständigen Freiheit. Wir haben nichts; wir wollen alles! Ohne das wäre das Spiel die Kerze nicht wert... Alle Unterschiede des Vermögens und der Verhältnisse werden aufhören, alle Titel und Adeligkeiten werden vernichtet. Die Klassen der Kaufleute und der Bourgeoisie werden unterdrückt werden. Alle Nationalitäten werden auf die individuellen Rechte ihres Volkes verzichten. Sogar die Namen der Nationen werden abgeschafft, außer dem Namen des großen russischen Volkes... Die Bürger werden in

Landgemeinden eingeteilt, um allen ein einheitliches Leben, eine einheitliche Erziehung und eine einheitliche Regierung zu geben, und alle werden in vollkommener Gleichheit gleich sein... Strengste Zensur der Presse, Geheimpolizei mit einem Stab von Spionen, alle verurteilten Bürger; qualifizierte Gewissensfreiheit..."

Gemurmel ging um: „Das ist eine Zuchthauskolonie und keine Republik ... die abscheulichste Autokratie!"

„Pestel sah nichts, hörte nichts... Der kleine Mann war ein bloßes Simulakrum, ein Wachsfigurenkörper. Er gehorchte einer tödlichen Besessenheit, die aus dem Jenseits kam, er beherrschte sich nicht mehr, eine unsichtbare Hand setzte ihn in Bewegung, zog ihn an einer Schnur wie eine Marionette!"

Die Revolution wurde in der Regierungszeit von Nikolaus I. am 14. Dezember 1825 versucht und scheiterte kläglich. Fünf der Verschwörer wurden am 13. Juli 1826 gehängt, darunter auch Pestel. Merejkovsky sagt weiter, dass diese Geheimgesellschaften Ableger der Carbonari waren. Auch über ihre Kontrolle schreibt er:

„Unser Ziel ist dasselbe, und unsere Kräfte stehen euch unter der einzigen Bedingung zur Verfügung, dass ihr euch der souveränen Duma der Gesellschaft des Südens absolut unterwerft. - 'Welche Duma? Wo ist sie, und wer gehört ihr an?' 'Nach den Regeln der Gesellschaft kann ich sie nicht verraten ... aber seht!' Er nahm einen Bleistift und ein Stück Papier, zeichnete einen Kreis und schrieb hinein: 'Souveränes Duma', von dem aus er Strahlen zog, an deren Ende er weitere kleinere Kreise zeichnete . Der große zentrale Kreis ... ist die Souveräne Duma; die Linien vom Kreis aus sind die Vermittler, und die kleinen Kreise sind die Bezirke, die mit der Duma in Verbindung stehen, nicht direkt, sondern durch Vermittler."

War Pestel nicht nur ein kontrollierter Mittelsmann und die Souveräne Duma das oberste Direktorium der kabbalistischen

Juden, die unsichtbare Macht der „Protokolle"? Ist dies nicht das System der gesamten revolutionären jüdischen Freimaurerei von gestern und von heute?

KAPITEL VI

DIE PANACEA-GESELLSCHAFT

Im Vorwort zu Jane Lead's *Early Dawn of the Great Prophetical Visitation to England* erzählt uns „Octavia" von der Panacea Society, dass der Erlösungsplan für England seit 1666 folgendermaßen dargelegt wurde:

„(I) Als prophetisches Ganzes von Jane Lead (1681-1704).

„(2) Aufgeteilt in die sieben prismatischen Farben (die sieben Aspekte der Sonnenkraft, die Planeten!) und weitergegeben von den Brüdern Joanna Southcott, George Turner, William Shaw, John Wroe, Jezreel und Helen Exeter nacheinander, 1792-1918. (Die letzte ertrank in der *Galway Castle*, die am 14. September 1918 im Ärmelkanal torpediert wurde).

„(3) Als ein wirksames Ganzes, das jetzt von Octavia und Rachel Fox dargelegt wird, unterstützt von den Vier, den Zwölf und dem versammelten 'Rest'."

Jane Lead, die mit Dr. Pordage assoziiert war, und ihr Schwiegersohn, Rev. Francis Lee, gründeten 1652 die Philadelphian Society in London. In *The Mystery of God in Woman* schreibt Rachel Fox, Präsidentin der Panacea Society:

„... Zwischen 1623 und 1704 erhielt eine gewisse Jane oder Joan Lead Offenbarungen von sehr reiner und erhabener Natur. Diese sind gedruckt in dem, was „Sechzig Prophezeiungen an die Philadelphische Gesellschaft, die überall als das Israel Gottes verstreut ist" genannt wird. In dieser Prophezeiung wird der künftige Aufstieg der philadelphischen Kirche beschrieben, die in der Apokalypse als ideale Kirche dargestellt wird ... „eine jungfräuliche Kirche, die nichts von Menschen oder menschlicher Beschaffenheit gekannt hat ... wird mit wundersamen Gaben und Kräften geschmückt sein, die alles übertreffen, was jemals gewesen ist.

Ein sorgfältiges Studium dieser „Prophezeiungen" zeigt, dass sie rein illuministisch und kabbalistisch sind. Die Lehre führt, wie in all diesen Kulten, ob mystisch oder okkult, zu einer Einweihung, die eine ätherische Verbindung mit einer unsichtbaren Macht herstellt, die Kundalini erweckt und für die Zwecke von pervertiert, die „inneren Sinne" erweckt: *Hellsehen* - „ein klares kristallines Sehen ... ohne jedes Medium"; Hellhören - „ein übernatürliches Hören ... die himmlische Sprache, wie von der ewigen Natur gesprochen"; *Intuition* - „tiefe Weisheit". Schließlich die Fixierung des Astrallichts in einem vorbereiteten und gereinigten materiellen Körper. Einen solchen Kult zu beschreiben bedeutet, alles zu beschreiben; er führt zur reinen Verneinung des Selbst, zum Ausschalten des „rationalen Verstandes", zur völligen Unterwerfung; wie bei Steiner ist kein Intellektualisieren erlaubt.

Wie wir im R.R. et A.C. (1919) gesehen haben, sollte ein Dreifaltigkeitskelch oder Dreieck vorbereitet werden (1700), der aus drei „Liebesältesten" bestand, die an der Spitze des kabbalistischen Lebensbaums standen und den *Priester* oder Versöhner darstellten, der voll des *Glaubens war* und zu dem wie zum Oberhaupt des Dreiecks im R.R. et A.C. gesagt wurde: „Wenn ihr nicht von meinem Blut trinkt, habt ihr kein Leben in euch." (Vergleiche dies mit der zuvor beschriebenen Vision des Geistes der Erde und Adonais, als die Frau den Kelch des Blutes trinken musste!) Es wird gesagt, dass es sich um das „Melchisedek"-Priestertum handelt; der zweite Liebesälteste ist der *Prophet*, oder der passive Empfänger der Weisheit von oben. Der dritte ist der *König*, der aktive Übermittler oder Ausübende der Macht, immer unter Kontrolle. Das Ganze zieht die höheren Kräfte an und manifestiert sie. Weiter heißt es: „Daraufhin erging vom *Obersten Gerichtshof und vom Rat der* Beschluss, dass er (der Dreifaltigkeitsbecher) mit einem *dreifachen Kreis* umschlossen werden sollte. Der erste erschien als ein Kreis aus goldenem Licht (Sonne), der zweite war ein Kreis aus silbernem Licht (Mond), der dritte ein mildes, sanftes Feuer, aber unbesiegbare Kraft zur Verteidigung (vernichtendes Feuer) - „Sonne, Mond und Feuer der Schlangenmacht". Und die endgültige Fixierung des Lichts im „Fahrzeug" wird in Worten ausgedrückt, die denen des R.R et A.C. 6-5-Rituals ähneln: „Erhebe dich, leuchte, denn dein Licht ist gekommen, und die Herrlichkeit deines Bräutigams ist nun zu deiner Hülle geworden". Das Licht und die Herrlichkeit des Illuminismus!

Diese sollte zu dem Zweck aufgebaut werden, ein Reich der Liebe zu errichten, das von ihrem Fürsten der Liebe und des Friedens regiert werden sollte; zunächst unsichtbar in den Herzen und dem Verstand von bestimmten Personen, die „diese reinen, funkelnden Kräfte der Liebe, die sie von der Gottheit - dem Äther - erhalten haben, unter alle Gemeinschaften und Gesellschaften streuen sollen. Ihre Gottheit ist das schöpferische Prinzip, die Große Mutter ist die Natur, und ihr Christus ist das erleuchtende astrale Licht. Zum Schluss,

> „Eine heilende Botschaft wird jetzt vom Himmel herabgesandt, die zur *universellen Harmonie und Einheit* (universelle Republik und Brüderlichkeit!) aufruft und drängt ... Denn der Fürst der Liebe und des Friedens ist nahe dabei, seine Thronherrschaft und sein Reich aufzurichten ... und von dort werden so mächtige Einflusskräfte ausgehen, dass alles, was dem Liebeskönigreich schadet, aufhört."

Dies ist die Kraft, von der Dr. Felkins arabischer Lehrer spricht: „Wir können das psychische Fluidum mit einer so gewaltigen Kraft projizieren, dass es durchaus möglich ist, buchstäblich zu TÖTEN oder LEBEN zu machen ... aber diese Kraft ist so gewaltig und gefährlich, dass sie nur einigen wenigen erlaubt ist"; als *heilender* oder *strafender* Strom oder sogar als Hypnose. Was ist das anderes als die jüdische Weltherrschaft mittels des Illuminismus - Krishnamurtis „Königreich des Glücks"?

Als ätherische Verbindung und Orakel litt Jane Lead, wie alle diese Verbindungen, sowohl geistig als auch körperlich sehr. 1699 spricht sie von „großem Krieg und Stummheit in den Körperteilen ..., die sehr leicht die gefangene Seele hätten befreien können ... und einer solchen Depression meines höheren Lebens und Geistes, die mich am freien Gebrauch meiner übersinnlichen Fähigkeiten hinderte." Als einzige Antwort auf ihre Klagen sagte ihr Meister: „Du darfst es nicht für eine große Prüfung halten, wenn dein Glaube zermahlen, erprobt und bewiesen wird" - ein Glaube, der nur erreicht wurde, wenn Vernunft und Verstand „in einen tiefen Schlaf versetzt wurden" - hypnotische Kontrolle!

Rachel Fox berichtet in ihrem Buch *The Finding of Shiloh* über das „Dreieck der Arbeiter" und die Gründung der Panacea Society, deren Aufgabe es ist, „das Materielle zu vergeistigen und das Geistige zu materialisieren", d. h. „leere Gefäße" vorzubereiten, sie mit Licht zu füllen und Lichtträger für das Werk der Meister für die Welt zu bilden. Ihr Meister ist ein so genannter Christus, zweifellos ein Mitglied des unsichtbaren Rates. Die Mitglieder des Dreiecks für die Manifestation dieser unsichtbaren Macht waren: Octavia, Witwe eines Geistlichen und begabt, die Spitze und das ätherische Bindeglied; Rachel Fox, ein Mitglied der Gesellschaft der Freunde, und K. E. F., als Basiswinkel. Offenbar sollte das Werk durch Frauen vollbracht werden, denn es wurde gesagt:

> „Wisset, dass ihr nicht alle daran denkt, wie mächtig und erstaunlich das große Werk ist, das ich zu vollbringen gekommen bin. Deshalb kann ich nur zulassen, dass Mann und Frau sich in höchstem Gehorsam mit mir verbinden ... Hierin will ich zeigen, wie die Schwäche der Frau zu meiner Ehre beiträgt, denn sie überlässt mir bereitwillig die Zügel der Regierung ..." Und weiter: „Stellt keine Fragen, streitet nicht, gehorcht nur, und alles wird gut sein ... in einem Augenblick kann ich euch so inspirieren, dass ihr wie ein Mann denkt und wie ein Körper handelt."

Massenhypnose! Eines ihrer Hauptwerke bestand darin, die

Kirche aufzuklären und vierundzwanzig Bischöfe dazu zu bewegen, Joanna Southcotts Kiste zu öffnen, von deren Inhalt sie glaubten, dass er England retten würde. Um dieses Ziel zu erreichen, war Rachel Fox fest davon überzeugt, dass sie zunächst getauft und später in der anglikanischen Kirche konfirmiert werden müsse, um „mit den Bischöfen mithalten zu können". Daher wurde sie am 25. Juni 1919 durch den Bischof von Truro gefirmt.

Octavia, die das ätherische Bindeglied zu den Meistern war, litt sehr. Wir erfahren von einem Nervenzusammenbruch, der auf die Weigerung der Bischöfe zurückzuführen ist, zu handeln, und von einem langen Aufenthalt in einer psychiatrischen Anstalt, über den sie im November 1915 schreibt: „Was ich erleide, ist die Hölle... Wie kann ich jeden Tag in dieser Folter leben, ohne Ziel, ohne Hoffnung, ohne Ideal? Ich bin schrecklich gesund, aber ich bin zu sehr von nervösem Grauen erfüllt, um jemals wieder ich selbst zu sein." Und als ihr teuflischer Meister sie für ausreichend gezüchtigt hielt, sagte er am 15. September 1916: „Ich kenne ihr treues Werk und ihr Leiden, und es war mein Wille, dass sie den Kelch des Schmerzes trinkt, denn so wird sie gelehrt und geläutert, und sie soll Lohn haben. Sie soll nun aus ihrem Haus der Schmerzen herauskommen und sich nicht fürchten, denn ich werde sie führen." Sie kam jedoch nur heraus, um für einige Jahre in ihrem Haus und Garten eingesperrt (abgesondert!) zu sein, und sie litt immer noch sehr stark; sie sollte von allem isoliert werden, was sie beeinflussen und von dem großen Werk abbringen könnte! Am 27. November 1917 legte das Dreieck einen Eid ab und schwor, sich nur vom Meister leiten zu lassen und das Licht über die Heimsuchung aus keinem anderen Buch als der Bibel, den Apokryphen und den Schriften ihrer Propheten zu suchen. Am 4. August 1918 fragte sein Meister Octavia: „Bist du bereit, deine Persönlichkeit für eine gewisse Zeit zu verlieren?" Im Glauben, der Meister sei göttlich, willigte sie ein, und am 27. März 1919, so berichtet sie, wurde die Verbindung hergestellt, die erleuchtende Kraft - Shiloh, der Friedensfürst - stieg in ihren Körper herab und war bereit, „nachdem sie große und schreckliche Qualen erlitten hatte" - ihre Vernunft und ihr Verstand „wurden in einen tiefen Schlaf versetzt"!

Schließlich wird es ihnen gesagt:

> „Alle, die in das kommende Königreich eintreten wollen, das die Verwirklichung dessen ist, was bisher in Visionen, Sprache und Schrift existierte, müssen in eine Periode des Aufhörens von psychischen Momenten eintreten (es wurde im R.R. et A.C. gesagt, dass eine Zeit kommen wird, in der alle Magie aufhören muss!). Diejenigen, denen ich im letzten Jahrzehnt erlaubt habe, sich zu entwickeln, mussten viele auf diese Weise sammeln ... aber alle müssen jetzt auf der materiellen Ebene wandeln ... Die Konzentration auf die Seelenentwicklung (d.h. die Astralentwicklung) wird das Kommen behindern. Dies ist ein hartes Wort, aber ich *will* jetzt ein Zentrum sein (nachdem ich sein 'Fahrzeug' in Besitz genommen habe) und meine Leute zu mir ziehen, während meine Leute in der Seelenentwicklung versuchten, mich zu sich zu ziehen...‟ (Wie in Steiners Einweihungsweg, der zur Besessenheit führt.)

Mit anderen Worten, diese Meister - zweifellos identisch mit der schrecklichen Macht, die hinter den Schrecken der Leiden Russlands und der Weltrevolution steht - haben in Wirklichkeit kein Interesse an der seelischen oder astralen Entwicklung, außer als Mittel zur Bildung passiver, erleuchteter Werkzeuge, die in ihrem Denken und Handeln völlig kontrolliert sind.

Wie wir gesehen haben, bestand eines der Hauptziele dieser Gesellschaft darin, Joanna Southcotts Kiste von vierundzwanzig Bischöfen öffnen zu lassen, allerdings nur unter bestimmten Bedingungen, die von ihren Herren festgelegt wurden. Diese Bedingungen lauten wie folgt:

> '1. Der genaue Standort der Schatulle ist einer Dame bekannt, die die Schatulle selbst gesehen hat und die, wenn sie von den Bischöfen hört, diese mit dem Vermittler in Verbindung setzen wird, der den Namen und die Adresse des Verwahrers mitteilen wird.

> '2. Teile aus den Schriften von Joanna Southcott, die auf zu

finden sind, wurden angewiesen, so lange unter Verschluss gehalten zu werden, bis die Bischöfe „in einer Zeit großer nationaler Gefahr" darum bitten. Die Initiative muss also von den Bischöfen oder einer anderen Autorität im Lande ausgehen und nicht von den Gläubigen der Heimsuchung. Aber wenn die Bischöfe zustimmen, die Kiste zu holen, werden vierundzwanzig Gläubige als Geschworene auftreten, um die vierundzwanzig Bischöfe oder ihre Vertreter zu treffen.

'3. Das Buch über die Verhandlung der Ansprüche von Joanna Southcott (1804) muss von allen, die sich bereit erklären, anwesend zu sein, gelesen werden. Es wird den Bischöfen vorgelegt werden.

'4. Ein Rechtsanwalt muss anwesend sein.

'5. Es gibt schriftliche Anweisungen für die Richter und Geschworenen, die bis zum Zusammentreten der Versammlung unter Verschluss gehalten werden müssen.

'6. Es muss ein geeignetes Haus für diesen Anlass geliehen oder gemietet werden. Das Kästchen mit den Schriften muss zuvor drei Tage lang im Gewölbe oder im Keller des Hauses aufbewahrt werden. (*Anm..* Vielleicht sind die Schriften mit dem „ursprünglichen Atom" aufgeladen, so wie die Leinenstücke es sein sollen).

'7. Das Haus muss in der Nähe eines Feldes oder eines eingezäunten Platzes stehen. (Ist dies, um es „abzugrenzen", um den „dreifachen Kreis" um es herum zu legen?)

'8. Die fünfundsechzig Bücher und alle Original-MSS, die sich im Besitz von Gläubigen befinden, sollen an den ersten drei Tagen der Versammlung zur Untersuchung ausgelegt werden.

9) Zunächst muss die doppelte Jury der Gläubigen mit den Bischöfen zusammentreffen, damit sie die anstehenden

Probleme erörtern können.

'10. Am zweiten Tag wird es ein Zeichen des Herrn von großer Bedeutung geben.

'11. Am dritten Tag sollen die versiegelten Schriften aufgeschnitten und geprüft werden.

'12. Diese Prüfung ist der Vorbote oder der Vorläufer des Untergangs Satans, wie er in Offb. XX beschrieben wird. Es wird keine Ruhe in der Welt geben, bis sich die Gelegenheit bietet, die Behauptung in Johanna's Schriften zu beweisen.

'13. Wenn das Urteil der Bischöfe gegen die Schriften ausfällt, können sie verbrannt werden.

14 Man wird erkennen, wenn das Kästchen geöffnet wird, dass der Prozess an Bedeutung mit dem Prozess Christi vor dem Sanhedrin vergleichbar ist.

'15. In den veröffentlichten Schriften wird die Zeremonie auch mit der Verlesung eines letzten Willens oder Testaments verglichen. (Es könnte der Tod des Britischen Empire sein, der durch den „kleinen und beständigen Sanhedrin" herbeigeführt wurde.)

'16. Sie wird in den Schriften auch mit einer Untersuchung (!) verglichen, wobei die Kiste so zu betrachten ist, wie Menschen eine Leiche betrachten, die entdeckt wurde.

'17. Bei dieser Gelegenheit wird die Kirche von England auf die Probe gestellt, ob sie ihren Platz unter den Kerzenleuchtern behalten oder verlieren wird.

'18. Diejenigen, die den Prozess einberufen, müssen die Kosten tragen, d.h. die Kosten für die Geschworenen und Zeugen usw. (Bischöfe!)

„19. Keiner versiegelten Person darf der Zutritt zur

Verhandlung verweigert werden.

'20. „Wie ich mich beim Brechen des Brotes in Emmaus kundgetan habe, so werde ich mich beim Brechen der Siegel der Schriften kundtun" (entnommen aus Healing for All).

Die Prophezeiungen von Jane Lead sind die Grundlage für all dies, und sie sind Illuminismus und Rosenkreuzertum. Wie wir gesehen haben, war es eines der großen Ziele des R.R. et A.C., die Kirche in England und im Empire zu korrumpieren und zu zersetzen.

Eine Kiste, die angeblich Joanna Southcott gehörte, wurde schließlich geöffnet, und einer der interessantesten Berichte wurde im *Daily Telegraph* vom 9. Mai 1927 veröffentlicht, der vor der eigentlichen Öffnung geschrieben wurde. Wir erfahren, dass sie 1750 geboren wurde, wenig Bildung genoss, im Haushalt und in Geschäften arbeitete und in orthodoxer Weise eifrig die Kirche und Kapelle besuchte. Im Alter von zweiundvierzig Jahren begann sie zu prophezeien und kündigte den nahen Beginn des Millenniums und kommende Erschütterungen in Europa an. Ihren Prophezeiungen zufolge sollte die Zahl der Gläubigen 144.000 betragen (Offb. vii.), und es wurden Bescheinigungen über ihre Berufung in die Glückseligkeit ausgestellt, die zweifellos eine Form der Versiegelung darstellten.

Trotzdem wurde „einer der Empfänger sicher wegen Mordes gehängt"! Im Jahr 1813, im Alter von dreiundsechzig Jahren, verkündete sie, „dass sie die Mutter von Shiloh, dem Friedensfürsten, werden sollte", einem neuen Messias! Aber Joanna starb, ohne ein Kind zu gebären". Es wird berichtet, dass sie auf ihrem Sterbebett einem Gefährten ein versiegeltes Kästchen übergab, mit der Anweisung, es nur in Zeiten großer nationaler Not und in Anwesenheit einer Reihe von Bischöfen zu öffnen; unter diesen Bedingungen würde es ein unerwartetes Mittel zur Rettung des Landes offenbaren. Dieses Kästchen, das von der Panacea Society und anderen bestritten wird, wurde geöffnet, und das Ergebnis war nicht nur ein Fiasko, sondern eine

Farce.

In „*Die Ungeduld des Volkes*" von Mark Proctor unternimmt die Panacea Society erneut einen mutigen Versuch, die Aufmerksamkeit der Öffentlichkeit auf sich zu ziehen. Die Vollendung ihrer Hoffnungen, der so genannte „Zweite Advent", der 1923 auf erwartet wurde, ist nun längst überfällig! Johanna's Kiste, oder zumindest eine der vielen, wurde geöffnet und ist in Vergessenheit geraten, was zu einem Fiasko für all jene geführt hat, die an ihre angebliche Macht glaubten, ein England zu retten, das offensichtlich nicht den Wunsch hat, gerettet zu werden! England reitet noch immer durch die Stürme und behauptet sich trotz vieler sichtbarer und unsichtbarer Angriffe, und möge es noch lange so bleiben.

Das erste, was an diesem kleinen Buch beeindruckt, ist seine tiefe und fast unverschämte Arroganz, ein Charakterzug, der diesen verborgenen Illuminaten, diesen kabbalistischen Juden, eigen ist, aber nicht das, was man von einer göttlichen Eingebung erwartet, wie sie behaupten! Darin sagt er:

> „Wie gut ist es dann, zu erfahren, dass die Not des Menschen Gottes Chance ist, und dass, wenn die Dinge einen solchen Höhepunkt erreichen, dass niemand mehr weiß, was zu tun ist, Gott zur Rettung kommt mit einer neuen Botschaft (durch die Panacea Society!), die die Verwirrung des akademischen Intellektualismus, des falschen Ekklesiastentums, der mystischen Spiritualisierung, der rituellen Inszenierung, des streitsüchtigen Anglikanismus und Protestantismus, der emotionalen Religiosität der Nonkonformisten und der ganzen Palette von Sekten und Kulten, die es wagen, sich heute 'religiös' zu nennen, beiseite schiebt."

Man fragt sich, inwiefern sich die Panacea-Gesellschaft von „der ganzen Palette der Kulte und Sekten" unterscheidet, die sie selbst erleuchtet. Glaubt nicht jeder von ihnen, wie die Panacea-Gesellschaft, dass sie allein nicht so sind wie andere Kulte und Sekten?

Weiter schreibt er: „Ein Prophet ist überhaupt kein Priester; er ist ein automatischer Empfänger einer direkten göttlichen Botschaft, die in einer Abfolge von Worten ausgesprochen wird, die er genau so wiedergeben muss, wie er sie gehört hat." Er fügt hinzu, dass die Erfüllung der Beweis für ihre göttliche Natur ist, wobei ihre Botschaften bei der Prüfung offensichtlich versagen: Sind sie erfüllt worden?

Uns liegt ein erstaunliches Pamphlet und Flugblatt vor, das von der Panacea Society im April 1926 herausgegeben wurde. Sie sprechen von ihrer Macht, während einer kommenden Krise „göttlichen Schutz" zu gewähren. Was ist nun diese Krise? In ihrer Zeitschrift „Panacea" geben sie eine Erklärung. Sie zitieren darin einen amüsanten Artikel aus *Punch* mit dem Titel „Der nächste Krieg", in dem es heißt, dass es einen weiteren Krieg geben wird, und dieses Mal *ausschließlich in der Luft* - Flugzeuge, die „schmutzige Dinge" über allem abwerfen, „so dass Sie Ihre Ration Stinkbomben wie ein Mann einatmen und wie ein Hund sterben werden!" Die *Panacea* nimmt dies sehr ernst und schreibt:

> „Ja, es ist wahr, dass keine Waffe, die gegen England gebildet wird, Erfolg haben wird, wenn es zur Kraft des Allheilmittels erwacht. Unsere Luftschiffe, die *das gesegnete Wasser* transportieren - das Ergebnis von Gottes Heimsuchung in England seit 1792 (Joanna Southcott) - werden eine Mauer der Verteidigung für Großbritannien sein, eine Mauer, die kein Feind passieren oder zerstören kann!"

Im Jahr 1923 plakatierten sie in Plymouth das folgende Plakat: „Erdbeben, Donner, Pest werden England bald erschüttern, wenn die Bischöfe nicht Joanna Southcott's Box öffnen." Solche Unruhen sind immer mehr oder weniger bei uns, aber die Plage, die wir mehr als alle anderen zusammen fürchten müssen, ist die Plage dieser illuminierten Gesellschaften und ihrer sogenannten göttlichen Missionen, die aus der Luft gesteuert werden; sie sind die Stinkbomben, die von allen gemieden werden müssen, die ihr Land und ihr Reich wirklich lieben.

Auch hier ist von „göttlicher Heilung" die Rede, und für diese Heilung muss der Betroffene eine vollständige Liste von Beschwerden, imaginären oder anderen, aufschreiben. Diese wird dem „Orakel" vorgelesen, das die sogenannten göttlichen Anweisungen erhält, und die Oblate oder das Stück Leinen wird mit den erforderlichen psychisch-magnetischen Kräften aufgeladen, ganz so, wie ein magischer Talisman aufgeladen wird. Diese Abschnitte werden in das Trinkwasser, das Bad und vielleicht sogar in die von einem Arzt verschriebene Medizin getaucht, obwohl dies dem Arzt gegenüber kaum fair erscheint! In allen okkulten Orden, mit unterschiedlichen Methoden, wird die Heilung mittels dieser magnetischen Flüssigkeit mit mehr oder weniger Erfolg durchgeführt, und wie wir wissen, kann sie töten oder lebendig machen. Wenn sie heilend wirkt, kann sie auch hypnotisch sein und eine Schar von treuen Anhängern schaffen! Sie machen viel von Heilung, „ohne Geld und ohne Preis", aber schließlich war eine der Regeln der Rosenkreuzer: „Keiner von ihnen soll sich zu etwas anderem bekennen, als die Kranken zu heilen, und zwar *unentgeltlich*", obwohl einige Adepten „unentgeltlich" als „*frei*" interpretiert haben, so dass ein Honorar verlangt werden könnte!

In ihrer Broschüre „*Heilung für alle*" sagen sie: „Jeder Narr kann Satans Bosheit erkennen, aber es braucht in der Tat einen weisen Mann, um den luziferischen Irrtum zu entdecken!" Können sie sicher sein, dass sie weise genug sind, um nicht von Luziferianern wie diesen verborgenen Illuminaten getäuscht zu werden? Können sie sicher sein, dass sie, zusammen mit all diesen anderen Orden und Gruppen, nicht daran arbeiten, die Herrschaft der luziferischen Macht - das heißt des Illuminismus - herbeizuführen? Sie sagen: „Wir zögern nicht, zu erklären, dass keine Religion, kein Kult und kein Individuum außerhalb dieser Heimsuchung die *ganze Wahrheit* besitzt!" Das ähnelt sehr dem geistigen Hochmut, der, wie es heißt, den Sturz Luzifers herbeigeführt hat!

Noch ein Wort zu ihren Mitteilungen, die sie in „*The Writings of the Holy Ghost*" aufgezeichnet haben - *das* sind astrale

Mitteilungen. Sie scheinen sehr ähnlich zu sein wie viele, die heutzutage von okkulten und spiritistischen Gruppen empfangen werden, und sind weit davon entfernt, göttlich zu sein, und sind voll von hinterlistiger Täuschung und Schmeichelei. In diesen Aufzeichnungen vom 15. April 1920 heißt es: „Ich habe dich darauf aufmerksam gemacht, dass in den Jahren 1919, 1920 und 1921 die Zeit zwischen Ostern und Himmelfahrt eine Zeit vieler Entwicklungen war." Ostern 1919 war die Zeit des Versuchs dieser verborgenen Illuminaten, das Dreieck der Macht im R.R. et A.C. zu etablieren!

DIE UNIVERSELLE ORDNUNG

DER Universelle Orden ist eine weitere pseudo-mystische Gruppe, die behauptet, nichts mit Okkultismus zu tun zu haben, aber dennoch ebenso trügerisch und gefährlich ist. Er war viele Jahre lang unter dem Namen „Order of Ancient Wisdom" bekannt und hatte sein Hauptquartier in Manchester und einen Zweig in London und möglicherweise anderswo. Ihre Lehren waren neuplatonisch, und sie hielten ihre Londoner Versammlungen und Prüfungen in dem großen oberen Raum über Eustace Miles' vegetarischem Restaurant ab. Die Zeremonien waren einfach, aber okkult und zogen Kräfte an, wie sie in allen okkulten Zeremonien zu finden sind, obwohl sie nur behaupteten, eine Form der Philosophie zu lehren. Etwa 1918-19, als ähnliche Bewegungen in anderen Gruppen stattfanden, wurden die Führer dieser Gruppe durch eine „zwingende Kraft" oder einen okkulten Einfluss darauf aufmerksam gemacht, dass von ihnen erwartet wurde, den christlichen Glauben anzuerkennen und zu praktizieren, von dem sie als Neuplatoniker abgefallen waren; dies taten sie auch.

Etwas später wurde der Name in „Universeller Orden" geändert, zweifelsohne, weil er einer internationalen Bruderschaft ähnlicher war, und er wurde mehr oder weniger nach christlichen Grundsätzen geführt, einschließlich Exerzitien, Meditationen und, wie ich glaube, mit geänderten Graden, um dem offensichtlichen Wandel der Weltanschauung zu entsprechen.

Dies führte zu einer Art pseudoreligiöser Erregung, die hochgradig nervöse, emotionale und mediale Zustände hervorrief, die zu einer möglichen Kontrolle führten, wie sie allgemein in allen derartigen Orden und Gruppen anzutreffen ist. Der Orden war durch gegenseitige Mitgliedschaft mit der S.M. und dem R.R. et A.C. verbunden, und ihre Mission war anscheinend auch, die Kirche zu erleuchten oder von innen heraus zu bohren, wie bei der S.M. Später wiederum änderten einige ihrer Gruppen den Namen in „Schrein der Weisheit" - den Titel ihrer Veröffentlichung.

Nach dem Studium des Merkblatts Nr. I, das der „Sekretär des Universellen Ordens" geschickt hat, könnten einige Worte über die Ziele und das System des Ordens nützlich sein. Aus diesem Merkblatt geht hervor, dass der Universelle Orden ein wahres Esperanto aus Philosophie, Religion und mystischer Wissenschaft zu sein scheint, denn er zielt auf die Verwirklichung der Universellen Weisheit ab; dennoch ist er „keine Religion, sondern umfasst die Essenz aller Religionen; er ist keine Philosophie, aber er enthält die Grundlagen aller großen philosophischen Systeme." In scheinbarem Widerspruch wird uns gesagt, dass die endliche Intelligenz nominell fähig ist, nur eine einzige Darstellung der Wahrheit zu begreifen; folgt sie mehreren, versteht sie oft keine von ihnen! Deshalb befürworten sie, obwohl sie universell sind, ein bestimmtes System der Unterweisung, ihr eigenes, das angeblich alle Aspekte der Wahrheit umfasst! Wer hat denn dieses scheinbar widersprüchliche System aufgebaut - universell und doch partikular? Wer ist der Richter über die wahre Essenz und die Grundlagen, die dieses System der universellen Weisheit, das zu Brüderlichkeit und Toleranz führt, ausmachen? Haben auch sie unsichtbare Meister, die sie leiten und belehren?

Wir wollen sehen, was sie zu vermeiden versuchen. Ihrem „Harmonie-Ideal" folgend, pflegen sie eine so „weite Sympathie und Toleranz, ein Verstummen jener inquisitorischen Kritik", dass sie „keine andere Bewegung, so verschieden sie auch erscheinen mag, verurteilen, angreifen oder deren Angriffe gutheißen", denn sie glauben, dass jede Bewegung einem nützlichen Zweck dienen kann! Was ist mit der Freimaurerei des Grand Orient Judaeo, deren erklärtes Ziel die „Internationale Revolution" und die darauf folgende „Universelle Republik" ist? Was ist mit den Illuminaten, die durch subtile pseudo-spirituelle Lehren versuchen, illuminierte Werkzeuge zu schaffen, die durch falsche Ekstase, falsche Visionen und falsche Lehren blenden und berauschen und „unzerstörbare Ketten" bilden, wie die „Protokolle" zeigen, wodurch sie die Menschheit heimlich vereinen und kontrollieren, die einzig mögliche Methode, mit der sie hoffen könnten, die Welt als Ganzes zu beherrschen? Was ist mit den Bolschewiken und der unsichtbaren Macht hinter ihnen? Duldet der Universelle Orden passiv solche Bewegungen?

Sie bemühen sich, alle dualistischen Lehren zu vermeiden, aber was ist das Dreieck ihres Symbols? Sind es nicht die beiden streitenden Kräfte, die immer durch eine dritte vereint werden, die eine Manifestation in Übereinstimmung mit ihrem Prinzip hervorbringt - wie oben so unten? Wiederum bemühen sie sich, übersinnliche, passive Medialität, Geisterbeschwörung und Magie aller Art zu vermeiden; aber sie „wenden sich nicht von denen ab, die einer dieser Beschäftigungen nachgehen, und widersetzen sich ihnen nicht!" Durch diese passive Toleranz und den fehlenden Einsatz ihrer kritischen Fähigkeiten kann ihr Orden zu einer geheimen Brutstätte für all diese Übel werden, die sie nicht bekämpfen oder abweisen.

Sie verwenden Rituale, Riten und Symbolik, die richtig oder falsch interpretiert und an die Lehren der alten Mysterien angepasst wurden, so wie es auch in der Stella Matutina und verwandten Orden geschieht - wir haben gesehen, was die Grundlage dieser Mysterien war! Auf dieser instabilen und etwas widersprüchlichen Grundlage werden die Mitglieder ermutigt, nach „persönlicher Erleuchtung" und „innerem Okkultismus der Seele" zu streben, indem sie sich „in Gebet, Meditation und Kontemplation erheben" Ist das nicht ein Spiel mit dem verborgenen Feuer, das unweigerlich zu einem nervlichen Wrack führt? Können die Führer dieses Ordens ihren Mitgliedern mit

Sicherheit versichern, dass diese persönliche Erleuchtung die Vereinigung mit dem Göttlichen bedeutet und nicht die Besessenheit durch diese unsichtbare materielle Macht, die überall nach Instrumenten sucht und alles Heilige pervertiert, indem sie es als Mittel benutzt, das ahnungslose Opfer zu umgarnen?

Was sagen die „Protokolle" zum „Kollektivismus"?

> „Wir werden sie in ihren Träumen auf dem Pferd der müßigen Hoffnung reiten lassen, die menschliche Individualität durch symbolische Ideen des Kollektivismus zu zerstören. Sie haben noch nicht begriffen und werden nie begreifen, dass dieser wilde Traum dem Hauptgesetz der Natur zuwiderläuft, das seit Anbeginn der Welt ein Wesen geschaffen hat, das sich von allen anderen unterscheidet, damit es Individualität besitzt."

Warum also diese Forderung nach absoluter Selbstaufopferung von den Mitgliedern dieser mystischen und okkulten Gruppen? Ist es nicht so, dass diese Gruppen pseudo-öffentlicher und tatsächlicher Geheimgesellschaften nur so viele Rädchen in dieser großen Vernichtungsmaschine sind, deren Mission im Namen der Einheit und der universellen Bruderschaft eine langsame und tödliche Zerstörung aller Individualität ist, die einen seelenlosen Automaten schafft, dessen treibende und lenkende Kraft der Wille dieser zentralen Gruppe verborgener Häuptlinge, der Großen Weißen Loge, ist?

Ein eindrucksvolles Bild dieses „kollektiven Menschen", wie er in Sowjetrussland versucht wurde, wird in *The Mind and Face of Bolshevism* von René Fülöp-Miller gegeben. Hier ist das endgültige Urteil des Autors:

> „Was die ganze zivilisierte Welt in höchstem Maße beunruhigt, ist dieses 'barbarische Jesuitentum' (im Sinne des Weishaupt'schen Illuminismus), das vorgibt, eine Heilslehre für die gesamte Menschheit zu sein, während es in Wirklichkeit ihre Grundlagen bedroht. Der Bolschewismus

zielt nicht nur auf die Konfiszierung des Privateigentums ab, sondern auch auf die Enteignung der Menschenwürde, um letztlich alle freien, vernünftigen Wesen in eine Horde willenloser Sklaven zu verwandeln."

Dasselbe könnte man mit Fug und Recht über den Weg der Erlösung und der so genannten „Evolution der Menschheit" sagen, wie er in den Lehren all dieser Geheimgesellschaften und „neuen temporären Religionen" von heute dargestellt wird.

KAPITEL VII

AMERIKANISCHE KULTE

AMERIKA - der personifizierte Internationalismus in seinem Volk -, das Land der erstaunlichen Spinner, Verrückten und Sekten, wimmelt nur so von Beispielen dieses seelenzerstörenden Krebsgeschwürs der „Ismen"; nur ein oder zwei müssen in diesen Untersuchungen gestreift werden.

DIE SADOL-BEWEGUNG

Die „Sadol-Bewegung" ist eine weitere esoterische Freimaurergruppe, ein weiteres Glied in der „magnetischen Kette", die von diesem unsichtbaren Zentrum für ihre Pläne zur Weltherrschaft vorbereitet wird. Sie wurde 1883 in Amerika von J. E. Richardson gegründet, der als TK oder „Älterer Bruder" bekannt ist und der Vertreter der „Großen Schule der Naturwissenschaft" (Große Weiße Loge) in Amerika ist, deren Zentrum sich angeblich in Indien befindet.

Laut TK heißt es in ihrem *Bulletin* vom Januar 1926, dass diese Große Schule eine schriftliche Geschichte hat, die sich über einen Zeitraum von mehr als 200.000 Jahren erstreckt! Und dass sie sich vor 23.000 Jahren, zur Zeit des Untergangs des atlantischen Kontinents, in Indien niederließ! Dies ist zweifellos die „Große Weiße Loge" der gesamten esoterischen Freimaurerei, wie z.B. Max Heindels „Rosenkreuzer-Gemeinschaft", Frau Besants Gruppe, die Stella Matutina, usw. Wer kann schon sagen, wo sich das Zentrum dieser okkulten Regierung wirklich befindet? Die ganze Organisation wurde durch systematische Verwechslung von Gesagtem und Gemeintem aufgebaut.

Uns liegt ein Auszug aus *dem Sadol-Magazin* „The Great Work in America" vor, der zeigt, dass sie dem Alten und Angenommenen Schottischen Ritus folgen, obwohl sie in ihren Lehrbüchern nur von den drei Graden der Blauen Loge sprechen. TK schreibt:

> „Es ist den Freimaurern des Schottischen Ritus bereits allgemein bekannt, dass General Albert Pike der Autor der rituellen Zeremonien für die gesamten 33 Grade des Ordens war. Es ist nicht allgemein bekannt, dass er die 'Legenda', die den philosophischen Hintergrund jedes einzelnen Grades der gesamten 33 darstellt, direkt und persönlich von dem arabischen Mitglied der Großen Schule erhielt."

In Bezug auf das „arabische Mitglied" ist es interessant, die „arabische Lehrerin" Stella Matutina zu erwähnen.

Die Lehrbücher dieser Bewegung bestehen aus der „Harmonischen Reihe" in vier Bänden. Ein sorgfältiges Studium dieser Bände zeigt deutlich, dass die Lehre nicht konstruktiv ist und zur Meisterschaft führt, wie sie behaupten, sondern destruktiv und zur Medialität führt. Band 4, *The Great Known*, könnte ebenso gut die Lehre von Conan Doyle oder Vale Owen sein! Sie glauben, das „Verlorene Wort" der Freimaurerei gefunden zu haben, was laut TK direkte Mitteilungen von den Meistern bedeutet. Die gesamte Lehre scheint also dem Zweck zu dienen, Hellsichtigkeit usw. zu erzeugen, indem man Medien vorbereitet, die durch geheime Formeln sensibilisiert sind, und indem man die Farben des Spektrums rotierend einsetzt. Sie glauben, frei zu sein und sich absolut *selbst zu beherrschen*, aber es ist eine geistige Knechtschaft, die von ihren Meistern durch ehrgeizigen und teuflischen Missbrauch des okkulten Wissens und der dadurch gewonnenen Macht herbeigeführt wird.

Ich habe bereits die Methoden erläutert, die in dieser Gruppe angewandt werden, um mit dem Meister oder den „weisen und mächtigen Lichtwesen" in Kontakt zu treten, und wie sie denen entsprechen, die in der Stella Matutina und im Sonnenorden von Edinburgh verwendet werden.

DER ORDEN DER EINGEWEIHTEN VON TIBET

Diese Notizen stammen aus einem Artikel in der *Washington Post* vom 31. Oktober 1909 mit dem Titel „Washington's Most Curious Cult Under Leadership of a Woman".

Miss A. E. Marsland, Präsidentin des Ordens in Amerika, ist eine Tochter von George Marsland, dem Gründer der American Bankers' Association. Washington ist das Zentrum dieser Bewegung für Amerika, die dort 1904 von Miss Marsland und vier oder fünf Enthusiasten gegründet wurde. Heute (1909) gibt es 5.000 Mitglieder, und die Sekte wächst langsam und leise. Unter ihren Anhängern befinden sich einige der prominentesten Mitglieder der Gesellschaft und der Diplomatie; sie treffen sich zweimal wöchentlich im Haus des Oriental Esoteric Centre, 1443 Q Street, um dort die auf geheimnisvolle Weise übermittelten Weisheiten zu genießen. Miss Marsland weiß nicht genau, woher ihre Anweisungen und Vorträge kommen, aber sie glaubt, dass die in Sanskrit geschriebenen Dokumente aus den Festungen Tibets (nicht Lhasa) nach Paris geschickt werden, wo sie ins Französische übersetzt und dann nach Washington, Brasilien und Ägypten geschickt werden. Die okkulten Meister sind die Quelle des Wissens, aber jedes Zentrum ist unabhängig, was die interne Verwaltung betrifft.

Nach der Lehre der Eingeweihten wird der fünfte große Weltführer und Lehrer der Menschheit innerhalb der nächsten fünfundzwanzig Jahre in Amerika geboren werden. Die vier vorangegangenen Führer waren, so sagen sie, Rama, Krishna, Buddha und Jesus. Die Mission der von den Eingeweihten errichteten Zentren besteht darin, die Menschen vom Studium der materiellen Wirkungen, das bisher die ausschließliche Aufmerksamkeit der Wissenschaftler in Anspruch genommen hat, abzulenken und sie auf das Studium von Ursache, Kraft, Schwingung und des Unsichtbaren zu lenken. Dies, so sagen sie, kann nur derjenige mit Sicherheit tun, der Herr über sich selbst ist, und so besteht die stupende Aufgabe der Pioniere der Neuen Ära darin, den Wissenschaftler in einen Magier zu verwandeln!

Nach Miss Marsland ist die Welt 1898 in das Neue Zeitalter eingetreten und wird einen wunderbaren Fortschritt im Wissen um das Okkulte machen, der vielleicht innerhalb der nächsten 2000 Jahre zu einem Kontakt mit den Bewohnern der anderen Planeten führen wird, von denen man sagt, dass sie Geister sind, die früher auf der Erde gelebt haben. Aber das Wissen um diese und viele andere Geheimnisse des Kults wird nicht einmal Miss Marsland offenbart!

Prof. F. Charles Bartlet leitet den Orden in Frankreich, und eine kürzlich entdeckte Heilquelle in Châtel Guyon, am Fuße des erloschenen Vulkans Puy de Dôme, ist nun Eigentum des Ordens. Auf befindet sich auf dem Gipfel des Berges eine Ruine eines Venus- und Sonnentempels, die einem solchen Kult angemessen erscheint! Ein oder zwei ihrer Regeln sind aufschlussreich, wie zum Beispiel: „Die vollständige Unterwerfung der Persönlichkeit unter die höhere Natur (Meister!); Nicht-Widerstand oder das Gesetz der Liebe (Pazifismus!); das Universum ist eins, daher sind alle in der Universellen Bruderschaft vereint. Auch in den *„Mittagsmeditationen"* heißt es: „O Schüler, es ist unerlässlich, deine Vernunft zum Schweigen zu bringen und deinem Geist Gehör zu verschaffen. Höre! aber nicht mit den äußeren Jahren (clairaudience). Sieh! aber nicht mit den äußeren Augen (Hellsichtigkeit). Es kommt eine Stimme, eine Vorahnung, ein Gedanke, doch es ist kein Gedanke, ein Gefühl, eine Schwingung, doch es ist nichts von alledem. Nein, es ist der Meister, der Verbindungen herstellt und versucht, zu kontrollieren und zu suggerieren! Sie behaupten außerdem, an eine Höchste Gottheit zu glauben, aber sie ist zweifellos der Herr des Universums, I.A.O.

Der Schlüssel zu diesem Kult ist in einem seiner interessantesten Symbole enthalten - Adda-Nari. Sie ist die Natur-Generation, die Schöpfung, wie die Symbole der Manifestation in ihren vier Händen, das Zeichen des Lingam und die Triade der Schlangenkraft auf ihrer Stirn zeigen.

Die Ziele dieser Sekte sind: „Einen Stuhl universeller

Brüderlichkeit zu bilden, der auf reinstem Altruismus basiert, ohne Hass auf Glauben, Sekte, Kaste oder Hautfarbe ... die okkulten Wissenschaften des Orients zu studieren und durch Meditation und eine spezielle Verhaltenslinie zu versuchen, diese Kräfte zu entwickeln, die im Menschen und seiner Umgebung stecken." Dies ist das übliche Yoga, das Erwecken und Erheben der Kundalini!

Sie haben eine Monatszeitschrift, *The Esoterist*, herausgegeben von Agnes E. Marsland; in der Juli-Ausgabe 1924 gab es einen Artikel mit dem Titel „Good Government"! Außerdem wurde im November 1927 ein Brief an die Mitglieder verschickt, mit der Bitte um Investitionen in das Marsland-Zentrum und den Bedingungen, in der gemeinschaftlichen Viehzucht zu leben". Sie scheint zu wachsen und zu gedeihen! Schließlich heißt es in einem *Prophezeiungsbulletin mit einem* Tau-Kreuz an der Spitze, das im letzten Neujahr herausgegeben wurde: „Diese Krise steht jetzt unmittelbar bevor und wird ein für allemal den zukünftigen Zustand der Erde entscheiden. Der Große Meister ist mit uns und leitet die Schlacht." Gezeichnet, AGNES E. MARSLAND, Lexingvton, N.C.

Es heißt, die Bewegung sei nicht jüdisch, aber eine ihrer Veröffentlichungen trägt auf der Vorderseite das Symbol des Salomonischen Siegels!

Auch hier handelt es sich um einen pantheistischen und offensichtlich kabbalistischen Kult.

DIE BAHAI-BEWEGUNG

Diese Bewegung wurde 1844 von einem Perser, Mirza Ali Muhammad, gegründet, der den Titel „Bab" (das Tor) annahm; er lehnte sich gegen die Hierarchie auf, die ihn aus Angst vor seinem wachsenden Einfluss 1850 in Täbris erschießen ließ.

Sie behauptet, die Erfüllung dessen zu sein, „was in früheren Dispensationen nur teilweise offenbart wurde", und sie betrachtet

Buddha. Sie betrachten Buddha, Zarathustra, Jesus, Mohammed und Konfuzius lediglich als Vorbereitung der Welt auf die Ankunft des „Größten Friedens" und des „Mächtigen Welterziehers", Baha'u'llah (Herrlichkeit Gottes), 1863-92, und später Abdul-Baba, 1892-1921. Sie behauptet ferner, die Einheit aller Religionen zu sein, auch älterer und moderner Bewegungen wie Theosophie, Freimaurerei, Spiritualismus, Sozialismus usw.; sie will der Menschheit *Erleuchtung* bringen und setzt sich wie alle erleuchteten Gruppen für den universellen Frieden, die Religion, die Bildung, die Sprache (Esperanto) und alles ein, was zur Einheit der Menschheit führt; deshalb müssen alle Vorurteile aufgegeben werden, traditionelle, rassische, patriotische, religiöse und politische; alle Religionen müssen mit Wissenschaft und Vernunft übereinstimmen.

In *The Confusion of Tongues* von Charles Ferguson finden wir die folgenden dokumentierten Informationen der Bahai: Alle diese Bewegungen des neunzehnten Jahrhunderts „waren die Werkzeuge Gottes, um die Welt für Seine Sache empfänglich zu machen. (Bahaismus)"; und: „Außerhalb der Bahai-Sache erscheinen die modernen Bewegungen und Tendenzen der Welt als düstere Anarchie; aber innerhalb der Sache nehmen sie vollkommene Ordnung und Sinnfülle an!" Baha'u'llahs Lehren umfassen Wissenschaft, Philosophie, wirtschaftliche und staatliche Probleme sowie Ethik und Methoden der spirituellen Läuterung und Verwirklichung (Yoga). Vor fünfzig Jahren befahl er den Menschen, einen universellen Frieden zu schaffen, und rief alle Nationen zum göttlichen Bankett der internationalen Schiedsgerichtsbarkeit auf, damit Fragen der Grenzen, der nationalen Ehre und des Eigentums sowie der lebenswichtigen Interessen zwischen den Nationen von einem Schiedsgericht entschieden werden" - all das lässt an die Judäo-Freimaurerei des Großen Orients denken!

Als die Bahai-Anhänger in Chicago von dem Großen Tempel, einem Mashriqu'l-Adhkar in'Ishqábád, hörten, in dessen Stadt Turkmenio 4.000 Bahai-Familien leben, baten sie um die Erlaubnis, einen ähnlichen Tempel in Chicago zu errichten; er sollte den Michigansee überblicken. Seit 1903 arbeiten sie an seiner Errichtung, und er ist noch weit von der Fertigstellung entfernt; das hoch aufragende Licht sollte die Einheit aller Religionen signalisieren, und der Tempel sollte ihre Offenbarung symbolisieren und verkörpern (wie Steiners Goetheanum!). In den Gottesdiensten wird das „Heiligste Wort Baha'u'llahs" gelesen oder gesungen. Von der Form her ist er ein perfektes Nonagon, und alle seine Dimensionen basieren auf der Zahl *Neun* - der kabbalistischen Zahl der Generation, die einleitet und zur Einheit mit dem universellen Astrallicht führt. Von diesem Tempel heißt es: „Wenn der Tempel Gottes in Chicago gebaut wird, wird er für den geistigen Körper der Welt das sein, was der Einbruch des Geistes für den physischen Körper des Menschen ist, indem er ihn bis in die letzten Teile belebt und neues Licht und neue Kraft einflößt" - universeller und individueller Illuminismus!

Außerdem gibt es einen Hüter der Sache - Shogi-Effendi - mit neun Mitarbeitern, und in jeder Stadt gibt es eine Geistige Versammlung mit neun Mitgliedern, die konsultiert werden müssen, denen unbedingt gehorcht werden muss und denen man sich unterwerfen muss. Es gibt auch Nationale Geistige Versammlungen in allen Ländern, in die sich die Sache ausgebreitet hat, und schließlich schmieden sie ausgeklügelte Pläne zur Bildung einer Internationalen Geistigen Versammlung, die von allen Gläubigen gewählt werden soll - um Verordnungen und Vorschriften zu erlassen, die nicht im ausdrücklichen Heiligen Text stehen.

Obwohl die Lehre voller Plattitüden und scheinbar hoher Ethik ist, ist sie antichristlich und legt nahe, dass die Inspirationsquelle ihres „Mächtigen Erziehers" nicht Gott war, sondern die uralte, geheimnisvolle Zentralmacht, die hinter allen erleuchteten Bewegungen steht und die Vereinigung zum Zweck der Weltherrschaft anstrebt.

KAPITEL VIII

SCHLUSSFOLGERUNG

THE *Morning Post* vom 22. September 1928 veröffentlichte einen sehr nützlichen Artikel von Edgar Wallace, dem bekannten Schriftsteller und Experten für alle Arten von seltsamer Kriminologie, mit dem Titel „A New Crime - Hypnotism as a Weapon".

Es zeigt, dass er sich bewusst ist, wie wir immer wieder festgestellt haben, dass eine der tödlichsten Kräfte der okkulten Zentren in ihrem Wissen und ihrer Praxis der hypnotischen Kontrolle liegt.

Er zitiert einen Brief, den er erhalten hatte:

„... Es gibt den Verbrecher, über den Sie nicht geschrieben haben: denjenigen, der sich am Verderben seiner Mitmenschen erfreut... Eine Freundin von mir, eine Frau mit einigem Vermögen, geriet unter den Einfluss einer bestimmten okkulten Gruppe. Sie wurde fasziniert und schließlich zu einer Anhängerin und unterzog sich einer Form von Hypnose ... Es genügt zu sagen, dass die Frau, die die Hypnose durchführte, begann, einen außergewöhnlichen Einfluss auszuüben, und zwar telepathisch - das heißt, wenn sie nicht zusammen waren ... und (die Freundin) wurde nur durch rechtzeitiges Eingreifen davon abgehalten, ihr gesamtes Eigentum durch eine Schenkungsurkunde zu übertragen ... das Unheil wurde von einer höheren geistigen Kraft auf eine schwächere ausgeübt."

Fdgar Wallace fährt fort:

„Während der letzten zwei Jahre muss ich mehr als ein Dutzend Briefe erhalten haben, geschrieben von Leuten, die offensichtlich geistig gesund sind, wenn die Handschrift etwas gilt, und die mir genau dieselbe Geschichte erzählen, ohne irgendwelche blumigen etceteras ... In jedem Fall (soweit ich mich erinnere) ... gab es am Anfang eine Geschichte von Okkultismus, und in jedem Fall war es ein Praktiker dieser 'Magie', der die Herrschaft über den Verstand des Novizen erlangte. Die Theorie, dass diese Form der Kriminalität auf dem Vormarsch ist, wird durch gemeldete Fälle gestützt. Die Beherrschung eines starken Geistes über einen schwächeren ist kein ungewöhnliches Phänomen, aber es besteht mehr als der Verdacht, dass diese geistige Tyrannei systematisiert wird und dass sie leicht eine echte Gefahr darstellen kann, insbesondere für Frauen aus der Geldklasse... Es ist auf jeden Fall eine Angelegenheit, die es wert ist, untersucht zu werden, denn die Praktiker dieser neuen „Kunst" gehören zu den gefährlichsten Mitgliedern der Unterwelt . Sie sind noch gefährlicher, weil sie im eigentlichen Sinne des Wortes nicht zu den Kriminellen gehören. Wir stehen wahrscheinlich kurz davor, sehr wichtige Entdeckungen auf dem Gebiet des Übersinnlichen zu machen, und wenn die neuen Wahrheiten (was auch immer sie sein mögen) feststehen, wenn die Realitäten von, sagen wir, Telepathie aufgedeckt werden, könnte eine ganz neue Abteilung bei Scotland Yard entstehen."

Ähnliche Fälle sind uns bekannt geworden, und alle sind auf den starken Einfluss fortgeschrittener Okkultisten zurückzuführen, von denen mindestens einer äußerst skrupellos war. In der *Morning Post* vom 4. Oktober 1928 erschien ein interessanter Brief von Mordaunt Shairp zu dem oben genannten Artikel, in dem er schreibt: „... Ich kann sein Zögern, das er empfand, bevor er ihn schrieb, durchaus verstehen. Trotz allem, was man über die Möglichkeiten von Licht- und Schallwellen weiß, zögern wir immer noch, an diese Gedankenwellen zu glauben, die die Grundlage für den mächtigen und gefährlichen telepathischen Einfluss sind, den er so überzeugend beschreibt." Zu seinem eigenen Stück „The Bend in the Road", das im Januar 1927 von den Play Actors im Apollo Theatre aufgeführt wurde und das in der *Morning Post* viel Beachtung fand, sagt Herr Shairp: „Es zeigte einen Mann, in dem diese Gedankenkraft bemerkenswert entwickelt worden war und der sie aus Rachegründen einsetzte, um die Gesundheit und das Glück seines Rivalen bis an den Rand des Selbstmords zu untergraben... Wie Herr Wallace betont, ist das eine Tatsache, und wir werden in Zukunft noch mehr davon hören."

Hier haben wir es mit dem Gebrauch und dem Missbrauch des psychischen Fluids zu tun, das „tötet und lebendig macht" - diese Schlangenkraft, die durch einen starken Willen und starke Gedanken in Bewegung gesetzt wird, der Urheber aller Magie und Wunder, wie sie in der esoterischen Freimaurerei und allen rosenkreuzerischen und okkulten Gruppen verwendet wird. Im R.R. und A.C. gibt es eine Formel, die dazu dient, Menschen aus der Ferne zum Guten oder Schlechten zu beeinflussen. Dabei wird die Kraft des Pentagramms und der verschlungenen Dreiecke (der hebräische Talisman!) verwendet. Diese Flüssigkeit wird angezogen und dann mit starker und konzentrierter Absicht in die gewünschte Richtung projiziert, wie entlang eines Pfades oder Lichtstrahls, und es wurden interessante und seltsame Ergebnisse erzielt. Sie wirkt nicht nur körperlich und geistig auf den Menschen ein, sondern verbindet ihn offenbar durch den zwischengeschalteten Adepten, , der diese Formel verwendet, mit dem verborgenen Zentrum, das den Orden kontrolliert.

In dem bereits zitierten kuriosen Pamphlet *The Hebrew Talisman* ist der folgende Auszug im Zusammenhang mit dem oben Gesagten interessant. Über Abraham Goldsmid, der das magische Kästchen von Dr. Falk erhalten haben soll, einem kabbalistischen Juden, der 1742 nach London kam (siehe Mrs. Nesta Webster in *Secret Societies and Subversive Movements*), sagt der wandernde Jude:

„Ja, lasst die Hunde der Nazarener ihre Hände und Augen in

unwissendem Erstaunen erheben; der große Goldsmid war mein einziges und bloßes Werkzeug: Ich erhob ihn, weil ich ihn für würdig hielt; ich fand ihn untauglich für die große und heilige Aufgabe, für die ich ihn bestimmt hatte, und ich warf ihn hinunter, so wie wir den Kürbis wegwerfen, wenn wir keinen Trinkbecher mehr brauchen. Wer von den älteren Besuchern des großen Mammontempels, der Börse genannt wird, erinnert sich nicht an das goldene Kästchen, mit dem Goldsmids Hand in seinen geschäftigsten und wichtigsten Momenten ständig beschäftigt war! Es war sein *Talisman.* Die Worte der Macht waren über ihm ausgesprochen worden: Ich hatte ihn immer wieder gewarnt, ich hatte gedroht, ich hatte ihn angefleht, aber vergeblich; ich fand ihn unverbesserlich in seiner Vernachlässigung der Sache unseres Volkes und unseres Gottes; und selbst als er sich in seiner luxuriösen Villa in der Nähe von Morden erholte, kamen die Worte der Macht von meinen Lippen, und sein Talisman war für immer von ihm gewichen... Er erschien ohne sein Palladium an der Börse, feilschte, verlor und sah den absoluten Ruin mit unerschütterlichen und mitleidlosen Augen auf sich blicken. *Zwei Tage hat er das ertragen, und dann hat er sich das Hirn weggepustet!* Niemand kann unserer Sache untreu sein und Erfolg haben."

Und wenn ein Adept, der von diesen bösen Meistern für ein „mächtiges Werk" bestimmt wurde, es wagt, ihr Vertrauen zu verraten, können Unglück, Schande und sogar der Tod folgen, aber der große Okkultist Paracelsus schreibt:

„Die Geister (Kräfte) eines Menschen können auf einen anderen einwirken, ohne dass dieser zugestimmt hat oder es beabsichtigt... Wenn der Wille des Menschen mit seinem Denken und Wünschen in Einklang steht, wird ein Geist (eine Kraft) erzeugt, die zum Guten oder zum Bösen eingesetzt werden kann. Wenn zwei solche geistigen Kräfte miteinander kämpfen, wird die schwächere, die sich nicht ausreichend wehrt, überwältigt, und körperliche Krankheit kann die Folge sein. Ein bösartig veranlagter Mensch kann die Kraft seines Willens auf einen anderen Menschen werfen und ihn verletzen, auch wenn dieser stärker ist als er, weil er den

Angriff nicht erwartet und nicht darauf vorbereitet ist; wenn aber der andere stärker ist und sich erfolgreich wehrt, dann wird in ihm eine Kraft entfacht, die seinen Feind überwindet und ihn vernichten kann."

Könnten England und sein Reich nicht eine Lektion aus der obigen Lehre des Paracelsus ziehen? Es ist stärker als der Feind innerhalb und außerhalb seiner Tore, aber es ist mehr oder weniger ahnungslos gemacht worden. Lasst sie diese heimtückische Apathie und den Pazifismus abschütteln, die nur die giftigen Dämpfe ihres Feindes sind; lasst sie Widerstand leisten! und dann und nur dann wird sie sich stark und bereit erheben, ihren alten und ehrenvollen Platz in Gottes Sonne, nicht in der des Teufels, zurückzuerobern!

Und wer ist dieser Feind? Es ist die Macht hinter diesen tödlichen geheimen Orden, die langsam aber sicher ihre Widerstandskraft schwächt, es ist die „Schlange", die fasziniert, aber bis zum Tod fasziniert.

Cheiro erzählt uns in seinen *Vorhersagen* von der kommenden Weltherrschaft der Juden, der Errichtung ihres Reiches in Ägypten und Palästina, die nach seiner Rechnung im Jahr 1980 eintreten soll, eine Rechnung, die wir fälschen können, wenn wir die mögliche Gefahr erkennen.

Dieses Buch von Cheiro scheint ein subtiles Stück Propaganda zu sein, das mit Hilfe von Astrologie, kabbalistischen Lehren, so genannter Seherschaft und viel Spielerei mit Bibelzitaten die Unvermeidlichkeit der jüdischen Weltherrschaft beweisen will. Die Astrologie ist eine uralte Wissenschaft, wie wir wissen, aber Cheiro selbst sagt: „So wie ich es sehe" und „im Lichte des Okkultismus", ist der Mensch nicht unfehlbar, und der Okkultismus, wie er in diesen teuflischen Geheimgesellschaften gelehrt wird, war schon immer ein Betrüger! Auf dem Umschlag des Buches befindet sich eine allegorische Zeichnung der Gräfin Hamon von einer vom Blitz getroffenen Welt - Illuminismus! Ein paar Auszüge zeigen seine Ideen und Schlussfolgerungen:

„Dass die Israeliten aus irgendeinem unerklärlichen Grund eine Rasse waren, die für die Manifestation der Gotteskraft in Verbindung mit dem Schicksal der Menschheit auserwählt wurde, ist meiner Meinung nach aus den sie betreffenden Prophezeiungen ersichtlich. Dass sie auch dazu bestimmt waren, ein Beispiel für den geheimnisvollen Einfluss der Planeten auf das menschliche Leben zu sein, scheint ebenso offensichtlich zu sein ... In der gesamten Geschichte der Israeliten ... wird die Macht der sieben schöpferischen Planeten nicht nur deutlich hervorgehoben, sondern stellt in allen Fällen die geheimnisvolle 'Gotteskraft' in der Natur dar ... das geheimnisvolle Gesetz der Schwingung oder die 'Gotteskraft', die durch die Zahl Sieben symbolisiert wird."

Hier haben wir die elektromagnetischen Kräfte des Äthers, die „feinere Kraft der Natur", die sieben Aspekte der Sonnenkraft, das Spektrum, die Schlangenkraft.

Er scheint die Überzeugungen der „Britischen Israel-Bewegung", die seiner Meinung nach für...

„England als die Kinder Ephraims und die USA als Manasseh. Meiner Meinung nach scheint ein solcher Vorschlag die Absicht des Schöpfers einzuschränken und bringt zu sehr das persönliche Element des englischen und amerikanischen Volkes in die Kontroverse ein ... Die gegenwärtigen sogenannten 'Großmächte' vergessen im Rausch ihrer Jugend, dass sie nur Kinder sind im Vergleich zu Rassen, die vergangen sind ... Mit der Unschuld von Kindern schwätzen sie von ihrer Größe ..."

Er behauptet,

„dass die wahre Bedeutung der großen Pyramide eine astrologische ist, die die Religion des Lebens darlegt ... dass dieser Plan oder Entwurf mit den Kindern Israels verbunden ist und in seinen Aufzeichnungen genaue Jahresperioden enthält, die den großen Ereignissen ihrer Geschichte entsprechen ... (S. 136). Es ist in der Tat die solar-lunare Uhr des Universums ... (S. 143). Ab 1980 ... wird meiner Meinung nach die Wiederherstellung der Zwölf Stämme Israels als dominierende Macht in der Welt stattfinden. Die Große Pyramide wird dann das Kontrollzentrum der Weltzivilisation werden ... (S. 144). Unter dem dreizehn Hektar großen Sockel der Pyramide wird ein Schatztempel entdeckt werden ... der die wissenschaftlichen Geheimnisse enthüllt, mit denen die Pyramide gebaut wurde und die alle bisher bekannten Gesetze der Astronomie, der Gravitation, der Elektrizität, der Nutzbarmachung der Kräfte des Lichts, der ätherischen Strahlen und der verborgenen Kräfte des Atoms auf den Kopf stellen werden. Mit diesem Wissen werden die Israeliten und alle Nachkommen der 'verlorenen Stämme' in jeder Hinsicht die Besitzer der Erde werden, wie es in der Bibel so oft vorhergesagt wurde ... (S. 145). Ein anderer Gesetzgeber, wie Moses, wird sich erheben ... und so wird am Ende durch diese 'verachtete Rasse' der universelle Frieden hergestellt werden ..."

Sind die oben genannten geheimen Gesetze nicht die gleichen Kräfte, die heute von diesen verborgenen Illuminaten, diesen „Großmeistern, alles Juden", eingesetzt werden?

Wie in allen erleuchteten Orden sagt auch er, dass es ein neues Zeitalter der (S. 35)

„die Verneinung des Selbst - erreicht durch Leiden - (S. 175). Es mag sein, dass die Revolutionen und Umwälzungen, die wir auf allen Seiten um uns herum sehen, vorläufig den Fall von Imperien, die Zerstörung von Thronen, den Tod des „Alten" und die Geburt des „Neuen" bewirken. Er glaubt an einen „Krieg der Kriege" (S. 181): „Die Folgen des großen Armageddon werden unsere heutigen Vorstellungen von Nationen, Königreichen und Republiken völlig umwälzen; eine wunderbar organisierte Zentralregierung in Palästina wird Gesetze des Lebens und der Menschlichkeit auf die ganze Welt ausstrahlen ... (S. 144). Dass „der Fremde" ein Mitarbeiter (untergeordneter Dummkopf) der zurückgekehrten Israeliten sein wird, um Palästina und die umliegenden Länder zum Zentrum einer neuen und kommenden Zivilisation zu machen ... (S. 182), eine solche Vollkommenheit kann nicht erreicht werden, bis alle Religionen in einer verschmolzen sind ... (S. 183), die Sprache der Sterne, Planeten und Sonnen, wird das 'Buch' in Worte übersetzen, die 'vom Volk verstanden werden' (jüdische Cabala!) ... (S. 151). Die vorhergesagte Periode 'der Zeiten der Heiden' geht rasch ihrem Ende entgegen ..."

Vergleichen Sie dies mit den *Protokollen*, die bereits im Zusammenhang mit dem TS-Symbol zitiert wurden:

> „Heute kann ich Ihnen versichern, dass wir nur noch wenige Schritte von unserem Ziel entfernt sind. Es bleibt nur noch eine kurze Strecke, und der Zyklus der Symbolischen Schlange - das Abzeichen unseres Volkes - wird vollendet sein..."

Und schließlich liegt in dieser ganzen Beherrschung durch die Macht, die hinter diesen geheimen und illuminierten Gesellschaften steht, eine tödliche Gefahr für die Zivilisation.

Unter Bezugnahme auf einen Artikel im *Patriot* vom 14. März 1929 über „Growing Moral Degradation", lässt Disraeli in seinem Roman *Lothair*, 1870, über die Ziele der Illuminaten und Freimaurer den Kardinal sagen:

> „Die Grundlage der christlichen Familie ist das Sakrament der Ehe, die Quelle aller häuslichen und öffentlichen Moral. Die antichristlichen Gesellschaften sind gegen das Prinzip des Heims. Wenn sie den Herd zerstört haben, wird die Moral der Gesellschaft untergehen." (*Patriot*, 10. Mai 1928.)

Prof. Charles Grangent von der Harvard University schreibt in seinem Buch *Prunes and Prisms*:

> „Wenn die Farbe des Geschlechts unser ganzes Denken durchdrungen hat, so wie der Geruch von Benzin den Hauptbestandteil unserer Atmosphäre bildet, so verdanken wir diese ätherische Allgegenwart in großem Maße einem

Wiener Nervendoktor, der von einigen seiner amerikanischen Schüler 'Froude' genannt wurde" (*Patriot*, 21. Februar 1929).

In ihrem Buch *Secret Societies and Subversive Movements (Geheimgesellschaften und subversive Bewegungen)* zitiert Mrs. Webster einen bekannten Neuropsychiater aus New York:

> „Die Freud-Theorie ist antichristlich und subversiv gegenüber der organisierten Gesellschaft... Der Freudismus macht aus dem Individuum eine Maschine, die absolut von unbewussten Reflexen gesteuert wird... Ob bewusst oder unbewusst, sie hat eine zerstörerische Wirkung... Nicht nur die Freud-Theorie „der Psychoanalyse, sondern eine beträchtliche Menge pseudowissenschaftlicher Propaganda dieser Art geht seit Jahren von einer Gruppe deutscher Juden aus, die in Wien leben und ihr Hauptquartier haben."

Die Freudsche Theorie reduziert alles, ob gut oder schlecht, auf eine grobe sexuelle Basis.

Finden wir nicht dieselbe „ätherische Allgegenwart" in all diesen illuminierten und esoterischen Geheimgesellschaften, wo die Macht des Illurninismus in den erweckten und pervertierten Sexualkräften liegt, die mit dem universellen Agens oder Äther vereint sind? Um die Einheit der Menschheit herbeizuführen, die durch die magnetische Kette in die „Universelle Republik" der Großorient-Judäo-Freimaurerei eingebunden ist, ist ein pervertiertes Sexualbewusstsein mit allen Mitteln notwendig, wie Illuminismus, Eurhythmie, Nacktheitskulte und -tänze usw., und vielleicht in einigen Gruppen Psychoanalyse - selbst wenn sie „im Lichte der Geisteswissenschaft" nach Steiner praktiziert wird.

Außerdem zitiert Frau Webster einen Kritiker, der über einen bekannten jüdischen Künstler schrieb:

> „Er bringt der Welt der Kunst ein neues Evangelium, ein schwarzes Evangelium, ein Evangelium, in dem alles auf den Kopf gestellt und entstellt werden soll. Was auch immer

abscheulich ist, was auch immer von schlechtem Ruf ist, was auch immer schmutzig ist; wenn es irgendeine Ungesundheit oder irgendeine Erniedrigung gibt, denkt an diese Dinge."

Ist dies nicht der Fluch bestimmter anderer Ausdrucksformen des Lebens und der Kunst unserer Zeit - Bücher, Theaterstücke, Musik usw.?

Herr H. A. Jung aus Chicago schreibt über den Ehrenwerten Bertrand Russell:

> „Seine Lehre zur Sexualfrage lässt sich wie folgt zusammenfassen: völlige sexuelle Promiskuität unter hygienischen Bedingungen; dass die Begierden des Menschen der leitende Faktor im Leben sein sollten und dass außerhalb der menschlichen Begierden kein moralischer Wert besteht; dass richtig oder falsch nur durch die Folgen bestimmt werden kann... In seinem Buch *Warum ich kein Christ bin* sagt er: 'Ich sage ganz bewusst, dass die christliche Religion, wie sie in den Kirchen organisiert ist, der Hauptfeind des moralischen Fortschritts in der Welt war und immer noch ist.' Frau Russell schreibt in ihrem Buch *Das Recht, glücklich zu sein*: 'Tiere sind wir, und Tiere bleiben wir, und der Weg unserer Regeneration und unseres Glücks, wenn es einen solchen Weg gibt, führt durch unsere tierische Natur'." (*Patriot*, 23. Februar 1928).

Rasputin, das zügellose böse Genie Russlands, hatte ein ähnliches Credo - „Erlösung durch Sünde". Auch der verderbliche Aleister Crowley vom O.T.O. betrachtet Sex als den Erlöser des Menschen! Krishnamurti, der von Leadbeater-Besant gefallene „Stern im Osten, der die Morgendämmerung eines neuen und größeren Tages auf der Erde verkünden sollte", befürwortete in seinem Buch: Leben *in Freiheit*, die Auflehnung gegen alle Zwänge und sagte, dass jeder seine eigene Gesetzgeber-Intuition sein muss! Er schreibt: „Wenn man das Leben an Glaubenssätze und Traditionen, an Moralvorstellungen bindet, tötet man das Leben."

Und mit all dem sind die Geburtenkontrolle und die „Companionate Marriages" verbunden!

William Farren, der seit über fünfzig Jahren der Bühne angehört, schreibt in einem Brief an den *Patriot* vom 19. April 1928: „Es gibt nur sehr wenige Theater, Musiksäle und Vergnügungsstätten, die nicht unter jüdischer Leitung stehen (dasselbe wird von Paris und New York in den *Siegen Israels* gesagt) ... das Theater ist zu einer bloßen Werkstatt geworden, in der das Hässliche, Vulgäre und Entwürdigende produziert wird." Und warum? Wegen des modernen „kommerziellen Managers"!

Die „Protokolle der Weisen von Zion", was auch immer ihr Ursprung sein mag, nehmen all dies in bemerkenswerter Weise vorweg, wenn es dort heißt:

> „Die gebildeten Klassen der Heiden werden sich ihrer Gelehrsamkeit rühmen, und ohne sie zu überprüfen, werden sie das Wissen aus der Wissenschaft (sogar der „Geisteswissenschaft"!) in die Praxis umsetzen, das ihnen von unseren Agenten aufgetischt wurde, um *ihren Verstand in der Richtung zu erziehen, die wir verlangen.*"

Ich habe Ihnen nun einige der Ergebnisse von Jahren schwieriger Erfahrung und Forschung über die verborgenen Machenschaften dieser großen Verschwörung vorgelegt, die in den geheimen und unterirdischen Orten der Welt von einer schlauen Überschattungsmacht ausgebrütet wurde, die die Welt beherrschen möchte, indem sie die Kontrolle über den Verstand und die Handlungen von Männern und Frauen erlangt und sie als leichtgläubige Idealisten und Dummköpfe benutzt, die von einer „universellen Evolution der Menschheit" träumen und in der Schlinge dieser Geheimgesellschaften gefangen und gehalten werden; oder wiederum als mehr oder weniger ehrliche Skeptiker, die eingesetzt werden, um die Spuren dieser geheimen Überschattungsmacht zu verwischen, für den Fall, dass durch irgendeinen unvorhergesehenen Fehlschlag ihrer teuflischen Pläne die Wahrheit durchsickern könnte - denn sie sind nur

Menschen aus Fleisch und Blut und als solche keineswegs unfehlbar - es werden Fehler gemacht, die nur durch Bluff korrigiert werden können, wenn sie korrigiert werden können, und für diesen Zweck sind ehrliche Skeptiker mehr als nützlich - sie sind absolut notwendig.

Wie schon über die Smaragdtafel des Hermes gesagt wurde:

> „Für diejenigen, die mit ihren leiblichen Augen lesen, werden die Vorschriften nichts Neues oder Außergewöhnliches suggerieren, denn sie beginnen lediglich mit der Feststellung, dass sie nicht von fiktiven Dingen sprechen, sondern von dem, was wahr und höchst sicher ist. Was unten ist, gleicht dem, was oben ist, und was oben ist, gleicht dem, was unten ist, um die Wunder der einen Sache zu vollbringen" - die Manifestation ihrer ehrgeizigen und teuflischen Weltherrschaft durch diese geheimnisvolle „Überschattende Macht".

Andere Titel

ÓMNIA VERITAS.

DIE SPUR DER SCHLANGE

Ein Versuch, die Verehrung der alten Schlange, des schöpferischen Prinzips, des Gottes aller Eingeweihten der Gnostiker und Kabbalisten, die von den hellenisierten Juden in Alexandria ausging, nachzuzeichnen.

ÓMNIA VERITAS.

OMNIA VERITAS LTD PRÄSENTIERT

DIE VERBORGENEN AUTOREN der **FRANZÖSISCHEN REVOLUTION**

von HENRI POGGET DE SAINT-ANDRÉ

"Es scheint", sagte Robespierre einmal zu Amar, "dass wir von einer unsichtbaren Hand über unseren Willen hinaus fortgetragen werden..."

Je mehr man sich mit der Geschichte der Französischen Revolution beschäftigt, desto mehr Rätsel stößt man auf...

ÓMNIA VERITAS.

Omnia Veritas Ltd präsentiert:

Ein exklusives und unveröffentlichtes Werk EUSTACE MULLINS

BLUT UND GOLD DIE GESCHICHTE DES CRR DES COUNCIL ON FOREIGN RELATIONS

Der CFR, der von Internationalisten und Bankeninteressen gegründet wurde, hat eine wichtige Rolle bei der Gestaltung der US-Außenpolitik gespielt.

Revolutionen werden nicht von der Mittelschicht gemacht, sondern von der Oligarchie an der Spitze

OMNIA VERITAS LTD PRÄSENTIERT:

DIE WALL$TREET TRILOGIE
VON ANTONY SUTTON

"Professor Sutton wird für seine Trilogie in Erinnerung bleiben: *Wall St. und die bolschewistische Revolution, Wall St. und FDR* und *Wall St. und der Aufstieg Hitlers.*"

Diese Trilogie beschreibt den Einfluss der Finanzmacht bei drei Schlüsselereignissen der jüngeren Geschichte

DER FLUCH VON KANAAN
Eine Dämonologie der Geschichte

EUSTACE MULLINS

Die große Bewegung der modernen Geschichte bestand darin, die Anwesenheit des Bösen auf der Erde zu verbergen

Omnia Veritas Ltd präsentiert:

Hier sind die einfachen Fakten des großen Verrats...

DIE GEHEIMNISSE DER FEDERAL RESERVE
von
EUSTACE MULLINS

Werden wir weiterhin durch das babylonische Schuldgeldsystem versklavt werden?

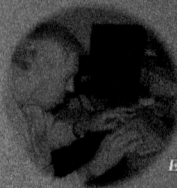

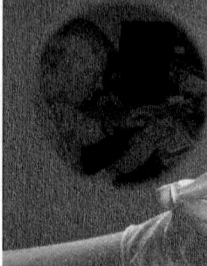

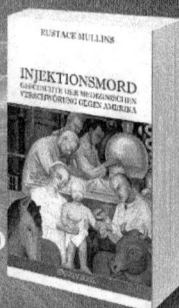